NEREYE GİTTİ BU ÜLKÜCÜLER?

45 Röportaj, 376 Mektup

Ruşen Çakır

Ruşen Çakır, 1962'de Hopa'da doğdu. Laz. Ali Deniz'in babası. Galatasaray Lisesi'ni bitirdi. Gazeteciliğe 1985'te *Nokta* dergisinde başladı. Öncü bir çalışma olan ilk kitabı *Ayet ve Slogan* yayımlandığı 1990'dan günümüze bir klasik oldu. Yayımlanmış birçok röportaj ve araştırmasının yanı sıra, bir örgüt sosyolojisi kitabı olan *Kızıl Ordu Fraksiyonu*'nu Türkçe'ye çevirmiştir (Metis, 2000). *Tempo, Cumhuriyet, Milliyet* ve CNN-Türk'te çalıştı. Halen serbest muhabirlik yapıyor.

Siyahbeyaz Dizisi, özerk, bağımsız ve araştırmacı gazeteciliği teşvik etmeyi, medyanın genelinde haber olamayan ya da medyaya eksik, yanlış veya çarpıtılmış bir şekilde yansıyan kişi, olay ve temalara, kendilerini kamu önünde ifade olanağı yaratmayı ve bu yolla toplumun haber alma hakkını ve olanaklarını geliştirecek katkılarda bulunmayı amaçlamaktadır. Kelimenin gerçek anlamıyla hayatın her alanına el atmayı hedeflemektedir. Kitaplar geleceğe taşınan belge ve başvuru kaynaklarıdır aynı zamanda; bugünün güncelliğine bakış biçimimiz, yarının yakın tarih bilinci olacaktır.

Metis Yayınları
İpek Sokak 9, 34433 Beyoğlu, İstanbul

Siyahbeyaz Dizisi 44
NEREYE GİTTİ BU ÜLKÜCÜLER?
45 Röportaj, 376 Mektup
Ruşen Çakır

© Ruşen Çakır, 2003
© Metis Yayınları, 2003

İlk Basım: Eylül 2003

Dizi Yayın Yönetmeni:
Ruşen Çakır

Kapak Fotoğrafı:
MHP Genel Başkanı Devlet Bahçeli,
Alparslan Türkeş'in mezarı başında.
Grafik Tasarım: Emine Bora

Dizgi ve Baskı Öncesi Hazırlık: Metis Yayıncılık Ltd.
İç Baskı ve Cilt: Yaylacık Matbaacılık Ltd.

ISBN 975-342-422-1

NEREYE GİTTİ BU ÜLKÜCÜLER?

45 RÖPORTAJ, 376 MEKTUP

Ruşen Çakır

siyahbeyaz
Metis Güncel

Ruşen Çakır'ın diğer kitapları:

Ayet ve Slogan, Türkiye'de İslami Oluşumlar, 1990, 8. basım
Vatan Millet Pragmatizm, Türk Sağında İdeoloji ve Politika
(Hıdır Göktaş ile birlikte), 1991
Resmi Tarih Sivil Arayış, Sosyal Demokratlarda İdeoloji ve Politika
(Hıdır Göktaş ile birlikte), 1991
Sol Kemalizme Bakıyor (Levent Cinemre ile birlikte), 1992
Ne Şeriat Ne Demokrasi, RP'yi Anlamak, 1994, 2 basım
Hatemi'nin İranı (Sami Oğuz ile birlikte), İletişim Yayınları, 2000
Direniş ve İtaat, İki İktidar Arasında İslamcı Kadın, 2000
Derin Hizbullah, İslamcı Şiddetin Geleceği, 2001
Recep Tayyip Erdoğan, Bir Dönüşüm Öyküsü
(Fehmi Çalmuk ile birlikte), 2001

İçindekiler

Sunuş

1 MHP 7. Kongresi'ne Doğru 11

2 Liderler Konuşuyor 26

3 Tek Başına Parti: Ozan Arif 30

4 Kurmaylar Tartışıyor 34

5 Olaylar ve Ülkücüler 55

6 Özeleştiri Parçaları 65

7 Komşu Bakışlar 74

8 Ülkücülüğün Krizine Dışardan Bakışlar 83

9 Mektuplar 93

10 Sonuç 174

Kenan Aydemir'in anısına

Sunuş

18 yıldır gazetecilik yapıyorum. Birçok konuda yazı dizileri hazırladım, ayrıca birçok kitabım yayımlandı. Kitaplarımda, önceki dizilerimden istifade ettiğim; bazı kitaplarımı, yayımlanmalarının hemen önce ya da sonrasında yazı dizisi halinde özetlediğim oldu. Ama hiçbir zaman bir yazı dizisini kitaba dönüştürmedim. Daha doğrusu elinizdeki kitaba gelinceye kadar dönüştürmemiştim.

Ülkücü hareket üzerine *Milliyet* gazetesinde 1994 ve 1998 yıllarında iki ayrı dizi hazırlamıştım. Bunlar belli bir ilgi görmekle birlikte, ülkücülerin içlerine kapalı yaşamaları, medyaya, özellikle de benim gibi "solculuğu tescilli" gazetecilere güvenmemeleri nedeniyle bir noktada gelip tıkanmıştık.

Vatan'da, Genel Yayın Yönetmeni Tayfun Devecioğlu bana MHP ile ilgili bir dizi hazırlamamı önerdiğinde, geçmişteki deneyimlerin belki bir adım ötesine geçebileceğimi umdum. Amacımız yaklaşık 40 yıllık bir siyasi hareketin, özellikle de son yıllarının muhasebesini yapmaktı. Ama bu harekette eleştiri ve özellikle özeleştiri geleneğinin tam oturmadığını bildiğim için işimizin çok zor olacağını düşünüyorduk.

Dizi başlar başlamaz karşılaştığımız geniş, yoğun, aktif ve olumlu ilgi bu nedenle bizi çok şaşırttı. Aslında röportajlar için ilk görüşmeleri yapmaya başladığımız andan itibaren ülkücü harekette çok şeylerin değişmiş ve değişmekte olduğunu görmeye başlamıştık.

Dizi çalışmalarına, 12 Ekim 2003 tarihinde yapılacak olan MHP 7. Kongresi için adayların yavaş yavaş ortaya çıkmaya başladığı Haziran ortasında başladık ve ilk bölüm 6 Temmuz'da yayımlandı.

İlk günden itibaren diziyi gazeteden takip eden ülkücülere, hareketlerinin dünü, bugünü ve geleceği hakkında görüşlerini yollamalarını istedik, dördüncü günden itibaren de bunları "Taban Konuşuyor" başlığıyla yayımladık. Günde ortalama yüz e-posta ve faks geldi. Türkiye'nin dört bir yanından yazan, değişik siyasi oluşumlardan yüzlerce ülkücü en samimi duygularını, öfkelerini, eleştirilerini, beklentilerini, hayal kırıklığı ve umutlarını bize ilettiler.

Daha önceki dizilere gelen az sayıda mektup sahiplerinin çoğu, ülkücü hareketin sorunlarını tartışmak yerine benim ve o gün çalıştığım gazetenin "gizli niyetleri"ni sorgulamayı tercih etmiş, bu arada akla hayale gelmedik küfür ve hakareti de esirgememişti. Bu sefer gelen mektuplardaysa hiç ama hiç küfür ve hakaret yoktu. Gelen mektupların çok azı imzasızdı, hatta birçoğuna sahipleri açık adresleri ve telefon numaralarını da eklemişlerdi.

Dizi boyunca gelen tepkilerden ve bitmesinin hemen ardından izlediğim Kayseri'deki Erciyes Zafer Kurultayı'ndaki temaslarımdan, bu mektupların, dizinin en çok ilgi gören bölümü olduğunu öğrendim. Başta belirttiğim, diziden kitap yazmama ilkemi büyük ölçüde bu mektuplar nedeniyle çiğniyorum. Gazetede yer darlığı nedeniyle mektupların çoğunu yayımlayamadık, bu kitaptaysa, imzalı mektupların hepsini, kuşkusuz kısaltmak zorunda kalarak da olsa yayımlıyoruz.

Bu çalışmada öngördüğümüz sadece iki görüşmeyi gerçekleştiremedik. Bunlardan Nevzat Köseoğlu'nun yerini doldurmanın imkânı yoktu, MHP Genel Başkanı Devlet Bahçeli'nin yokluğunuysa çok sayıda kurmayıyla görüşerek telafi etmeye çalıştık. Bu arada, dizi boyunca, gerek okuyucuların uyarısı, gerek görüştüğümüz bazı ülkücülerin tavsiyesi, gerekse de bizzat kendilerinin araması sonucu planlarımızın dışında yeni isimlerle de röportaj yaptık.

Tarafları, suçlamaları, sorunları, tartışma ve polemikleri bu kadar bol olan bu denli hassas bir konuyu, kırıp dökmeden, objektif bir şekilde, bütün boyutlarıyla ele almaya, özetle iyi bir gazetecilik yapmaya çalıştık.

Yazı dizisine en büyük ilgiyi kuşkusuz ülkücüler gösterdi, muhtemelen kitap için de aynısı söz konusu olacak. Ancak bu çalışmayı sadece ülkücüler için hazırlamış değiliz. Elinizdeki kitabın, ülkücü olmamakla birlikte bu hareketi önemseyenler, özellikle farklı siyasi görüşte olanlar için çok kıymetli materyaller içerdiğini düşünüyorum.

Sonuç olarak, bu kadar köklü, yaygın ve aksiyoner bir hareketin tarihindeki belki de ilk açık muhasebe/sorgulamayı, kaderin garip bir cilvesi olarak, benim gibi "solcu" olan ve bunu hiçbir zaman gizlemeyen bir gazeteci gerçekleştirmiş oldu.

Ankara bürodan Ateş ve Özer başta olmak üzere *Vatan* gazetesinden foto muhabiri arkadaşlarıma; Erdal, Sami ve Feridun başta olmak üzere yazı işlerinden arkadaşlarıma teşekkür ediyorum.

Kitabın hazırlanmasındaki emekleri nedeniyle Metis'ten Sedat ve Emine'ye teşekkürler.

Ahmet Turan, Süleyman Seyfi, Kemal ve Tanıl'a; katkılarından dolayı minnetle...

Ruşen Çakır
İstanbul, Ağustos 2003

1 MHP 7. KONGRESİ'NE DOĞRU

3 KASIM 2002 genel seçimleriyle birlikte ülkücü hareket tam bir kriz içine girdi. İktidarın ikinci ortağı MHP, oylarında yaklaşık on puanlık bir düşüşle yüzde 10 barajının altında kaldı. Muhalefetteki BBP de oy kaybetti. DYP listesinden seçimlere giren ATP'liler de hüsrana uğradılar; tıpkı daha önce DYP'yi veya ANAP'ı tercih etmiş ülkücüler gibi. Sonuçta, son anda AKP trenine atlamış birkaç isim dışında TBMM'de ülkücü kökenli kimse yer almadı.

3 Kasım'dan itibaren ülkücüler şaşkın, üzgün, hayal kırıklığına uğramış, yılgın ve yorgunlar. Karamsarlar da var, iyimserler de. "Neler atlattık biz" diyenler de var, "yoksa bu iş bitiyor mu?" diye soranlar da.

Ortak nokta tümünün kafasının karışık olması. İç demokrasi kanallarının eksikliği, eleştiri/özeleştiri geleneğinin olmaması işleri daha da karıştırıyor. "Alparslan Türkeş tüm partililer adına düşünür, konuşurdu" diyen Türk Ocakları Başkanı Nuri Gürgür, ülkücü hareketin bugünkü durumunu şöyle özetliyor: "Sanki Türkeş yeni ölmüş gibi."

Gerçekten de 4 Nisan 1997 günü başbuğlarını kaybeden ülkücülerin derin bir krize gireceği sanılmış, 18 Mayıs 1997'deki kavgalı MHP kongresi bu tahminleri güçlendirmişti. Fakat Devlet Bahçeli liderliğindeki MHP 18 Nisan 1999 genel seçimlerinde oy patlaması yapıp ikinci parti çıkmasıysa herkesi şaşırtacaktı.

"Ülkücü hareket iktidara gelecek" sloganı bundan sonraki hedefin "tek başına iktidar" olduğunu gösteriyordu. Artık çıta yükselmişti. Bu yüzden üç buçuk yıl sonra yaşanan hayal kırıklığı o ölçüde büyük oldu. Yıllar sonra, "Ülkücü hareket engellenemez" sloganına dönüldü.

Kuşkusuz hedef tahtasında başta Bahçeli olmak üzere MHP yöneticileri ve bakanlar yer aldı. İlk günlerdeki "Apo'yu asamadılar, türbanı çözemediler" sözleri zamanla unutuldu, yerlerini daha kapsayıcı ve sert eleştiriler aldı.

MHP Genel Başkanı Devlet Bahçeli, 3 Kasım gecesi, yenilginin sorumluluğunu üstlenen ilk siyasi parti lideri olarak sivrilmişti. "2003 yılında yapılacak büyük kurultayda MHP'yi yeni yönetime kavuşturmak ve yeni bir genel başkan önderliğinde kutsal davamızı hedefe taşıyacak bir yapıyı oluşturmak görevi olacaktır" diyen Bahçeli, "Yeniden aday olacak mısınız?" sorusunu "Böyle bir açıklamayı yapan adaylığı düşünür mü?" sorusuyla yanıtlamıştı.

3 Kasım'ın mağluplarından Mesut Yılmaz ANAP'ı, Tansu Çiller DYP'yi, Ufuk Uras ÖDP'yi, Besim Tibuk da LDP'yi bıraktı. Ama Bahçeli böyle yapmadı. 12 Ekim'deki kongrede aday olacağını, gecikmeli de olsa, 3 Ağustos'taki Erciyes Zafer Kurultayı'nda, o da dolaylı bir şekilde açıkladı. Tabii bu arada ülkücü hareket içinde bir dizi tartışma ve spekülasyona da neden oldu.

MHP Genel Başkanlığı için resmen adaylığını açıklayan ilk isim Aytekin Yıldırım oldu. 1968'de, Ankara'da SBF öğrencisiyken Alparslan Türkeş'in talimatıyla Ülkü Ocakları Birliği'nin kuruluşuna katılan Yıldırım üç yıl genel başkanlık görevini yürüttü. Ardından uzun bir süre MHP ve ülkücü kuruluşlarda herhangi bir görev üstlenmedi. Yıldırım'ın 3 Kasım seçimlerinde AKP'den adaylık için başvurup reddedilmiş olması, Bahçeli'yi destekleyen Ülkü Ocakları yöneticileri tarafından öne çıkarıldı.

Bir diğer "resmi aday"sa Taner Ünal'dı. Aslen inşaat mühendisi olup 20 yıldır gazetecilik ve yazarlık yapan 47 yaşındaki Ünal, kendisine "Kemalist bozkurt" dendiğini belirtiyor. *Aydınlık* dergisinde de yazıları çıkan, İP Genel Başkanı Doğu Perinçek'le on yıldır tanıştığını söyleyen Ünal, milliyetçiden çok "millici" bir söylem kullanıyor.

Ancak Bahçeli'nin ciddi rakibi olarak iki isim sivrildi: Koray Aydın ve Ramiz Ongun. 1997'de Devlet Bahçeli MHP Genel Başkanı seçilirken en önde gelen destekçilerinden biri olan Aydın, 57. hükümette Bayındırlık Bakanlığı yaptı. Yolsuzluk iddiaları nedeniyle görevinden ayrılıp TBMM Grup Başkanvekilliğine kaydırılan Aydın, kongreye yönelik olarak yoğun bir faaliyet yürüttü, ama hakkında hep bir başka aday lehine son dakikada çekileceği spekülasyonları yapıldı.

1970'li yılların ünlü "Eğitimciler Grubu"nun önde gelen isimlerinden olan Ongun'un kararlılığından kimsenin şüphesi yoktu. 1997'deki MHP 5. Kongresi'nde, Devlet Bahçeli ve Tuğrul Türkeş' ten sonra en yüksek oyu alan Ongun "bozgunu zafere döndürmek" sloganıyla 12 Ekim'deki kongre için yoğun bir faaliyet yürüttü. Kendisine en büyük destek, bazı "eğitimci" ülküdaşlarından geldi.

Bu arada MHP kulislerinde sürpriz bir isim aday olarak dillendirildi: 27 Mayıs 1960 darbesinin önde gelen isimlerinden, Türk milliyetçiliğinin önemli fikir adamlarından Muzaffer Özdağ'ın oğlu Prof. Ümit Özdağ. Kurucusu ve başkanı olduğu Avrasya Stratejik Araştırmalar Merkezi (ASAM) ile Türkiye'yi "think tank" kavramıyla tanıştıran Ümit Özdağ, uzun bir süre bu konudaki soruları cevaplandırmadı.

Bir silahlı saldırı sonucu tekerlekli sandalyeye mahkûm olan Muharrem Şemsek ise 18 Mayıs 1997'deki olaylı kongrede Devlet Bahçeli lehine adaylıktan çekilmiş, 1997 Temmuz ayındaki kongredeyse aday olmamış ve Tuğrul Türkeş'in yanına oturmuştu. Şemsek'in adı da 7. Kongre'nin adayları arasında geçiyordu.

Bu arada Mehmet Gül ve Hasan Albay gibi isimler de adaylık için nabız yokluyorlardı. 1970'li yılların Ülkü Ocakları yöneticisi Gül, MHP İstanbul İl Başkanlığı'nın ardından milletvekili seçildi ve MHP'nin en medyatik ismi oldu. Uzun yıllar partinin değişik kademelerinde görev yapan Albay ise, kırk beş ilde MHP'lilerle yüz yüze temaslarda bulundu.

KORAY AYDIN:
"Değişimin Önünde Duramayacaklar"

MHP 3 Kasım seçimlerine neden onay verdi?

Aydın: Seçime gitme kararını hepimiz televizyonlardan duyduk. Yani MHP'de bu konu hakkında hiç kimsenin bir bilgisi yoktur. Liderimiz bu konuyu kendi iradesinde, hiç kimseyle tartışmadan, konuşmadan, hiçbir resmi organımıza bunu getirip konuşmadan hatta hiç kimsenin bilgisi bile olmadan birdenbire ortaya atmıştır. Lidere uyum göstermeye uygun yapımızdan dolayı biz de camia olarak bunun arkasından gittik. Netice olumsuz olunca da bunun artık konuşulmaya ve tartışılmaya ihtiyaç duyulduğu kanaatindeyiz.

Peki ne yapmalı?

Aydın: MHP kendi kurumsal kimliğini tam oturtamadığı, tam müesseseleşemediği, kendi içinde oluşturduğu müesseselere inisiyatif tanınmadığı için meramını anlatamayan, konuşmayan, dilsiz bir parti haline bürünmüştür. Sadece ve sadece Genel Başkanımızın Salı günü grup toplantılarında yaptığı konuşmalarla kamuoyu yönlendirilmeye çalışılmıştır. Bu, biraz liderin kişiliğine bağlı bir stratejidir. Yani partinin stratejisi değildir. Liderimiz bu konularda kendine öyle bir üslup benimsemiştir. Kendisi de pek medyayı kullanmamıştır. Halbuki önemli konularda mutlaka medya kullanılarak toplumun bilgilendirilmesi gerekir. Hatta ben bunu şart olarak da görüyorum. Düşünebiliyor musunuz, Türkiye iki kriz geçirmiş. Bu krizlerde MHP'nin hiçbir günahı yok. Ama krizin ana nedenlerini bile toplumla paylaşmamış, topluma anlatmamış. Sanki suçlu gibi. Halkın bir müddet sonra bizi de bu işin sorumluları arasına katmaya başladığı seçim sonuçlarından anlaşılıyor.

Parti içi demokrasi mi istiyorsunuz?

Aydın: Doğrudur. MHP lider merkezli bir parti. Son seçimlerde yaşadığımız başarısızlığın arkasında "her şeyi lider bilir, yaptığı her şey doğrudur" anlayışının etkileri var. Önce parti iç hukukumuzu netleştirmeliyiz. Hukuk hepimize lazım. Partide büyük bir keyfilik var. Bunu gün oluyor ben kullanıyorum, gün oluyor bir başkası. İç hukuk tüzük demektir. Bazı arkadaşlarımız bu konuda çalışıyorlar. Ama sadece MHP değil yan kuruluşlar da yeniden yapılandırılmalıdır.

Ülkü Ocaklarını mı kastediyorsunuz?

Aydın: Sadece ocakları kastetmiyorum, ama şu anda en temel tartışma konusu ocaklar. Buralarda problem var, bunların konuşulması gerekir. Hepimiz oralardan yetiştik, bunları konuşmak törelere karşı olmak anlamına gelmez. Oraları revize etmeli, müesseseleştirmeliyiz. Şu anda Ülkü Ocaklarının ne olduğunu bile söylemek zordur. Yani dergi midir, vakıf mıdır, teşkilatlanma modeli nedir? Başkanların değiştirilmesinde hangi usuller uygulanır? Bizim zamanımızda ocak başkanları en fazla iki yıl görev yapardı. Hareketin ileri gelenleri bir araya gelirdi, nitelikleri uygun kişiler masaya yatırılırdı. Şimdi ise sadece atanma söz konusu. Bu atanmalar da kişilerin, grupların, genel başkanların haklarını, hukuklarını, hareket içindeki konumlarını tayin etmede öncelik almaya yönelik olmaktadır. Sonuçta liyakatı, kabiliyeti, üretkenliği ortadan kaldıran bir statik yapı haline dönüştürülmüştür.

Aday oluyor musunuz?

Aydın: Arkadaşlarımızla beraber bu kongreyi MHP'nin yeniden yapılanmasının zemini yapmak istiyoruz. Yoğun bir çalışma içerisindeyiz. İl kongrelerinin bitmesiyle beraber içimizde bir değerlendirme yapacağız. Bunun sonucunda bana "aday ol" derlerse onu uygulayacağım.

Ülkücü hareket birleşmeli mi? Mümkün mü bu?

Aydın: Ülkücü aile dağılmıştır. Halbuki birleşmemiz halinde yaratacağımız zemini bir zıplama aracı olarak kullanabiliriz. ATP ve BBP'de olan arkadaşlar da böyle düşünüyor. Şu anda aramızda çok büyük bir trafik var. Bir araya geliyor, konuşuyor, birlikte yemekler yiyoruz. Bence bu çatı çatılmıştır. MHP'nin yeni liderinin olaya samimiyetle yaklaşması birleşme için yeterli olur. Biz bu konuda kararlıyız. Yani bu kongrenin bir birlik kongresine dönüştürülmesi, kongreden sonra atılacak seri adımlarla bunun gerçekleşmesini arzu ediyoruz. Benim kişiliğim ve kimliğimin de birleşme zemini için uygun olduğunu düşünüyorum. Çünkü 1980 sonrasından beri bu partide bir gün bile ayrılmadan görev yaptığım için her dönemin ayrılıklarını yaşadım. Parti içinde herkes bilir ki Koray Aydın hep birlikten yana tavır koymuş ve bu ayrılıkları toparlamak için her dönem gayret sarfetmiş bir insandır. Yani ben kendimi bir kavşak noktası olarak görüyorum. Her dönemin dışlanmışları da dahil olmak üzere, herkesle çalışabilecek gönül zenginliğimin olduğunu da bu hareketin mensupları çok iyi biliyorlar. Benim en iddialı olduğum konu budur. Yani MHP kongresinden sonra en kısa sürede bütün ülkücüleri bir araya getirecek bir çalışmayı yapacağız ve bunu da kolaylıkla başarabileceğimizi düşünüyorum.

Ülkücüler genel olarak neden umutsuz?

Aydın: MHP genel merkezinin, liderimizin, partinin yönetimini elinde tutmak için hukuku hiçe sayarak her yolu mübah sayan bir anlayışı sergilemesi bu umutsuzluğun sürmesine neden olmaktadır. Şu anda parti içinde fesihler, görevden almalar had safhaya ulaşmıştır. Her gün bir ilçe, bir il görevden alınmaktadır. Nedeni keyfiliktir. Sadece yapılacak il kongrelerinde ve onunla oluşacak üst kurul delegelerinde avantaj kullanmaya yönelik bir ülkücü kıyımı yaşanmaktadır. Ama hava şudur: MHP'de bir değişim ihtiyacı vardır, taban bunu açıkça söylemektedir. Ve bu değişim ihtiyacı önünde durulamayacak kadar da büyük bir boyuta ulaşmıştır. MHP kongresinde bir değişim kaçınılmazdır. Bu, yeniden yapılanmayı da kesinlikle beraberinde getirecektir, bunun hiçbir şekilde önünde durmak mümkün değildir.

RAMİZ ONGUN:
"Tereyağından Kıl Çeker Gibi Kongreden Çıkacağız"

3 Kasım'da sizce ne oldu.

Ongun: MHP kendi duruşunun, dünya görüşünün hakkını vermediği için kaybetmiştir. Bu da insanlara hayal kırıklığı, kırgınlık, ihmal edilmişlik, hatta bazen de aldatılmışlık şeklinde aksetti. MHP'ye insanlar "bunlar bu memlekete kötülük etmezler, başkalarının kötülük etmesine de rıza göstermezler, hatta bu uğurda kendilerini zarara sokabilecek işlere bile girebilirler" diye baktı. "Fakir fukara bir harekettir, toplumun orta ve alt gruplarındandırlar ve devlet malına el uzatmazlar" dediler. Sıkıntı, bu sıcaklık, güven, sevgi ve dürüstlüğün yerinden oynamış olmasıdır. Bunları yerine oturtmak da kolay değil.

Genel Merkez'in kongreye yönelik birtakım müdahaleleri olduğu yolunda eleştiri ve şikâyetler var, katılıyor musunuz?

Ongun: Katılmam bir şey değiştirmez ki! Yasa, siyasi partileri tek kişilik müesseseler haline getirmiş. Partinizin 10 milyon üyesi olsa bile tek kişilik bir müessesedir. Ertesi gün "sildim sizi" dediğinizde bütün üyeleri silebiliyorsunuz. Sonra "kaydettim" deyip istediğinizi kaydediyorsunuz. Kanun elverse bile, genel başkan bu haklarını kullanmayabilir, partiyi gerçekten demokratikleştirebilir. Ama kullanıyorlar. 20-25 ilçe yönetimi, muhalif oldukları gerekçesiyle feshedildi. Biz seçilirsek bu yetkiyi kullanmayacağız.

Ülkücü hareket sancılı bir dönemden geçiyor. Umutlu musunuz?

Ongun: 1965'den beri MHP çok sıkıntılı dönemler geçirdi. Hepsinden de yüz akıyla çıktı. Daha o zamanlar, 20-23 yaşında doğru yaptığımızı bugün niye yanlış yapalım? O zaman bulduğumuz formülü bugün niye denemeyelim? Müşterek bir kader tespit ettik ve ardından koştuk. Geçmişteki gibi, müşterek bir hedef tespit edip onun için çalışacağız. Bugünkü iktidarın siyasi bir alternatifi yok ve herkes MHP'den bir şey bekliyor. Ülkücü hareket, zengin değildir ama seçmenine oranla okumuşu en fazla olan harekettir. Ülkücü hareket bir aydın sorumluluğuyla hareket ediyor, kendi işine sahiplenmeye başladı. Bu manada, son zamanlardaki elektriklenmeden çok memnunum. Büyük bir sabır ve müsamahayla, tahrikleri görmezden gelerek kurultaya kadar işi idare edecek ve tereyağından kıl çeker gibi kongreden yüz akıyla çıkacaklar. Ertesi gün ise, MHP ayağa kalkacağı için siyasete ve fikri hayata canlılık gelecektir.

PROF. ÜMİT ÖZDAĞ:
"Bugünkü Milliyetçiler Ziya Gökalp'in Bile Çok Gerisindeler"

Ülkücü hareketin temel sorunu nedir?

Özdağ: Ana sorun ideolojik. Aşağı yukarı 20 senedir Türk milliyetçiliğinin ideolojik gelişimi için ciddi bir entelektüel çaba yok. Bugünkü milliyetçiler Ziya Gökalp ve Yusuf Akçura'nın çok gerisindeler. Hatta İsmail Gaspıralı'nın bile. Çünkü onda kadın daha önemlidir. Türk milliyetçiliği 20. yüzyılı doğru izah etmiştir. Ama küreselleşmenin aktif olmaya başladığı 1980'li yıllarda fikri gelişimi durmuştur. Küreselleşmeyi izah edemediği için MHP'nin iktidara gelmesi Türk milliyetçiliğinin iktidarı anlamını taşımamıştır. Küreselleşmenin hâkim paradigma olması gerçeğini Türkiye değiştiremez. Biz bu paradigma içinde başarılı olmalıyız. Aslında milliyetçiliğin tepeden tırnağa yenilenmesi gerekiyor. Çünkü Türk milliyetçiliği hâlâ bir Türkiye milliyetçiliği. Halbuki çerçevesi Avrasya olmalı. Bazıları da hanedan milliyetçiliği yapıyor. Mesela Şiilerle ya da Timur'la çatışmasında biz Osmanlı'yı tutuyoruz. O zaman Özbekler Timur'u, Azeriler de Şah İsmail'i tutuyor. Bunlar aşılması gereken tarihsel sorunlardır. Yine Türk milliyetçiliğinde Sünni bir boyut var. Çok büyük bir bölüm Sünni olmakla birlikte bizim Alevi ve Şii kardeşlerimiz de var; hatta İslam dışı Türkler de var. Bu anlamda Türk milliyetçiliği mezhepler üstü bir zeminde yükselmeli. Ama steril bir laikliğe de kapılmamalı. Bir başka sorun da Türk milliyetçiliğinin erkek ideolojisi olmasıdır.

Ülkücü hareketin geçmişe, özellikle 1970'li yıllara saplanıp kaldığı tespitine katılıyor musunuz?

Özdağ: Doğrudur, geleceğe yönelik fikirlerimiz olmayınca tarihe yöneliyoruz. Zamanla ideolojik birliktelik zemini de kayboldukça, benim "muharip gazi yaklaşımı" dediğim olayla karşılaşıyoruz.

Eskiden olmadığı ölçüde sivilliğe, demokrasiye, gençleşmeye vurgu yapılıyor...

Özdağ: Bunları dile getirmenin yanısıra birtakım ilkeleri de oturtmak lazım. Birincisi, Türk milliyetçiliği merkezdeki bir radikal harekettir. Türk toplumu çok ağır hasta olduğu için tedavisi de radikal olmalıdır; ameliyat kaçınılmazdır. Yani radikalizm adına radikalizm değil ama radikal politikalarla Türkiye'yi dönüştürebilecek reformları yapabilmek lazım. Cumhuriyetin temel ilkeleri muhafaza edilmeli, ama bu arada ülke demokratikleştirilmelidir. Sanıldığının aksine demokrasi milliyetçiliğin vazgeçilmez bir zeminidir. Bu da yeterli değil. Yeniden bir bağımsızlaşma süreci de yaşanmalıdır. Bunun için: 1) AB'ye tam üyelik sürecinin dışına çıkmalı, ilişkilerimizi "serbest ticaret bölgesi" çerçevesinde kurmalıyız. Bizi AB'ye almayacaklarını biliyorum, ama alacak olsalar bile girmemeliyiz. Ama AB ile her türlü ilişkimiz yoğunlaşarak devam etmeli. Hatta bu şekilde Avrupalı bazı güçler Ortadoğu ve Avrasya'ya daha rahat taşınabilirler. 2) ABD ile ilişkilerimizde stratejik ortaklığa inanmıyorum. Bunun yerine "stratejik müttefiklik" olmalı. Her konuda aynı şekilde düşünmek zorunda değiliz. 3) Arap Ligi benzeri bir Türk Ligi kurulmalı. Bunun Turancılıkla filan ilgisi yok ve gerçekleşmesi için de 30-40 yıl gerekebilir. 4) Ortadoğu ile de çok yoğun ilişkiler geliştirilmeli. Üzerinde yaşadığımız coğrafyada barış yok. Ben bu coğrafyaya "Bermuda şeytan üçgeni" diyorum. Bu coğrafyada birçok halk kaybolmuş. Bu coğrafyada güçlü yaşamanın şartlarından biri de etrafta bir barış havzası oluşturmak. Türkiye bunun oluşumuna çok aktif katkıda bulunabilir.

MUHARREM ŞEMSEK:
"MHP Devlet Çarkının Parçası Oldu"

MHP neden yenildi?

Şemsek: MHP'nin üzüntü verici bilinen bu sonuca varacağını, seçimlerden önce Sayın Genel Başkan'a gönderdiğim mektuplarda ifade ettim. MHP, iktidar ortaklığında 35 yıllık bir birikimi hiçe sayarak, ülkücü kadroları dışladığı ve dolayısıyla ülke ihtiyaçlarına uygun siyaset üretmediği, milletimizin beklentilerine cevap veremediği, milletin aleyhine olan işlere ortak olduğu için seçimi kaybetmiştir. MHP, bildiğimiz sıradan partilerden biri değildir. MHP sıradanlaştığı zaman, statükoyu sürdürür ve devlet çarklarının bir parçası olur, nitekim günümüz MHP yönetimi yüzünden olmuştur. İktidar olunan dönemde, toplumla kavgalı, kendi tabanından ve halktan kopmuş, İnönü dönemi CHP'si gibi devlet görevi, memurluğu yapma yönetim kadrosunun anlayışı olmuş.

Ülkücü hareketin krizi nasıl aşılır?

Şemsek: Bu görüntüyü gidermek çok kolaydır. Temel neden yönetimdir. Demokratik bir parti yönetim anlayışı, Türk milletini emperyalizmin tutsağı olmadan, karnı tok, sırtı pek, başı dik bir toplum, devletini dünyaya örnek bir devlet haline getirme ülküsünü taşıyanları tekrar bir ve beraber kılacaktır. MHP, tek kişinin değil, güvenilir, tecrübeli kadroların demokratik yönetiminde yine bütün ülkücülerin siyasi ocağı olacaktır. Ve bunu kesinlikle sağlayacağız. Hiç kimse merak etmesin, üç beş toplama insanın Türk milletini yükseltme irademizi sulandırmasına izin vermeyeceğiz. Ömrümüz yettiği sürece doğruları söylemeye, partimize sahip çıkmaya devam edeceğiz. MHP gerçek öz ülkücü kadrolara kavuştuğunda, iç birliğin bütünlüğünü sağladığında hareketin yetiştirdiği bütün değerleri kucakladığında, kirlilik, yolsuzluk töhmetinden arındığında ve ideolojik sapmadan kurtularak gerçek kimliğine kavuştuğunda, milletimizin tekrar itibarına nail olacaktır.

12 Ekim Kongresinde aday olmayı düşünüyor musunuz?

Şemsek: MHP'de adaylık için ismi geçen geçmeyen çok değerli arkadaşlar var. Biz de MHP ile ilgili her şeyi düşünüyoruz. Arkadaşlarla istişarelerimiz sürüyor. Ekim ayında her şey netleşir. MHP'yi içine düştüğü durumdan kurtararak, iktidar yapabileceğimize inanıyoruz. MHP'nin problemlerini, çözüm yollarını, imkânları, zaafları biliyoruz. Fakat önemli olan, benim veya bir başka değerli arkadaşımızın Genel Başkan olmasından ziyade MHP'nin durumudur. Önemli olan çözümün istişareyle bulunmasıdır. MHP'deki parçalı yapıyı kaldırmamız, belirsizlikleri gidermemiz gerekiyor. Her arkadaşımız bir değerdir. Çözüme Sayın Genel Başkan başta olmak üzere herkes katkı yapmalı.

Önce MHP çizgisinde, MHP içinde bulunan bütün ülkücü kadrolar, Türk milliyetçileri, hareketimizin yetiştirdiği bütün değerler hiçbir ayrım yapılmadan toparlanmalı ve bu birliğin gücü MHP yönetimine yansıtılmalı. Bütün ülkücülerin güven duyacağı, saygı duyacağı bir üst yönetim oluşmalıdır. Ardından dışarıdaki ülkücü-milliyetçi unsurlar da bir proje ile MHP yönetiminde temsil edilir hale getirmeli.

MHP'de, geçmişten bugüne ideolojisi ve çizgi tutarlılığa sahip, bir gün dahi hareketten kopmamış inandırıcı bir kişiye ihtiyaç var. Ayrıca MHP'yi kirlilik, yolsuzluk töhmetinden kurtaracak inandırıcılıkta, temizlikte, karakterde bir kişi düşünülmelidir. Ayak değil harekete baş olacak bir beyin, ülkücüleri seven, ülkücüleri kucaklayacak, hareketi ve kadroları tanıyan, kimseye adaletsizlik ve haksızlık yapmayacağından MHP'lilerin ve ülkücülerin emin olacağı, dünyadaki gelişmeleri doğru kavramış, emin ve ehil bir kişi olmalıdır.

MEHMET GÜL:
"Benim Gibilere İhtiyaç Var"

Seçim gecesi bazı gençler "Mehmet Gül Küba'ya" diye bağırdı...

Gül: Böylece seçim yenilgisinin sorumlusu Küba'ya gitmiş olan Mehmet Gül oluyor. Bir diğer sorumlu da parti üyeleri olmalı ki bütün üyeleri siliyorlar. Onlar bağırırken içerde Genel Başkan Yardımcısı Şevket Bülent Yahnici vardı. Onunla beraber, Genel Merkez'in ve TBMM'nin bilgisi dahilinde, kendi paramızla gittik Küba'ya. Biz orada sadece plaja gitmedik, ama medyamız sürekli onu verince sanki on günü plajda geçirdik gibi yansıdı. Bir de Che Guavera şapkası var. Biri başıma taktı ben de Bozkurt işareti yaptım. Alıp onu yere koymam yanımdaki Küba milletvekillerine hakaret olurdu.

Bir de sizin medyaya sık çıkmanız eleştiri konusu yapılıyor.

Gül: Ben medyaya çıkarım, çünkü fikirlerime, kendime güveniyorum. Bunları savunmakta hiç güçlük çekmedim. Ve bunların yüzde 90'ına da Genel Başkan'ın bilgisi dahilinde çıktım. Kaldı ki gelen tekliflerin de ancak dörtte birini değerlendirmişimdir. Onlara kalsa biz susacağız, halk da ne yapmak istediğimizi anlayacak! Seçim sonuçları, halkın bizi nasıl anladığını gösterdi işte.

Aday olmayı düşünüyor musunuz?

Gül: Türkiye'nin her tarafından bizi arıyorlar. MHP'nin geçmişinden gelen, medyayı çok iyi kullanacak, Tayyip Erdoğan, Cem Uzan gibi yeni tip liderler karşısında duracak ben veya benim gibi insanlara ihtiyaç olduğunu söylüyorlar. Yakın arkadaşlarımız tazyik ediyorlar. Ama ben Sayın Devlet Bahçeli'nin bir sözüyle buna cevap verebilirim: Oluşmamış şartlar etrafında konuşmak doğru değil. Şartları zorlamam, ama şartlar oluşur ve olgunlaşırsa bana da hangi kademede olursa olsun bir görev düşerse, buna Genel Başkan adaylığı da dahil, bundan da çekinmem.

HASAN ALBAY:
"Çok Oy Alacağız Diye Bizi Kandırdılar"

"MHP 19 Nisan sonrası iktidar ortağı olduktan 3 Kasım'a kadar kendi misyonunu terk etmiştir. Halka karşı taahhütlerini yerine getirememiştir, yolsuzluklarla ve rüşvetle mücadele edememiştir. Devleti soyanlardan hesap soramamıştır. Şimdi MHP'li bakanlar yolsuzluk iddialarıyla karşı karşıyadır. Terör, PKK, Avrupa Birliği ve Kıbrıs konusunda ülkücü misyonun gerektirdiği gayreti gösterememiştir. Meclis başkanlık kürsüsünde bir MHP'li başkan otururken TBMM, PKK'nın isteklerini uyum yasaları adı altında kanun haline getirmiştir. Aynı meclis, aynı başkan bir af yasası çıkarmış, MHP istemediği affa evet demiş, fakat MHP'liler af kapsamı dışında kalmıştır. Mersin Milletvekili Ali Güngör'ün ihracı bu af adaletsizliğinin devamıdır. Başarısızlığı ve gafleti alkışlamadığı için Ozan Arif aforoz edildi. Ozan Arif halkın ve ülkücülerin gönlünde en yüksek makamdadır.

3 Kasım seçimleri niçin yapılmıştır? Bizleri çok oy alacağımıza inandırarak biri mi kandırdı? Yoksa yüzde 8.5 oy alacağımızı bilerek mi seçime gittik? Doğrusu kandırılmış olmayı tercih ederiz.

Çevresinde saltanat sürenler saltanatlarının devamı için Bahçeli'nin genel başkanlığı sürdürmesini istiyor. Şunu bilsinler ki ne Bahçeli ile ne de Bahçelisiz bir daha asla o saltanata erişemeyecekler. Bunlardan biri de Osman Durmuş'tur. Bakanlığını devretmeye bir hafta kala ilaca niçin zam yaptığını ülkücüler anlayabilmiş değiller. MHP'nin yönetim kadrosu ve bakanları halktan ve ülkücü tabandan özür dilemeliler.

Şu anda, MHP genel başkanlığına adayım diyen veya aday gibi görünenlerde partiyi iktidara taşıyacak ve güçlü kalkınmış refah içinde bir ülke yaratacak iradeyi görmüyorum. Ama partinin yetişmiş kadroları MHP'yi alternatifsiz bırakmayacaktır. Biz de MHP tabanını alternatifsiz bırakarak yanlış bir seçim yapmasına seyirci kalmayacağız."

AYTEKİN YILDIRIM:
"Hedefim Yüzde 40 Oy"

"Şu anki MHP yönetimini çok fazla tenkit etmek istemiyorum. Kendileri de çok büyük hatalar yaptıklarını fark ediyor, iç muhasebe yapıyorlar. Zaten Devlet Bey de 3 Kasım akşamı, bu feci mağlubiyetin ardından bir daha aday olmayı düşünmediğini söyledi. Devlet Bey'in mertliğine, ilkeli tutumuna güveniyorum. Kendisi gerçekten MHP'ye bazı yenilikler getirmiştir. Sözünün eri, ilkeli, menfaatleri için hareket etmeyen bir lider. MHP yerine başka bir parti olsaydı hükümet çok önceden bozulurdu.

Biz çok geniş ve dürüst bir kadro yelpazesine sahibiz. ANAP'ın, DYP'nin yaptığı ülke hizmetlerinde bu arkadaşlarımız büyük roller üstlendi. Ben onlara güvendiğim için, MHP'nin başında başarılı olacağıma, Türkiye'yi büyük, güzel ülke haline getirebileceğimize inanıyorum.

Teşkilatlarla dinamik bağlarımız devam ediyor. Her il ve ilçede görüştüğümüz binlerce arkadaşlarımız var. Güzel bir ismimiz var, yıpranmamış bir ismimiz. Bana teşkilatta şimdi konulan isim 'iktisatçı başkan'. Diyorlar ki 'Başbakan olun da bize anlattıklarınızı yerine getirin.' Türkiye'yi bir trilyon dolarlık gayrisafi milli hasılayla, 25 yıl içerisinde fert başına 20 bin dolar düşen bir ülke yapacağız. İsteseydim profesör olurdum, ama ben kendimi yetiştirdim. Arkadaşlarıma güveniyorum, onlara yapılması gerekeni tarif edeceğiz, kendilerine hürmetkâr olacağız, yeni gelenler de eskilerin çalışmalarına saygı duyacaklar. Kongreden camianın doğruyu bulacağına inanıyorum. Seçilirsem birinci hedefim MHP'yi yüzde 40 oy hedefine ulaştırmak."

TANER ÜNAL:
"Emperyalizme Karşı Adayım"

"Türkiye'nin yeni bir ruhla ulusal birlik ve Kuvvayı Milliye hareketine ihtiyacı vardır. Allah nasip ederse ulusal birliği ve dirilişi gerçekleştirecek, milli devlete dönüşü sağlayacak, öncelikle emperyalizmin yerli-yabancı tüm kollarını keseceğiz. Türkiye'yi yeniden tam bağımsızlığa kavuşturacağız. Böylelikle kalkınmayı da gerçekleştireceğiz. İşte o zaman milliyetçilikten bahsetmeye hakkımız olur. Gerisi boş laftır. Aday arkadaşlarımızın bugüne kadar yaptıkları bundan ibarettir."

2 LİDERLER KONUŞUYOR

BUGÜN MHP dışında ülkücü iddialı iki parti var: BBP ve ATP. Muhsin Yazıcıoğlu öncülüğünde 1992 Haziran'ında Alparslan Türkeş'ten yollarını ayıran bir grup ülkücü 1993 Ocak ayında BBP'yi kurdu. Fakat on yıl içinde bir türlü arzuladıkları seviyeye gelemediler. 3 Kasım'da, muhalefette olmasına rağmen oy kaybına uğrayan BBP'de yoğun bir özeleştiri yapıldı ama Yazıcıoğlu'nun liderliği pek tartışılmadı.

1997'deki olaylı kongreden sonra MHP'den ayrılıp ATP'yi kuran Tuğrul Türkeş ise, genel başkanlığı Prof. Ahmet Bican Ercilasun'a devredip bir grup arkadaşıyla DYP listelerinden seçime girdi. Türkeş seçimden sonra ATP'ye dönmedi, kendisiyle beraber hareket eden bazı isimler sessiz bir şekilde yeniden MHP'ye üye oldu ve ATP'nin adı iyice unutuldu.

MUHSİN YAZICIOĞLU:
"MHP Yakaladığı Fırsatı Hovarda Gibi Harcadı"

Ülkücü hareketin krizi nasıl aşılabilir?

Yazıcıoğlu: Sosyal olaylarda veya bir milletin tarihi seyrinde zirve noktalar vardır. Ardından fetret dönemleri de yaşanır. Ülkücü hareket zirveyi yakalayamadı. O mücadele içinde insanların hayatları pahasına yapmış oldukları fedakârlıkların karşılığı da alınamadı. Bu imkâna en çok, 1999 seçimlerinde MHP ulaştı ama bunu da tarif edilemeyecek kadar kötü kullandı. Tam bir hovarda gibi harcadı. MHP'nin iktidarda bu kadar kötü bir performans sergilemesi o hareketin kaderinde yer almış herkesi sorgulamaya itti. Bu sorgulama olmazsa orada bir arıza var demektir. Bazen çok sancılı olur böylesi dönemler, ama hayırlı sonuçlar da doğurabilir. Yani

bugünlerin genel kriz dönemi, bizleri, önümüzdeki günlerde çok daha sağlıklı düşünmeye, hareket etmeye itecektir. Bütün bunlar boşa gitmemeli.

Bir de kötümserler var. "Bu iş bitiyor mu?" diyorlar.

Yazıcıoğlu: Bazı partilerle ilgili kaygılar olabilir de, ülkücü hareket için karamsar değilim, ama Türkiye için kaygılıyım. Bu kaygıyı herkes ciddi anlamda ruhunda hissetmeye başlarsa sağlıklı doğru kararlar çıkar. Milletin ihtiyacı olan doğru fikirler ergeç zeminini bulur. Bu olacak, olmak da zorunda.

Globalizm çağında milliyetçiliği nasıl bir gelecek bekliyor? Bunu aşmak için milliyetçiliğin yeniden tarifi gerekiyor mu?

Yazıcıoğlu: Aslında bizim hareketimizin çıkışında bu vardı, ama bunu görünür hale getiremedik ve o fikirler ışığında açılımları yeterince yapamadık. Artık bir global diktatörlük çıkıyor ortaya. Globalizm dünyayı küçük bir köy haline getirerek herkesi özgür kılmadı, dünya nimetlerini adaletli bir şekilde dağıtmadı. Yeni dünya düzeni, tek kutuplu yeni bir güç merkezinden oluşuyor. Bu güç her türlü hakkı eziyor. Ama bu çağdaş sömürge anlayışının milletler tarafından bir şekilde kırılacağına inanıyorum. Bu beraberinde bölgeselleşmeyi, yerelleşmeyi ve milli reflekslerin artmasını getirecek. Yani bu global tehdit karşısında milliyetçilik güç kazanacaktır. Biz öncelikle Türkiye sınırları içinde yaşayan insanlarımızın, mezhep, meşrep, ayrımı yapmadan, kendi nüanslarını koruyarak, bir milletleşme sürecini tamamlamalarını savunuyoruz. Milliyetçi gelenekte, zamanında pek ifade edilmeyen sivil toplum, sosyal iktidar, katılımcı demokrasi gibi kavramları BBP geliştirmişti. Milli değerlerle evrensel değerlerin buluşturulmasına yönelik bir çıkıştı bu. Fakat bunu siyasi bir program olarak topluma yansıtma noktasında yeterli olamadık. BBP sadece MHP'den kopanların oluşturduğu bir hareket değildi.

TUĞRUL TÜRKEŞ:
"ATP Olarak 3 Kasım'da Yenilmedik"

3 Kasım'da sadece MHP değil tüm ülkücüler yenildi. Neden?

Türkeş: Biz yenilmedik. DYP seçim öncesi kamuoyu yoklamalarında yüzde 7 görünüyordu, ama seçimde yüzde 9.35 oy aldı. Buradaki artı 2.5'i ATP katılımının katkısı olarak tarif etmemiz mümkün. Mehmet Ali Bayar zaten DYP ailesinden olduğu için, onun ekstra bir katkısı olduğunu sanmıyorum.

MHP'nin 1999 seçim başarısını neye bağlamıştınız?

Türkeş: Ne zamandır Türk halkı, bir zamanların güçlü, karizmatik liderleri yerine, kendine daha yakın hissettiği genel başkanlara yöneliyor. Bu nedenle 1997'de Alpaslan Türkeş'in vefatının ardından MHP camiası, toplumdaki bu genel eğilimin bir uzantısı olarak, kendilerine özdeş buldukları bir genel başkan seçtiler. Sayın Bahçeli'nin bir acemilik dönemi oldu; çok da normaldi bu. 30 yıllık bir liderin ardından hangi lider gelse bir acemilik, onun tabanında bir tatminsizlik olurdu. Ama Türkeş'in ölümü toplumu silkeledi. Bu da 1999 seçimlerine olumlu bir şekilde yansıdı. Türkeş'in sağlığında da bu dalganın geldiğini görüyorduk. Ve bu dalga MHP'yi iktidara taşıdı.

Peki 3 Kasım'da neden kaybetti?

Türkeş: MHP'nin iktidarda belli ölçülerde yanlışı olmuştur, kendini anlatamamıştır, o ayrı ama önemli olan bu yüzde 18'lik seçmen kitlesini tatmin edecek hiçbir şey yapılmamıştır. Bunun altında otuz yıllık bir emek, birikim ve fikri altyapı var. Bu fikri altyapının güncellenmesi gerektiği ortadayken taş üstüne taş konmamıştır. Türkeş öldükten sonra o çalkantılı dönemi aşabilmek için Atilla Kaya'yı Ülkü Ocakları başkanlığına ben getirdim. Bahçeli yaşı kırkı aşan Kaya'nın yerine bir Ülkü Ocağı başkanı bile atamadı. Bu garip değil mi?

Ülkücülüğün güncellenmesi konusunda ne diyorsunuz?

Türkeş: Bilgi çağı bütün yaşama standartlarını değiştirdi. Bundan siyasetin etkilenmesi de kaçınılmaz. Milletler realitesi değişmez ama bunun yeniden bir tarifi gerekir. Türkiye'de etnisiteleri öne çıkartan mikro milliyetçiliklerden bahsetmiyorum. Türkeş zamanında ülkücü hareket üniversitelerden çok iyi besleniyordu, artık o da yok. Bir ikinci Erol Güngör'ü, İbrahim Kafesoğlu'nu göremiyorsunuz. Nihal Atsız'la başlayıp Türkeş'le aralanan bu sürecin bir devamı yok. İşi basitleştirmeyelim: Entelektüel seviyede sorun var bir kere. Entelektüel seviyede bir birikim yok ki!

MHP kongresi krize çare olamaz mı?

Türkeş: Yeni biri gelse ne olacak? Söz konusu adayların: 1) Türk milliyetçiliğiyle, 2) Türk milletiyle, 3) tarih, coğrafya, jeostratejiyle, 4) yarının Türkiyesi ile ilgili bir fikri var mı? Hepsi bir yana, bilgi teknolojisiyle ilgili bir fikri var mı? Şu bilgisayara, korkmadan elini şöyle vurabilecek bir babayiğit var mı? Neticede bir siyasi hareketin yeni önderinden bahsediyoruz. Burada herhangi bir kişiyi örtülü olarak hedef alıyor değilim.

"Artık bilgisayar özürlü siyasi parti başkanı olamaz" diyorsunuz...

Türkeş: Olmamalı. Tabii ben bunu söyleyince birileri hemen bilgisayar başında resim çektiriyor, ama yetmez.

3 TEK BAŞINA PARTİ: OZAN ARİF

ADI ülkücü hareketle özdeşleşen Ozan Arif'in (Şirin) arası MHP yönetimiyle uzun zamandır açık. Türkiye ve dünyanın birçok köşesinde binlerce kişilik konserler düzenleyen Ozan Arif MHP'nin denetimindeki faaliyetlere dahil edilmiyor. O da üst üste çıkardığı kasetlerde öfkesini dile getiriyor.

OZAN ARİF:
"Bahçeli Gönüldaşlarına Aslan,
Ecevit'e Siyam Kedisi Kesildi"

Nereye gitti bu ülkücüler?

Ozan Arif: Mütevazı bir yapıya sahip olmama rağmen ülkücüleri tanıma noktasında iddialıyım. Ülkücüler bir yere gitmedi. Onlar şehirler, kale burçları gibi yerindeler, ama yaralılar. Evet deprem geçirmiş şehirler gibi, top mermisi yemiş kale burçları gibi yerindeler. Fikri hareketlerde başka bir yere gitmek, mensubu olduğunuz fikri yargılamakla olur. Böyle bir şey yok. Hiçbir ülkücü sevdasını ve onun siyasi müessesesi olan MHP'yi yargılamıyor. Yargılanan MHP değil, MHP'nin mührünü elinde bulunduranlardır. Yargılananlar Başbuğumuzun ani ölümüyle ülkücülerin şaşkınlığından yararlanarak bulanık suda balık avlayanlardır! Yargılananlar ülkücü hareketin banisi Alparslan Türkeş'in ülküsünü içten kuşatıp, Türkeş düşmanlığını gizli ideoloji haline getirenlerdir! Başbuğ'un MHP'sini, Atatürk'ün CHP'si ne hale geldiyse o kılığa sokmak isteyenlerdir.

3 Kasım sonuçlarını bir yenilgi olarak görüyor musunuz? Neden böyle oldu?

Ozan Arif: Yüzde 18'lerden sekizlere düşmenin başka bir adı var mı? Elbette bir yenilgidir, ancak bu MHP'nin yenilgisi değildir. Hele hele ülkücülerin katiyen değildir. Çünkü üç buçuk sene boyunca ülkücü hareket ve MHP'nin ruhuna uygun en ufak bir rayiha koklamadı bu millet... Bu yenilgi tamamen, ülkücü hareket adına Meclis'te bulunan ama onun fıtratına ters politikalar izleyen, kendi tabanından başka her sese kulak veren bir acube grubun yenilgisidir. Esasında yüzde 18 de bunların başarısı değildir. O başarı Başbuğumuzun sağlığında başlattığı ve lapa lapa yağan karın altında toprağa verildiği gün milyonlarca insanı başına toplayarak (aya atılan füzeleri ateşleyen mekikler gibi) ateşlediği ve bu kişilerin kucaklarına bıraktığı başarıdır. Esasında bunlar adam olsaydı yüzde 28 de olurdu. Bunlar bütün kerameti kendilerinde gösterip, "Türkeş olsa bu oyu alamazdı" gibi talihsiz beyanları büyük gazetelerin manşetlerine, hatta televizyon kanallarına taşıma ukalâlığı ile bütün samimi ülkücüleri küstürdüler. Bırakın ülkücüleri, milleti küstürdüler. Rahşan Hanım'ın, it yese iti kudurtacak sözlerini cacık gibi yiyerek ülkücünün geçmişini ve şerefini ayaklar altına aldılar.

Türkeş gibi bir karizmanın bile ihmal etmediği "meşveret" ve "istişare" bunların döneminde bitti. Eleştirmeyi geçin, düşünen ve konuşan insanlara bile tahammül göstermediler. Basına kapalı grup toplantılarında dahi konuşacak vekillerin konuşmalarını bir gün önceden isteyerek sansüre tabi tuttular. Onlar da yuttular kardeşim, evet yuttular. Şimdi bakıyorum o zaman çıtı çıkmayanlar konuşuyor. Bana göre herkes konuşabilir ama (benim kesinlikle reddi miras ettiğim) o üç buçuk yıl içinde bakanlık yapmış, milletvekilliği yapmış hatta parti yönetiminde bulunmuş hiç kimsenin konuşma hakkı yoktur. Herkesin ağzına sakız yaptığı "Apo denilen melun" ve "başörtüsü" gibi meselelere bağlanıp kalmak istemiyorum. Ama bize gerek oyu gerek duasıyla desteklerini esirgemeyen şehit ailelerinin kapımıza koydukları kara çelenk bile bunların kör gözlerini açmaya yetmedi. Üstelik "Bize sadece şehit aileleri rey vermedi ki" diyebildiler. MHP değil ama MHP'nin mührünü eline geçiren bu grup hareketin kendilerine yüklediği misyonu hiçe sayarak, başka odakların onlara yüklediği misyonu yerine getirmeye çalıştılar ve halâ da çalışıyorlar. Adına "uzlaşma kültürü" dedikleri, esasında teslimiyetçilikten başka şey olmayan tutumlarıyla bizi fıkralara konu ettiler. Milletle yüzleşmeden "yüzyılla sözleşme" imzalamaya kalktılar. Açıkça bizi sattılar. Sevdamızı sattılar...

Türk Milletinin bize teveccüh gösterdiği o noktada MHP fıtratına uygun temsil edilseydi, yeri geldiğinde bizden beklenen ülkücü tavır ortaya konulsaydı, biz bugün yine milletin teveccühü ile tek başımıza iktidardık. Bırakın AKP'nin tek başına iktidar olmasını, AKP diye bir parti olmazdı!

Diyarbakır'da HADEP'in belediye başkanına gösterilen şefkat, Yoz-

gat'ta kendi belediye başkanına gösterilmezse böyle olur. Kendi gönüldaşlarına aslan kesilip, Ecevit'in yanında Siyam Kedisi kesilirsen böyle olur. Yıllarca bu sevdanın destanını yazmaya çalışmış Ozan Arif'e bile, "Affet beni milletim, sistemin iti oldum/ Köpeklerle barıştım, kurtlarla kötü oldum" dedirtirsen böyle olur.

Kimilerine göre ülkücü hareket bu gidişle sona bile erebilir. Buna katılıyor musunuz?

Ozan Arif: Hayır asla ve katiyen katılmıyorum. Tankların altında kaldığımız dönemlerde bile umutsuz olmadım. Gerçi 12 Eylül döneminden de berbat günler yaşıyoruz. Bu hareket bittiği zaman Türk milleti ve Türkiye Cumhuriyeti devleti de bitmiş olur. Başımızdaki basiretsizler yüzünden üstü küllenmiş bir kor görüntüsü verdiğimiz doğrudur. Ama onların bile bizi bitirmeye gücü yetmez. Zira bırakın koru, yanan kıvılcım bile, sönük volkanlardan daha kuvvetlidir.

Ülkücülerin birleşmesi gerekiyor mu? Bu nerede ve nasıl olabilir?

Ozan Arif: Birleşmeden bahsettiğinize göre bir dağılma var demektir. Dağılma noktası neresiyse birleşme noktası da orası olması gerekir. Ülkücülerin yeri üç hilâlli bayrağın gölgesidir. Ülkücü hareketin olmazsa olmazlarını yüreğine oturtmuş insanların ufak tefek şeyleri bir kenara bırakarak Alparslan Türkeş'in bize bıraktığı sevgi ve güven ipine tekrar sarılması, onun bize emanet ettiği sevdayı ve o sevdanın yuvalarını her türlü pislikten arındırarak şenlendirmesi şarttır. İlk adım, her ülkücünün onurunun düşünüldüğü, Ülkücü hareketin patentinden başka hiçbir patent taşımayan, herkese açık bir büyük kurultayla atılır ve arkası gelir. Ama MHP'nin mührünü şu anda elinde bulunduranlarla bu iş olmaz. Çünkü bunlarınki küçük olsun bizim olsun kafası.

12 Ekim'de Devlet Bahçeli yeniden aday olmalı mı?

Ozan Arif: Kurultay inşallah hayırlı olur. Ancak delege oyunlarıyla, çıkar hesaplarıyla kirletilmesinden kaygı duyuyorum. Ülkücüyü ülkücüye saygısızlaştırmalarından korkuyorum. Belki yersiz düşünüyorum ama yaşadıklarım beni böyle düşündürüyor. O gün ülkücüler çok dikkatli olarak üzerine düşeni, sevdasına yakışanı ve elinden geleni yapmalıdır. Devlet Bahçeli tekrar aday olursa paşa gönlü bilir. Bana göre olmamalıdır. Bu kendisinin de yararına olacaktır. Işık aydınlattığı çevreye, ateş ısıttığı daireye göre kıymet kazanır. Kin kurşundan ağırdır, kanatları ne kadar geniş olursa olsun kindar insan yükselemez. Yükseleceği yere kadar yükselmiştir. Paramparça olacak bir düşme yaşamadan önce, henüz fırsat varken inmesini bilmelidir. Üç buçuk yıl Ecevit'e verdiği bütün sözleri tutan Bahçeli'nin 3 Kasım akşamı ülkücülere verdiği tek sözü tutmaması iyi olmaz. 4 Nisan'dan 4 Nisan'a koltuğunda oturduğu Alparslan Türkeş'i bir ibrik su dökmek için hatırlayan, ama "Üç buçuk yılda Ecevit'ten çok şey öğrendim," diyen birini ülkücüler daha fazla taşıyamaz.

Konserlerinizde ülkücüler size içlerini döküyorlar mı? En çok neden rahatsızlar?

Ozan Arif: Sadece konserlerimde değil, sokakta da döküyorlar, nerede ulaşabilirlerse orada feryat ediyorlar. İnanın her akşam cevapladığım e-mailin sayısı 45-50'den aşağı düşmüyor. Gelen mektuplar hariç. Başbuğumuz gitti gideli ağlama duvarına döndüm desem mübalağa olmaz.

Aktif siyasete girmeyi düşünüyor musunuz?

Ozan Arif: Basiretsizlikle sıfatlandırdığım bu kadro Meclis'teyken orada olmak isterdim. Allah ya onlara verirdi ya da bana! Siyaseti zaman zaman düşünsem de ihtiras denilecek boyutta değil. Zaman ne gösterir onu da bilemiyorum. Küçük kapılardan girmeğe kalkanlar eğilmek mecburiyetinde kalırlar. Boyuma göre kapı bulursam belki.

4 KURMAYLAR TARTIŞIYOR

BU BÖLÜMDE ülkücü hareketin bazı önde gelen isimleriyle yapılmış röportajlar yer alıyor. İlk olarak, bazı çevrelerin aday olmasını isteği, ama "canı istemediği" için aday olmayacağını söyleyen Namık Kemal Zeybek. 1970'li yıllarda MHP'li Gün Sazak'ın Gümrük ve Tekel Bakanlığı sırasında müsteşarlık yapan Zeybek yuvaya en genç dönen bozkurtlardan. Önce ANAP, ardından DYP'de üst düzey politika ve bakanlık yapan Zeybek, 3 Kasım seçimlerinde MHP'den aday oldu, seçilemedi.

Ardından, yaklaşık 50 yıl önce Türk Ocakları'na giren, 1966'da CKMP'de yer alan Sadi Somuncuoğlu röportajı geliyor. Ülkücü hareketin en saygın isimlerinden biri olmasına rağmen, sırf parti politikasına aykırı bir şekilde cumhurbaşkanlığına aday olmaya kalktı diye TBMM bahçesinde, oğlu yaşında milletvekillerinin saldırısına uğramayan Somuncuoğlu, artık "töre dayağı" diye bilinen bu olayla anılır oldu.

1970'li yıllarda "Doğu'nun Başbuğu" olarak bilinen Yılma Durak ise, Türkeş tarafından İstanbul'u "toparlamak" için gönderilmişti. 1980 sonrasında Ankara'ya yerleşen Durak harekette üst düzey görevler üstlenmemekle birlikte camiada etkisini korudu.

Papa suikastı davasının sanığı Musa Serdar Çelebi ise, 1970'lerde MHP'nin "eğitimciler" grubunun, 1980'lerden itibaren de Avrupa'daki ülkücü örgütlenmenin önde gelen isimlerinden biriydi. Çelebi bir süre önce BBP'ye girip önce genel başkan yardımcısı, son kongrede de Disiplin Kurulu üyesi oldu, ama röportajda da görüleceği gibi gözü ve gönlü MHP'de.

Çelebi'nin ardından Bahçeli'nin değişik özelliklere sahip kurmayları geliyor. Bunların ilki MHP Genel Başkan Yardımcısı Dr. Esat Öz. Bahçeli'nin ideolojik-siyasi konuları en çok danıştığı isimlerden olan Öz, liderini 3 Kasım'dan sonra da terk etmedi. MHP TBMM Grup Başkanvekili olan Mehmet Şandır da, 3 Kasım'dan sonra Bahçeli'yle birlikte çalışmaya devam etti. Enis Öksüz'ün yerine Ulaştırma Bakanlığına getirilen Oktay Vural da Bahçeli'nin teknokrat kurmayları arasında yer aldı. 57. Hükümette Devlet Bakanı olan Ramazan Mirzaoğlu'nun adı, Bahçeli'nin olmaması durumunda, onun yerine aday olacak kişi olarak geçti. Ülkücü kökenine rağmen Tansu Çiller'in kurmayı olan ve İçişleri Bakanlığı yapan Meral Akşener ise, DYP'den ayrılıp AKP'nin kuruluş sürecinde yer almış, kısa süre sonra da MHP'ye geçmişti. Akşener, 3 Kasım'dan sonra Bahçeli'ye danışman olarak katkıda bulundu.

Mehmet Ekici ise BBP kökenli bir "partilerüstü ülkücü". 1977-78 yıllarında MHP Gençlik Kolları Başkanı olan Ekici, BBP'nin kurucuları arasında yer aldı. 1995'de ANAP listesinden milletvekili seçildi ve BBP Genel Sekreterliği yaptı.

MHP'nin seçimlerden yenik çıkmasının hemen ardından, genel başkan adayları ve onların ekipleri, yaklaşık bir yıl sonra yapılacak kongre için kolları sıvarken, genellikle 1980 sonrası parti ve ocaklarda değişik kademelerde çalışmış küçük bir grup, ülkücü camianın alışık olmadığı Alelma adında bir inisiyatif başlattı. Cüneyt Öztürk de, Alelma sözcüsü olarak kongre sürecinde dikkatleri çekti.

NAMIK KEMAL ZEYBEK:
"Başarılma Şansı Düşük, Ama Sıfır da Değil"

MHP kongresinde aday olacak mısınız?

Zeybek: Ben aday değilim. "Aday gösterilirsem olurum" manasında da değil. Eski milletvekilleri, belediye başkanları, partililer gelip baskı yapıyor, ama hepsine "canım istemiyor" diyorum. Bundan daha sağlam bir gerekçe olur mu?

Ülkücü hareketin krizi nasıl aşılır?

Zeybek: Bu esasında ideolojik bir kriz. Bu ideoloji, çağın gereklerine uygun yeni bir sunuma kavuşamadı. Mesela komünizme karşı savunma refleksinin günümüzde hiçbir anlamı yok, çünkü komünizm kalmadı. Türk milliyetçiliği, yani Türkçülük, Türk milletinin değer ve çıkarlarını savun-

maktır. Hayat hızla akıyor, buna ayak uydurmalıyız. Mesela bugün AB'cilik akımı dayatılıyor. Veya AB'yi de içine alan bir globalizm dayatması var. Türk milliyetçiliğinin buna karşı söz ve tavırları geliştirilemedi, taraftarları yeterince bilinçlendirilemedi. Bu olamaz değil, olacak. Nitekim bunun ideolojik ipuçlarını Ümit Özdağ *Türk Yurdu* dergisinde verdi. Herkese, bu yazıyı tartışalım diyorum. Bizde tartışma geleneği biraz zayıf olduğu için sorun var. Şimdi okuyan, düşünen, dünyayı takip eden bir arkadaşımız çok ciddi sorular soruyor. Fetva vermiyor, soru sorarak varolan sıkıntıları gözler önüne seriyor.

Doktrini ele aldık ama bir de liderlik ve teşkilat sorunu var.

Zeybek: Ben geçmişte hiç "lider-teşkilat-doktrin" formülünü kullanmadım. Kapatılana kadar MHP eğitimcilerinin, yani "endoktrinizasyon komitesi"nin başkanıydım. Dolayısıyla benim böyle bir şey söylemememin anlamı olmalı. Liderlik ve genel başkanlık ayrı kavramlar. Alparslan Türkeş, siyasete girdiği andan itibaren liderdi ve ölene kadar böyle sürdü. Şimdi tarihi tekrarlamak, yeniden bir başbuğ, bir lider yaratmak doğru değil. Bu anlamsızdır ve yanlıştır. Biz bu demokrasiyi biraz şarkileştirdik; genel başkanların değişmesinin tabii, hatta doğru olduğunu unuttuk. Mutlaka bir lider aramak yanlıştır. Doğrusu genel başkanlıktır. Lider, fikir olmalıdır. Fikirler de tabu olmamalıdır. Temel doğrularda birleşilir, bunun dışındaki her şey tartışılır.

Kimileri "kim kazanırsa kazansın MHP kaybedecek" diyor.

Zeybek: Umudumu kaybetmek istemiyorum. Bu kongrede başarılması ihtimali sıfır değil. Çok da yüksek görülmüyor, ama başarılması için mücadele edilmeli.

Varolan adaylardan hangisine yakınsınız?

Zeybek: Ramiz Bey benim yardımcımdı. Kendisini severim, hayatında nokta kadar bir gölge yoktur. Devlet Bey'i de severim. Çok eski bir dostluğumuz var. Ümit Özdağ'ı da severim. Babası ideoloji konularında hocamdır. Oğlu da çok değerlidir. Koray Bey ile fazla bir samimiyetim yok, aday olacağını da sanmıyorum. Başarılı bir bayındırlık bakanıydı.

SADİ SOMUNCUOĞLU:
"Birleşme Tabanda Yaşanıyor"

Ülkücü hareket çok kriz yaşadı. Günümüzdeki en ciddi olanı mı?

Somuncuoğlu: Bir yanda bu fikri benimseyen geniş bir camia, bir de bu fikir üzerine kurulmuş partiler var. Partilerin ciddi bir kriz yaşadığını söyleyebiliriz, ama camianın fikre olan imanı, fikrin toplumda kabul görmesi bakımından bir krizden söz edemeyiz. Bir bekleme dönemindeyiz. Mesela ben illerde konferanslar veriyorum. Milliyetçi düşünceyi benimsemiş pek çok kuruluş bulunuyor ve bunların illerde temsilcilikleri var. Bunlar eskiden birbirlerinden ayrı çalışır, birbirlerini görmezden gelirken şimdi müthiş bir kaynaşma var. Bu birliktelik ve ortak faaliyetler yeniden bir heyecan yaratmış. Ülkemizin bağımsızlığının, milli çıkarlarının tehdit altında olduğu endişesi böyle bir birleşmeye güç vermiş. Bu canlanma ve heyecanlanma, milliyetçi fikirleri yeniden tarif etmeye yol açmış.

Ülkücü hareketin siyasi birliği gerekli ve mümkün mü?

Somuncuoğlu: Tabanda her zaman birlik arayışı oldu, fakat siyasi partilerin hiyerarşilerinin içiçe geçmesi zor oluyor. Ama bu seçim sonrası, özellikle BBP ve ATP'nin yukardan aşağıya bütün kadrolarında bir birleşme ihtiyacı çok şiddetli şekilde duyuluyor ve bunun için de MHP'nin kongresi

bekleniyor. MHP yaralı, kendi yarası ve acısıyla uğraşıyor. Bu kongrede MHP yönetimi değişirse birleşme ihtimali çok kuvvetlenir.

Size saldırının seçim sonuçlarına etkisi olmuş mudur?

Somuncuoğlu: Parti yönetiminin, "bu olay bize ciddi oy kaybettirdi" dediğini işittim. Üzerinden üç yıl geçti. Yurt seyahatlerine çıkıyorum ve karşılaştığım insanların hepsi, sanki hadise bugün olmuş gibi, öfkeli bir şekilde protesto ediyorlar. Sadece MHP'liler değil, bütün halk. Bu hadise, davayı ve partiyi millet vicdanında mahkûm etmiştir. Genel merkez suç işleyenlere sahip çıktığı için parti hukuk önünde de kendini savunamaz duruma düşürdü. Bağımsız gözlemciler, seçimler sırasında bu hadisenin her yerde konuşulduğunu belirtiyorlar. MHP adayları ve propagandacıları bunu açıklamakta çok zorluk çekmişler.

Bu olay sizde nasıl bir iz bıraktı?

Somuncuoğlu: Partinin hangi zihniyetle yönetildiği konusundaki, zaten bende varolan intibaları çok kesin hatlarıyla karşıma çıkardığı için çok kırıldım. Düşünce ufku olmayan, demokrasiye, Anayasanın getirdiği düzene saygı duymayan, iç derinliğini kaybetmiş, hizmet aşkı ve heyecanını tamamen kaybetmiş bir gözüaçıklar yönetimi.

Aynı anlayış tekrar MHP yönetimine gelirse...

Somuncuoğlu: Aynı yönetim seçilirse, MHP oylarını hızla kaybeder ve BBP ile ATP'nin bulunduğu alana kayar. Küçülür. Halkın güvenini, milliyetçi camianın desteğini kaybedeceği için bu kesimin siyaset yapma arzu ve iradesini temsil etmekten çıkar. Böylece bir boşluk doğar. Tabii bu boşluk doldurulur. Nasıl doldurulacağını da o günkü koşullar belirler.

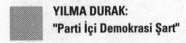

YILMA DURAK:
"Parti İçi Demokrasi Şart"

3 Kasım'la birlikte bir umutsuzluk yaşanıyor...

Durak: Umutsuzluktan çok bir üzüntü duyuyoruz. Ve niçin böyle olduğunu da tam izah edememenin sıkıntısını çekiyoruz. Ülkücüler, ilk defa tek başına iktidar imkânı yakaladı, bunun önünün tıkanmasını hazmedemiyorlar. Bu bir karargâh mağlubiyetidir. Acaba hiç kamuoyu yoklaması yapılmadı mı? MHP biraz kendi eliyle gitti. Bunun sebebi sayın genel başkanımızın kafasında saklı. Ben de az çok biliyorum. Ülkücü hareket son tecrübeden şunu anladı: Parti içi demokrasi şart. Bu olmadan siyaset olmaz, memleketseverlik olmaz.

Kriz nasıl aşılır?

Durak: Ülkücüler kendilerini yenilemeliler. Yeniliyorlar da. Dünyanın nereye sürüklendiğini, Türkiye'nin de bu felaket içerisindeki küçük bir tahta parçası gibi nasıl savrulduğunu görüyoruz. Vatanseverler, milliyetçiler, bunun sağı solu yok; bu işi fark edenler bu küçük tahta parçasını biraz daha küçültmeden kıyıya nasıl ulaştırırız diye düşünmeliler.

MHP'nin rolü ne olmalı bu durumda?

Durak: MHP'de, hareketin liderlerini, fikir adamlarını kapsayan bir lider kadro hareketi organize etmeye çalışıyoruz. Bu olur, vitrine güvenilir isimler çıkarılır, parti içi demokrasi işletilirse, işte o zaman globalizm karşısında milliyetçilik ayakta kalır. Bu bir hayal değil. Bakın Genç Parti çaresizliğin, reddiyenin, hayır diyenlerin gittiği bir siyaset. Cem Uzan'ın siyasette aldığı mesafenin sosyolojik ve psikolojik sebepleri tahlil edilmelidir. Uzan bugünkü siyasi boşluktan doğmuştur.

Kongrede olay çıkma ihtimalinden söz ediliyor...

Durak: Böyle bir şey olursa sorumluları affedilemez. Hareketimizin içerisinde bazılarının böyle bir tavrın içinde bulunması, maalesef kötü bir tortunun varlığını devam ettirdiğine bir delildir. Mesela bazı yerlerde ocak başkanları bazı laflar ediyorlar. Bunları ciddiye almıyorum. Olursa çok üzülürüm. Ama buna bir tedbirimiz yok bizim. O gençlikle ne kavgaya gücüm yeter, ne de ona bir şey diyebilirim. Ama o gencin arkasındakiler Türkiye'de hiçbir yerde barınamazlar.

MUSA SERDAR ÇELEBİ:
"Ümidimiz MHP'nin Ehil Ellere Geçmesi"

Ülkücü hareketin krizde olduğunu düşünüyor musunuz?

Çelebi: Ülkücü hareketin birtakım sorunları olduğu doğrudur. Bunların bir kısmı tek bir siyasi organizasyon altında toplanamamış olmasından kaynaklanıyor. Biraraya gelemediğimiz için gerçek ülkücü fikri siyasi hayata taşıyamadık. MHP buna rağmen 1999 seçimlerinde bir başarı elde etti. Ama MHP yönetimi, başarılı sayılabilecek ilk bir yılın ardından, birçok nedenle, hem Türk milletinin, hem ülkücü tabanın beklentilerine uygun bir icraat yapamadı. Hep bir "ülkücü duruş"tan söz edildi, ama onun arkasından bir şey çıkmadı. Halbuki Türkiye'nin temel sorunlarına yönelik ülkücü hareketin çözüm önerileri vardı. Bu hareket, 30 yıldır çok doğru görüşler ortaya koymuştur. Kuşkusuz modası geçmiş veya ihtiyaç olmaktan çıkmış hususlar da var. Mesela biz daha 30 yıl önce, Ülkü Ocakları'nda "nükleer santraller kurulacak" diyorduk. Yine o zamanlar "devleti gazcı, bezci yaptırmayız" diyerek, bir nevi özelleştirme savunuyorduk.

Ya ideolojik kriz?

Çelebi: Türk milliyetçiliğinin, hızla değişen dünyanın yeni meselelerine nasıl baktığının çok daha açık bir şekilde ortaya konulması lazım. Parti buna öncülük etmeli, onun hazırladığı zeminde üniversiteler, aydınlar meseleleri tartışmalı ve bu fikirler gençlere aktarılmalı. AB'ye, ABD'ye bakışımız netleşmeli. Bu globalleşme denen şey bizi sarıp sarmaladı, bunun sonuçlarını her alanda yaşıyoruz. Buna karşı milliyetçi söylem ne olmalı? Hatta günümüzde milliyetçiliğin ne anlama geldiğini de tarif etmeliyiz. Hareket, bütün mensuplarına geleceği planlamayla ilgili olarak doneler temin etmelidir. Bunu son MHP yönetiminin hatası olarak göremeyiz. Son 10-20 yıldır ihmal edilmiş ve ikmal edilmesi gereken bir konu bu. Bu nedenle gençler yeni hadiseleri yorumlamakta geri kaldılar. Krizin temel sebebi kafalardaki karışıklıktır. İnsanlar bir fikir etrafında birleşemez, ortak bir söyleme sahip olamazlarsa, eylemde de beraber olmaları çok zordur.

Yani geçmişten kalma bazı fikir ve sloganlarla idare mi ettiniz?

Çelebi: Evet, bunlarla idare ettik. Aslında bu fikirleri esas alarak çağımızı yorumlayan ve gerçekten bize ışık tutabilecek kadrolarla, fikir adamlarıyla ilişkilerini kopardı parti. Parti yeni görüşler ortaya atmadı, bunlardan kabul edilebilir olanları gençler seminer konusu yapmadı. Sonuçta, düşüncesiz, fikirsiz bir hareket durumuna geldik. Halbuki milliyetçiliği sadece profil veren bir hareket olmaktan çıkarabilirdik. Milliyetçilik sadece edebiyatı yapılan bir konu olmaktan çıkmalıydı. MHP onu yaşanan bir olay haline getirmeliydi. "Ben milliyetçiyim" demekten vazgeçip milletin çıkarları neyi gerektiriyorsa o söylenmeli ve yapılmalıydı. Orada bir siyasi irade noksanlığı, zayıflığı ve bilinçsizliği gördük. Mesela bugün milliyetçilerin tavır geliştirmesi gereken onca hadise var ve sıkıntı da hiçbir şeyin yapılmamasından kaynaklanıyor. MHP bir konjonktür partisi olmayıp aksiyoner bir hareket olmalı. Ama son bir-iki yılda hiçbir şey söylenemedimiştir. Bu, harekete gönül vermiş insanların yürek sızısıdır. En çok konuşmamız gereken zamanda konuşmuyoruz. Kuzey Irak'la ilgili MHP ve Ülkü Ocakları tavır koyamamıştır. Meclis'te olmamanız muhalefet yapmanıza engel değildir ki! Sonuçta MHP'nin tabanı demoralize olmuş ve tavanı dağılmıştır. İmamesi dağılmış bir tespih gibi bugün MHP. Eğer bu boşluğu MHP dolduramazsa Türkiye şartları bunu dolduracaktır.

MHP kongresi bu noktada bir fırsat mı?

Çelebi: Evet bir fırsat. Ben BBP'de yöneticiyim. Hangi partide olursa olsun, bütün ülkücüler, Türkiye'yi ayağa kaldırabilecek yerli ve sürdürülebilir bir siyaseti programlaştıracak bir hareket arzu ediyorlar. Yüzde 8.5 oy almış ve hâlâ iş yapabilecek bir tabanı olduğu için, böyle bir projeyi gerçekleştirebilecek bir kadro MHP'de işbaşına gelirse tüm hareket toparlanabilir diye konuşuluyor.

BBP'li olsanız da gözünüzü MHP'ye dikmiş durumdasınız...

Çelebi: BBP kendi kongresini 20 Temmuz'da yaptı. Yani MHP'de olacaklara göre davranma durumunda değil. Ama MHP'deki gelişmenin son derece önemli olduğunu BBP ve ATP'nin genel başkanları da söylüyor. Orada yerli bir siyaset geliştirebilecek bir kadro işbaşına gelirse bütünleşmenin olabileceğini düşünüyorlar. Türkiye'nin sorunları da devasa. Okyanus ötesindeki adamlar artık komşularımız oldu. Diğer komşularımızla ilgili de hesaplar yapıyorlar. Ufak hareketlerle bu iş olmayacak. Ama MHP'deki bugünkü kadronun bunu yapabileceğine inanmıyorum.

Şu ana kadar çıkan adayları nasıl değerlendiriyorsunuz?

Çelebi: Büyük iller kongrelerini yapmadıkları için adaylar henüz tam netleşmedi. MHP'de işbaşına gelecek kadro, temel konulardaki görüşlerini kendi içinde tartışıp ortaya koymalı. Bu heyet mutlaka parti içinde demokratik bir yapı oluşturmalı. Çok ehliyetli, süper bir ekip gelmeyebilir, ama demokratik işleyişte, başarısızlık durumunda yerlerine hemen yeni bir kadro gelebilir. Eminim ki ülkücüler kendi reylerine itimat eden ve parti içi demokrasiyi esas alan bir programı ve adayı destekleyeceklerdir. Bunu yapmamaları, hareketten vazgeçmeleri anlamına gelir.

Kongrenin kavgalı olma ihtimali var mı?

Çelebi: Bunlar söyleniyor, bizim de kulağımıza geliyor. Delegelerin buna fırsat vermeyeceğini, bugünkü yönetimin de, kendilerinin intiharı anlamına gelecek böyle bir şeye izin vermeyeceğini ümit ediyorum. Çünkü böyle bir şey olursa, MHP çatısı altında yerli bir mücadeleyi sürdürebilmenin imkânı ortadan kalkabilir. Ama insanlar MHP'den bir türlü vazgeçemiyor. Bu kongrede bir kez daha bu denenecek. Çünkü burası bir baba ocağı, bir ümit bunu tekrar ehil ellere teslim etme kaygısı var. Tekrar toparlanabilmek için didiniyor insanlar. Geçmişteki kongre oyunlarıyla, gerçekten bir şeyler yapabilecek insanlar safdışı bırakıldı. Bu defa da aynısı olursa, yine bu yapıyı devam ettirmek isteyeceklerini sanmıyorum. BBP'de, ATP'de ya da yepyeni bir partide, bütün Türkiye'yi kucaklayacak bir hareket başlatılacaktır. Bizim dışımızda da, çok samimi olarak bu ülkeyi çok seven insanlar olduğu görüşünden hareket edilecektir. "Biz milliyetçiler" diye başlayan ve diğer herkesi karşısında gören anlayış iflas etmiştir.

DR. ESAT ÖZ:
"MHP'den Çok Türkiye Hazırlıksız Yakalandı"

3 Kasım'ın özeleştirisini yaptınız mı?

Öz: Sorumlu ve ilkeli bir siyaset anlayışını savunan bir genel başkan ile partinin özeleştiri yapmaması düşünülemez. 3 Kasım öncesi yaşadığımız gelişmeler ve bu gelişmelerin seçimlere doğru kullanılma biçimleri seçmen tercihleri üzerinde çok etkili olmuştur. Ayrıca MHP'nin, 57. hükümete yönelik eleştirilerden nasibini fazlasıyla aldığını görüyoruz. Parti teşkilatlarımızın medyanın ve diğer partilerin politikaları karşısında genellikle savunma pozisyonunda kalmaları da sonuç üzerinde rol oynamıştır.

Globalizm çağında milliyetçiliğin açmazda olduğu görüşüne ne diyorsunuz? Seçim sonuçlarında bu da etkili olmuş mudur?

Öz: Küreselleşme yanlıları, bu çağda milli devletler ile milliyetçiliklerin aşındığını, artık fazla bir anlamı kalmadığını ileri sürüyorlar ki bu gerçekçi değil. Bu iddia, daha çok küreselleşmeye iman etmiş kalemlerin resmî propaganda sloganını ifade ediyor. Seçimleri doğrudan milliyetçilikle alakalandırmak da mümkün değildir. Türkiye, ABD'nin dünya hegemonyasının şekillendiği ve yoğunlaştığı bir bölgede bulunduğu için bu tür soru ve yorumlar gündeme geliyor. Bu süreçte MHP'den ziyade Türkiye büyük

ölçüde savunmasız ve hazırlıksız yakalanmıştır. Eğer siz toplum olarak milli kimliğinizle problemli bir noktaya getiriliyor ve bunun da farkında olmuyorsanız, tabii ki bu tür gelişme ve dinamiklerin Türkiye üzerindeki etkisi de çok fazla olmaktadır. Bütün bu gelişmeler, aslında milli devlet ve milliyetçiliğe yeniden anlam ve önem kazandırmaktadır.

Bu gelişmeler ışığında milliyetçi düşüncenin yenilenmesi söz konusu mu?

Öz: Milliyetçiliğin temel değerleri ve parametreleri açısından böyle bir ihtiyaç yoktur, çünkü o gerçekliği ortadan kaldıracak bir süreç yaşanmamaktadır. Küreselleşmenin önder güçleri de esas olarak kendi milli çıkarlarını en yükseğe çıkarma çabası içindedirler. Küreselleşme ülke ekonomilerini içiçe geçirdiği ve en güçlü olana daha fazla bağımlı kıldığı için küresel propaganda çok daha etkili oluyor; sıkıntı burada. Türkiye'de böyle bir propagandanın etkisini dengelemek giderek zorlaşıyor. Dolayısıyla milliyetçiler kendi tez ve iddialarını topluma güçlü biçimde aktarmada da sıkıntı çekiyorlar.

Ülkücü hareketin kendi tarihine aşırı bağlı olması onu sınırlamıyor mu?

Öz: Herhangi bir siyasî hareketin sadece kendi tarihine takılıp kalması o hareketin körelmesini beraberinde getirir. Ülkücü hareket içinde münferit yaklaşımlar vardır ama bütünü temsil ettiklerini söylemek mümkün değildir. Hareketin kendi içine dönüklüğünden daha çok, dünyayı çok yönlü okuma, Türk milliyetçiliği penceresinden küreselleşmeyi yorumlama, sorgulama ve oradan bir dünya vizyonu çıkartma konusundaki sıkıntılarından bahsetmek daha doğrudur.

MHP'nin medyayla ilişkisi hep sorunlu oldu. Burada sadece medyayı suçlamak doğru mu?

Öz: Bugün anamuhalefet partisi CHP'nin bile medyadan şikâyet ettiğini işitiyoruz. Dolayısıyla bu özünde MHP'den kaynaklanan bir sorun değil. MHP'nin medyayla çok iyi ve sağlıklı bir ilişki kurduğu belki iddia edilemez ama medyadaki hâkim zihniyetin yaklaşımı ortadadır. Medya, AB ve küreselleşme gibi hayati konularda milliyetçi hassasiyetleri tamamıyla reddeden, hatta onu körelten bir yayın politikası izliyor. Medya, MHP'nin millî ve duyarlı politikaları, değerlendirmeleri yerine; parti ve camia içi sıkıntılara odaklanmayı tercih etmektedir. Bu bakımdan sorun daha çok medyanın habercilik anlayışından ve zihniyetinden kaynaklanmaktadır.

Irak konusunda MHP'de üç ayrı eğilim gözledim. Bu nasıl mümkün oluyor?

Öz: Belli konularda MHP içinde de farklı görüşlerin olması doğaldır, ama genel merkezin ve partili çoğunluğun bu konudaki görüşü zamanla temel ve genel görüş haline gelir. Irak Savaşı'nda AKP hükümetinin, meselenin boyutlarını anlayamadığını ve ABD ile ilişkileri en baştan doğru olarak tanzim edemediğini ifade ettik. Çünkü, AKP, tamamen Batı'ya şirin gözükme ve yaranma kaygısıyla hareket ediyor. Irak konusunda, kendi geleneksel tabanlarıyla ABD ve onun buradaki uzantılarının baskıları arasında gidip gelmiştir. Kuzey Irak'ta ilan edilen kırmızı hatların ihlali durumunda Türkiye'nin çok aktif olması gerekirdi. Ayrıca, ABD ile Irak görüşülürken Kıbrıs ve Karabağ meselelerinin de gündeme getirilmesi gerektiğini ifade ettik.

İkinci tezkereye ne diyorsunuz?

Öz: Bu konular karara bağlanmadan Türkiye'nin ABD'nin taleplerini yerine getirmesine karşı çıktık. MHP, daha tezkereler gündeme gelmeden TSK'nın Kuzey Irak'taki varlığını artırmasını, dolayısıyla ilerdeki muhtemel gelişmeler karşısında fiili bir durum yaratıp inisiyatifi ele almasını savunmuştur.

MHP'nin AB politikası tam olarak nedir?

Öz: AB karşısındaki pozisyonumuz aslında net ve gerçekçidir. "AB'ye onurlu üyelik diye bir şey olmaz" diyenler çıkmıştır. Onurlu üyelik söylemi, teslimiyetçi bakışın antitezidir. Dolayısıyla her şart altında AB'ye üyelik perspektifini muhafaza etmemizi içermemektedir. MHP'nin AB konusundaki uyarılarının bugün büyük ölçüde gerçekleştiğini görüyoruz. Örneğin Kıbrıs'ın mutlaka bir ön şart olarak getirileceğini söylemiştik. O zaman AB bayraktarı olan ANAP böyle olmadığını söylemişti. Bugün ANAP'ın yerini AKP iktidarı aldı. AB yönetimi Türkiye karşısında iyiniyetini ve samimiyetini ortaya koymadığı sürece, MHP açısından AB her zaman için çok sorunlu ve tartışmalı bir konu olmaya devam edecektir. Uyum paketleriyle gündeme gelen dayatmaların da bu artniyetin çok açık ve tehlikeli bir devamı olduğunu düşünüyoruz. Çünkü Türkiye'ye dayatılan birçok konunun AB içinde tartışıldığını ve uygulanmadığını biliyoruz. Adil ve eşit bir ilişkiler zemini yaratılması yerine, Türkiye'nin millî ve üniter devletinin altını oyacak düzenlemeler gündeme getirilmektedir. Bu şartlarda Türkiye, AB ile ilişkilerini yeni baştan değerlendirmek zorundadır.

Neden ülkücüler biraraya gelmiyor?

Öz: Kendilerini ülkücü hareket içinde addeden bazı siyasi organizasyonlar ve sivil toplum kuruluşları var. Bu farklı yapılar göz önüne alınırsa bir birlik sorunundan söz edilebilir. Ama seçimin yarattığı sıkıntıları, küskünlüğü aşabilmek için belli bir sürenin geçmesi gerekiyor. Ancak MHP ülkücü hareketin siyasî lokomotifi olduğu için bu görev de öncelikle ona düşmektedir. Zannediyorum önümüzdeki dönemde bu konuda yeni gelişmeler yaşanacaktır. Ancak milliyetçi-ülkücü hareketin mevcut durumundan sıkıntı duyup suçlayanların, MHP'nin yaşadığı süreci sürekli istismar etmek yerine Türkiye'nin karşı karşıya bulunduğu milli tehditlerle uğraşmaya öncelik vermesi gerekir. Bu zaten milliyetçi duruşun bir gereğidir.

RAMAZAN MİRZAOĞLU:
"Bahçeli Olmasa Aday Olurdum"

3 Kasım'da MHP neden kaybetti?

Mirzaoğlu: 3 Kasım seçimlerinden bütün iktidar partileri yenik çıktı. Hatta muhalefet için de çok ağır sonuçları oldu seçimin. Düşünün 550 milletvekilinden 500'ü seçilemedi. Halbuki 21. dönem TBMM çok önemli yapısal reformlar gerçekleştirmiş, en çalışkan Meclis olarak tarihe geçmişti. Bunun temel sebebi şudur: Ülke son 15 yıl çok kötü yönetildi. Popülist politikalardan kaçındığımız için faturayı ödemek de bize düştü.

Niye erken seçimi kabul ettiniz?

Mirzaoğlu: Mecbur bırakıldık. Bir yandan, AB kapsamında, kabul etmemiz imkânsız olan bazı yasalar dayatılınca ipler koptu, diğer yandan ortağımız DSP ortadan ikiye yarıldı. Genel Başkanımız Bursa'da 3 Kasım tarihini telaffuz edince tüm bakanlar olarak arkasında durduk.

Baraj altında kalınca ne hissettiniz?

Mirzaoğlu: Hiç tahmin etmiyorduk. Çok şaşırdık ve üzüldük. Biz Kırşehir'de, bu ters rüzgâra rağmen epey başarılı olmuştuk, ama yetmedi.

Devlet Bahçeli yeniden aday olacak mı?

Mirzaoğlu: Sayın Bahçeli 3 Kasım gecesi aday olmayacağını telaffuz etmişti. Ama bir süre sonra teşkilatın bütün kademelerinden, bu kararını gözden geçirmesi istendi. Bu ısrar üzerine yeniden aday olmayı düşündüğünü söyledi. Ben her iki kararına da saygı duyuyorum ve kendisiyle birlikte hareket ediyorum.

Bir ara sizin de adınız geçti genel başkanlık için...

Mirzaoğlu: Bazı arkadaşlar böyle uygun görmüşler, kendilerine teşekkür ederim. Ben MHP'de her göreve hazırım. Genel başkanımızın yeniden aday olması netlik kazanmış gibi. Eğer sayın Bahçeli aday olmasaydı, pekâlâ aday olmayı düşünürdüm.

Kongre nasıl geçecek?

Mirzaoğlu: Yine Devlet Bahçeli başkanlığında, ama kesinlikle yenilenmiş bir yönetim kadrosu gelmeli. MHP dışarda kalan ülkücüleri, hatta milli birlik ve beraberliği savunan tüm kesimleri kucaklamalı; bunların partinin her kademesinde ağırlıkları hissedilmeli.

MEHMET ŞANDIR:
"Ülkücülerin Sevgisini Kaybetmişiz"

"3 Kasım sonuçlarını hiç kuşkusuz beklemiyorduk. Hatta tek başına iktidar için gayret sarf ediyor ve buna inanıyorduk. Fakat iç ve dış gelişmeler toplumu yönlendirdi. Bu konuda medyanın kararı ve gayreti de vardır. Yenildik, ama bu bir travmaya dönüşmüş değildir. Bizim için asıl olan Türk milletidir ve onun her türlü kararına saygı duyarız. Tabii ki üzüldük. Millete kızmadık ama kendimize kızdık. Toplumla aramızda köprü olacak olan ülkücülerin sevgisini kaybetmişiz demek ki.

Genel başkanımızın seçim gecesi yapmış olduğu konuşma duygusal olarak tüm tabanımızı kuşatmış ve elini kolunu bağlamıştır. Bu konuşmayı yapmamış olsaydı şimdi çok sayıda aday çıkardı. Bu tartışma çok daha geniş ölçekli yapılır ve daha faydalı olurdu. Genel Başkan 'sorumluluğu ben alıyorum' dediği için insanlar aday olarak çıkmayı nezaketsizlik olarak görüyorlar. İl kongreleri sonuçlandıktan sonra daha fazla aday çıkacak, ekipler oluşacak ve yarış kızışacaktır. Ama bu bir kırılma noktası, bir travma, bir çatışma olmaz. Kavga olmaz demiyorum. Kavga olmaması için tedbir alacağız, ama kavga olabilir, bu da çok büyük problem değil.

Siyasette her şey tartışılır, eleştirilir, ama ortak bir ideolojik zemininiz varsa bazı şeylere dikkat etmeniz gerekir. Sahiplenerek sorgulamaktan kaçmamak lazım. Ama partiyi ele geçirme adına, ideolojiye ve siyasi seviyeye dikkat etmeden partinin genel başkanı olmuş bir kişiye ölçüsüz saldırı yaparsanız, partiyi ele geçirseniz de elinizde bir şey kalmaz."

OKTAY VURAL:
"Himalayalar Olmasa Everest Olur mu?"

"MHP hakkında, partili olmayanların kafasına yerleşmiş bir imaj var. Biz bu imajı yıkmayı hedefleyen bir strateji geliştirmeliydik. Sadece 'biz öyle değiliz' demekle olmuyor. Bunu ciddiye alarak, biraz daha kavrayıcı ve genişleyici yönünü ön plana getirecek bir imaj çalışması içine girmek gerekiyordu. Bunlar yapılmadı değil, ama varolan imajı değiştirebilecek kadar etkili olmadı. Kapalı olmama, herkesi kucaklama anlayışı aslında vardı, mesela listeler böyle hazırlanmıştı ama biz bunu yeterince pazarlayamadık. İletişim konusundaki sıkıntı medyanın tavrından kaynaklanabile-

ceği gibi, kurumsal yönetim anlayışındaki eksikliklerden de gelebilir. Açıkçası bunu gidermeye yönelik daha farklı şeyler yapmamız gerekirdi. Uluslararası ilişkilerimizde de daha aktif olmamız gerekirdi. Ama kendimizi şartlara feda ettik. Önceliğimizi partiye verseydik bu rahatlamayı sağlayabilirdik. Bu imaj nedeniyle küresel güçler MHP'yi bir direniş odağı olarak gördü ve onu lokalize etme ve küçültmeye çalıştı. Kıbrıs, Irak, Ermeni sorunu gibi olaylarda MHP milli hassasiyetleri seslendiriyordu, ama küresel güçler bunları kendi çıkarlarına göre çözmek istiyorlardı. Bu nedenle MHP'nin toplumla bağını kopararak onu güçsüz gösterdiler.

Biz küresel güçlerle karşılıklı çıkara dayalı bir ilişki geliştirmek istiyoruz. Sizin iletişim sorunlarınız kadar, karşı tarafın sizinle ilgili değerlendirmesi de bir sınır çiziyor.

Genel Başkanımızın sahip olduğu bazı özellikler var. Örneğin seçmenle güven ilişkisi mevcut. Bunları anlatarak topluma MHP kimliğini sunma konusunda sorun olmaz. Önemli olan bunları aktarmada bir modele sahip olmak. Devlet Bey'in hizmete devam etmesinde önemli avantajlar olduğunu ve Türkiye'nin siyasetine katkı sağlayacağına inanıyorum. Ama lideri seçmekle her şey bitmiyor. Himalayalar olmasa Everest olur mu? Bizde de lider olmalı, ama onun altında aktif bir yönetim bulunmalı."

MERAL AKŞENER:
"Kongrede Hiçbir Sorun Çıkmaz"

"Hükümet nedeniyle MHP'nin oy kaybetmesi bekleniyordu ama baraj altında kalacağını beklemiyordum doğrusu. Ama vatandaşın tercihine söylenecek bir şey yok. Bundan sonra tepeden tırnağa tüm partililer bunun nedenleri üzerine kafa yorup, eksiklerin giderilmesi, varsa yaraların sarılması için çalışmalı. Özellikle ana eksen olan ülkücü tabandan başlanarak arızalar giderilmeli. Partinin değişik kurullarında hem sonuçlar değerlendirildi, hem de partiyi daha ileriye götürebilecek projeler üzerinde kafa yoruldu. Bu arada kongreler de yapıldığı için, bütün bu değerlendirmelerin kamuoyu ile paylaşılmasında bazı eksikler olabilir. Büyük kongrede, beklenenin aksine herhangi bir problem yaşanmayacağını düşünüyorum. Çünkü partilerde her üyenin aday olma hakkı vardır. Bugüne kadar takip ettiğim kadarıyla, il ve ilçe kongrelerinde buna uyuldu, büyük kurultayda da bu demokratik hakka saygı gösterileceğini düşünüyorum.

Önümüzde ciddi sorunlar var. Globalleşmeye, Kuzey Irak'a, AB'ye bakışımız nedir, ne olmalıdır? Eskiden üniversitelerde çok kişi, siyasi partilere girmez ama düşünceleriyle siyasileri beslerlerdi, bugün bu noktada bir zaaf var. Bir taraftan siyaset kurumu alabildiğine yaıpranmış durumda, diğer taraftan herkes milletvekili olabilmek için uğraşıyor. Bir partide siyaset yapmaya kalktığınızda hem entelektüel, hem bilimsel yönünüzü kaybedebiliyorsunuz."

MEHMET EKİCİ:
"İç Savaşı Ülkücüler Engeller"

Bugün ülkücü hareket en derin krizini mi yaşıyor?

Ekici: Ülkücü hareket çok örgütlü, yarı askeri diyebileceğimiz bir yapılanma. Sadece protesto değil bir şekil verme hareketi. Ülkücü hareket, alttan gelen gençliği olsa da, yaşlanıyor. 40 yıllık bu hareket öncelikle kendisini gençleştirmeyi başarmalı. Fikir olarak, ülkücülerin birbirlerine, topluma ve dünyaya bakışı anlamında kendisini gençleştirmeli. 1980 öncesinin adı bilinen, efsaneleşmiş gençlik lideri olarak elli kişi sayabilirsiniz. Ama 1980 sonrası için aynı şey söz konusu değil, keşke olsaydı. Eğer ülkücüler kendilerini yenilemez, çevreleriyle barışık yaşamazlarsa, bu yaşlanma yokoluşa gider. Bu, milliyetçiliğin bitmesi anlamına gelmez. Dün iktidara yürüyüş bizim için önemli bir hedefti. 1999'da bir zirve yakalandı, ama ardından çok sert bir düşüş yaşandı. Türkiye'yi önümüzdeki dönemde yeni tehditler bekliyor. Ülkücüler de, tehdit ve tehlikelerle çok ilgilenirler. Ama kendilerini yeniden tanımlamak zorundalar. Kendilerini sadece genel başkan seçmekle sınırlarlarsa bu süreç hızla devam eder ve bu kurumlar adına sona gidiştir. Geçmişte sola ya da bölücülüğe karşı olduğu gibi, bugün de sadece bir savunma hareketi olarak kalırsa nostaljik bir harekete dönüşebilir.

Hiç mi umut yok?

Ekici: Umudum var. Bu MHP öncülüğünde olur. Bunu keşke BBP yapabilseydi, ama yapamadı. MHP liderliği, ileriye dönük yeni bir inşa faaliyetine geçmelidir. Nüfusun yüzde 65'i bugün şehirlerde yaşıyor. Bunun getirdiği sorunlara çözüm bulan, Türkiye gerçeğini kavramış olur.

Birleşme gerekli ve mümkün mü?

Ekici: Partiler arasında bir kayıkçı kavgası var. Liderler, ülkücü hareket içinde temayüz etmiş kişiler, olayı sadece bir siyaset olarak algılıyorlar. Halbuki ülkücülüğün ideolojik karakteri siyasetten daha önemlidir. Bugün maalesef siyasi karakter çok ön plana çıkıyor. Herkes, MHP'liler, BBP'liler, ATP'liler, başka partilerdeki ülkücüler kendi içlerinde bir özeleştiri başlatmalı. Herkes, eteğindeki taşları dökerek, asgari millet şartlarında birleşmeli. Ciddi bir gelecek vurgusu yapması halinde böyle bir partinin oyu yüzde 24'ten aşağıya düşmez. Ben bunda nefer olurum, ama bir kayıkçı kavgasının küreği olmam.

Ülkücü hareket çok disiplinli bilinir ama içeride çok sert kavgalar yaşanıyor...

Ekici: 1970'li yılların ortamında böyle bir disiplin vardı, gerekliydi. Ama ülkücü liderlerin cezaevinde olduğu sırada, 1983'te ANAP'ın kurulmasıyla ülkücüler sarsıldı. Ne kendi partilerini kurdular, ne de özeleştiri yaptılar. Böylece "ülkücü hareketin fetreti" diyebileceğimiz bir boşluk dönemi yaşadık. Bu, 1987-88'e kadar sürdü. MÇP'deki birlik de apar topar oldu. Zaten ardından ayrılıklar geldi. Artık hareket disiplini yerini grup disiplinlerine bıraktı.

Bu kongrenin de kavgalı geçmesi bekleniyor.

Ekici: MHP liderliği ve diğer adaylar asla kavgalı bir kongre yapmamalılar. Atılabilecek tek bir yumruk bütün harekete atılmış olur. Bugün ülkücülüğe yönelik en önemli tehdit kavgalı bir MHP kongresidir. Huzurlu, ışıklı bir kongre yapmazlarsa sıkıntının alasını o zaman görürler.

Ne yapmalı ülkücüler bugün?

Ekici: Bölücülükle olduğu kadar ırkçılıkla da mücadele etmeliler. Önümüzdeki dönemde bir etnisite ırkçılığı çıkabilir, buna tepki olarak daha büyük bir ırkçılık doğabilir. Ülkücüler, sosyal hayatın yeniden dokunmasında önemli görevler üstlenebilirler. İyi Kürtlerle iyi Türkler oturup yeni

Türkiye'nin geleceğini rahatlıkla düşünebilirler. En azından kendi aralarında konuşabilirler. Bu noktada ülkücüler önemlidir. Ülkücüler bugüne kadar hiç bu yönlerini ön plana çıkarmadılar. Ama bunu yapabilirler. Bu görevi, kendileri için değil gelecek nesiller için üstlenebilirler. Ben oğlumun bir iç savaş askeri olmasını istemiyorum. Tarafı ne olursa olsun. Ülkücüler bunu başarabilirler.

CÜNEYT ÖZTÜRK:
"Kişiler Değil Programlar Yarışsın"

"Biz kongreler mücadelesini bir amaç olarak görmüyoruz. Koyduğumuz vizyon 12 Ekim sonrasına yöneliktir. 12 Ekim'de yapılacak kongre ancak bu vizyona yönelik bir ara hedef olarak değerlendirilebilir. Biz kesinlikle Türkiye'nin geleceğinde MHP'nin önemli fonksiyonlarını yerine getireceğine inanmaktayız. 'Lider ülke Türkiye' hedefinin gerçekleştirilmesine yönelik bir bakış açısı partiye hâkim olduğunda zaten kongrelerde oluşacak yapılar da bu amacı gerçekleştirebilecek nitelikte olacaktır. Toplantılarımızda ön plana çıkarmaya çalıştığımız husus, yaşanacak mücadelenin kişiler mücadelesi değil, programlar mücadelesi olmasıdır.

Elbette genel başkan adayları etrafında aşırı politize olmuş ve reel siyaset adı altında temel değerlere aykırı tavırlar sergileyen ve dolayısıyla dışlamacı yaklaşımlar gösteren azınlıklar söz konusudur. Ancak çalışmalarımızın başından bugüne kadar aldığımız tepkiler ülkücü hareketin yarınlardan oldukça ümitli olduğunu, geleceğin büyük Türkiyesini kurma idealine yönelik şevk ve heyecanını aynı derecede muhafaza ettiğini göstermektedir.

Yoğun reel siyaset atmosferlerinde bir diğerini yok etme pahasına bir mücadeleden haz almayan bu kitle gerekirse Türkeş'in Yeni Delhi'den dönüşünü sabırla bekleyecek gibi görünmektedir. İşte Alelma bu kitlenin sesi olmaya aday, talepleri ve beklentileri, muhtemel genel başkana bu günden iletmekle kendini görevli sayan, özeleştirisini bütün şeffaflığıyla gerçekleştiren ama eleştirisini yaparken de çözüm önerilerini sunan bir çalışmadır. Yaklaşımı sorun odaklı değil çözüm odaklıdır. Ayrıştırıcı değil birleştiricidir. Çünkü kenetlenmenin oluşturacağı sinerjiye şiddetle inanmaktadır."

Alelma'nın Yedi İlkesi

1. İç siyasi rekabete katılan bir grup haline gelmemek,
2. Çalışmamıza katılan veya sınırlı katkıda bulunan bireylerin, parti içi rekabette bulunan şahıs veya gruplarla kişisel ilişkilerinde bağımsızlığına saygı göstermek,
3. Gruplardan herhangi biri ile, ülkücülük bağı dışında organik bir ilinti içinde bulunmamak,
4. Parti üstü, hatta gruplar üstü bir konum vehmine kapılmamak,
5. Parti dışı bir yapılanma izlenimi uyandırmamak,
6. Dolaylı veya dolaysız yönlendirmelere açık olmamak,
7. Her durumda yüzde yüz şeffaf olmak, hiçbir etkinliğimizi herhangi bir ülkücü kurum veya kişiden saklı tutmamak.

5 OLAYLAR VE ÜLKÜCÜLER

ÜLKÜCÜLÜKTEN bahsederken sözün şiddete gelmesi bir noktadan sonra kaçınılmaz. Fakat son yıllarda ülkücülerin "öteki" olarak belledikleri kesimlere saldırmaktan çok kendi içlerinde şiddet uyguladıklarına tanık olduk. Bu noktada akla ilk olarak Alparslan Türkeş'in ölümünden sonra 18 Mayıs 1997 günü yapılan MHP Kongresi geliyor şüphesiz. Kongrede Tuğrul Türkeş'i destekleyen Ülkü Ocakları eski Başkanı Azmi Karamahmutoğlu, bazı adayların Devlet Bahçeli lehine yarıştan çekilmesi üzerine "Artık söz yok eylem var" diye kürsüye fırlamış ve meşhur olmuştu. 1998'de Tuğrul Türkeş başkanlığında kurulan ATP'de genel başkan yardımcısı olan, 3 Kasım'da DYP listesinden seçime giren Karamahmutoğlu 2003 Şubat ayında MHP'ye tekrar üye oldu.

Bu kongrenin ardından, Karamahmutoğlu ile birlikte hareket eden Hakan Ünser Ülkü Ocakları başkanlığından Tuğrul Türkeş tarafından alınıp yerine Atilla Kaya getirilmişti. 12 Eylül sonrası yıllarca hapis yatan Kaya, o gün bugündür, yardımcıları Alişan Satılmış ve Suat Başaran ile birlikte Bahçeli'nin en önemli destekçileri arasında yer alıyor. Bahçeli'nin rakipleri de Ülkü Ocakları'nın 12 Ekim'deki kongrede olay çıkartmaya hazırlandığı yolunda kaygılarını dile getiriyorlar.

Ülkücünün ülkücüye şiddeti denince akla gelen bir diğer isim eski Ordu Milletvekili Cemal Enginyurt. MHP'nin tartışmasız en hırçın milletvekili olan Enginyurt, Yozgat Milletvekili Ahmet Erol Ersoy'la birlikte, cumhurbaşkanlığına aday olmak isteyen Sadi Somuncuoğlu'na saldırmıştı. Bunun, MHP yönetimine yakın çevreler tarafından "töreye uygun" bulunup onaylanması tartışmalara yol açmıştı. Fakat Enginyurt da, 3 Kasım sonrası Bahçeli muhalifleri arasına katıldı.

Yine hırçınlıklarıyla dikkati çeken iki eski MHP milletvekili de artık Bahçeli karşıtları arasında yer alıyor: Daha çok kadın gazetecilerin ve ziyaretçilerin etek boylarıyla uğraşması ve Öcalan konusundaki çıkışlarıyla sivrilen TBMM eski İdare Amiri Ahmet Çakar ile MHP'nin sert ve medyatik isimlerinden eski Trabzon Milletvekili Orhan Bıçakçıoğlu.

Bir de Ali Güngör var kuşkusuz. 1972'de Dr. Asteğmen Necdet Güçlü'yü öldürme suçundan 12 yıla mahkûm olan Güngör, aftan yararlanarak iki yıl sonra serbest bırakıldı. Yıllar sonra Güngör, milletvekili olarak bir başka af yasası üzerine kişisel söz aldı ve Başbakan Bülent Ecevit'e çok sert eleştiriler yöneltti. Bunun üzerine Güngör MHP'den ihraç edilince ülkücü taban da ikiye bölündü.

AZMİ KARAMAHMUTOĞLU:
"Pişman Değilim. O Sayede MHP'nin Oyu Arttı"

18 Mayıs 1997 günü ne oldu?

Karamahmutoğlu: Bu aslında aile içinde bir olaydır. O günkü MHP kongresinde, ikinci tur oylamalar sürerken bazı adaylar kürsüye çıkıp Devlet Bahçeli lehine adaylıktan çekildiklerini açıkladılar ve onu genel başkan olarak ilan ettiler. Kongre işleyişini bozan, kürsüyü işgal eden bu despotlara karşı tavır alındı. Ben bir konuşma yaptım ve ardından bilinen olaylar yaşandı. Fakat hiçbir partilinin burnu kanamadı, sadece kongre iptal edildi. Bu arbedenin biriyle sembolize edilmesi gerekiyordu, o da ben oldum. Halbuki o sırada Ülkü Ocakları Genel Başkanı bile değildim, ama olaylar benimle anıldı. Bundan rahatsız olmuş değilim. Ama ülkücü hareketin yarısı orada yaşananları tasvip etmemişse, diğer yarısı onaylamıştır.

Hâlâ o gün konuşuluyor ve önümüzdeki kongrenin de kavgalı geçmesinden endişelenenler var.

Karamahmutoğlu: O gün yaşanan olaylar için üzgün olmuşumdur, ama pişman değilim. Bizim o zamanki tartışmamız, iddiamızın bir göstergesiydi. Mesela sonraki iki kongre silik ve renksiz geçmiştir. Kaldı ki o kongredeki tartışmaların zararlı gösterilmesini de doğru bulmuyorum. 18 Mayıs MHP'ye ivme kazandırdı. Bazı arkadaşlar "oylarımızın yarısı gitti" dediler ama yapılan ilk seçimde yüzde 18 oyla iktidar oldular. Çünkü o kongreyle

birlikte MHP ve milliyetçilik gündeme geldi ve günlerce tartışıldı. MHP bir kapalı kutu olmaktan böylece çıkmıştır.

37 yaşındasınız ve yeni kuşak gençlik lideri olarak tanınan birkaç kişiden birisiniz. Neden?

Karamahmutoğlu: Ülkücü hareketin referansı hep 1970'lerin çatışma ortamı oldu. Motivasyon böyle olunca insan kaynağı da aynı dönemden olacaktır. Artık bunun aşılması gerekiyor. Çünkü o günün şartlarını bugün anlatarak siyaset yapamazsınız. Ülkenin ihtiyaçları çok değişti. Buna göre politikalar geliştirilmeli ve yeni kadrolar bulunmalı. Şu an içinde bulunduğumuz durağanlık ve yılgınlığı ancak 1980 kuşağının aktif katkısıyla aşabiliriz. "Ağabey" hatta "baba" konumundaki kadroları bu hükümet döneminde denedik. Sanırım hareket içerisinde bir kuşak yenilenmesi gerekiyor.

Önümüzdeki kongrede kavga çıkarsa ne olur?

Karamahmutoğlu: Yetkili olanlar, kimlerin aday olabileceğine ilişkin birtakım sınırlamalar getiriyorlar. Bu durumda kongre demokratik olmaz. Olay çıkma kaygısı iki ihtimale kapı aralıyor: 1) Peşinen böyle bir kaygıyla gelecekleri için en ufak bir kıvılcım havayı elektriklendirir. 2) Ya da böyle bir endişe olduğu için herkes birbirine itidal tavsiye eder. 18 Mayıs kongresinde hiç böyle bir endişe yoktu ama olaylar kendiliğinden patlak vermişti.

Ülkücü hareket krizini aşabilecek mi?

Karamahmutoğlu: Rahmetli Başbuğ'dan sonra MHP kendi adına sivil siyaset üretemedi. MHP'nin sorunu, devlet karşısındaki konumunu belirleyemeyişinde yatıyor. MHP genel başkanı, devlet koridorlarında değil sokaklarda topuk aşındırmış bir kişi olmalı. MHP milliyetçiliğin öznesi olarak devleti değil de milleti almalıdır. Sivil siyasetini sivil yöneticileriyle oluşturmalı ve sivil bir Türk milliyetçiliği geliştirmelidir. Devletten icazetli, ipotek altındaki bir milliyetçilik, zaten başaşağı gitmekte olan hareketi daha da aşağılara sürükler.

ATİLLA KAYA:
"Çizgisi Kırık Olan Aday Olmasın"

Kongrenin olaylı geçeceğinden endişelenenler var ve adres olarak da Ülkü Ocakları'nı gösteriyorlar...

Kaya: Bazıları 1997 kongresine bakarak bizim de bu kongreye müdahale edeceğimiz beklentisi içinde olabilirler veya birileri böyle bir hava oluşturmak isteyebilir. Ama biz Ülkü Ocakları olarak ülkücü iradenin ortaya koyacağı her türlü tercihe ve tavra saygılı bir kurumuz. Etkileyebileceğimiz insanlar nezdinde bir yönlendirme yapmamız doğaldır. Kuşkusuz bazı önceliklerimiz var. Mesela Aytekin Yıldırım adlı şahıs adaylığını açıklamış durumda, ama bizim bildiğimiz bu arkadaş uzun yıllardan beri ülkücü hareketin dışındadır ve son seçimde de AKP'den Mersin'de aday adayı olmuştur. AKP gibi, ideolojik olarak MHP'yle zıt bir partiden aday adaylığını sindirebilen birinin MHP'nin genel başkanlığına aday olmasını ülkücü hareketin kabullenmesi mümkün değil. Eğer aday olursa hareket kanımca ona gereken dersi verecektir.

Bazı ocak yöneticilerine atfedilen çok sert ifadeler var...

Kaya: Bizim yaklaşımımız açık. Fakat bizi biraz manipüle etmek istiyorlar. "Şöyle dediler, böyle yapacaklar" diyorlar. Biz onların dediği gibi taham-

mülsüz olsaydık çoktan bazı şeyler yaşanmış olurdu. Mesela 3 Kasım'ı tartışıyor birisi ve olayı Devlet Bahçeli'nin çocuğu olmamasına bağlıyor. Bunun ne alakası var şimdi? Hem böyle yapıp hem de "Aman, sakın böyle şeyler olmasın" diyor.

Bahçeli'den yana açık tavır alıyorsunuz. Neden?

Kaya: Türkiye'nin birçok yerini dolaşıyor ve hem partililerle, hem ocaklılarla sohbet ediyoruz. Genelde ortak kararın bu olduğunu görüyoruz. Özellikle iktidar dönemindeki eksiklere, yanlışlara, hatalara rağmen MHP'ye oy ve gönül vermiş insanlar yüzde 90 oranında Devlet Bahçeli üzerinde ittifak yapıyor. Böyle bir dönemde MHP'nin herhangi bir şaibeyi taşıması mümkün değil. Diğer taraftan, MHP'den uzun süre uzak kalan, hatta iktidar döneminde MHP'yi yıpratmak için elinden gelen her türlü faaliyeti, gayreti ortaya koyan insanların yarın kendi nefislerine ve bazılarının yönlendirmesine kapılarak aday olmaları durumunda ülkücü hareket bu şahıslarla ilgili gereken değerlendirmeyi yapar.

Yani adaylar için bazı kriterleriniz var...

Kaya: Tabii ki. Bir kere şaibesiz olacak. Ardından çizgisinde kırıklık olmayacak. Ülkücülük ara verilip, daha sonra bir yerlere gidilip nihayet tekrar gelinebilecek bir hareket değil, dün, bugün ve yarın ekseninde devamlılık arz eden bir çizgidir. Ülkücülüğün dününde varsın, diyelim ki 1980'e kadar varsın, sonra hiç yoksun piyasada. Yani gelip MHP'de ülkücülere bir özeleştiride bulunmak suretiyle partinin divanına girebilirsin, merkez yönetiminde yer alabilir, hatta bakan bile olabilirsin. Ama MHP'den başka bir partiden aday adayı olmuşsan, başka bir partiden milletvekilliğine başvurmuşsan gelip MHP'ye genel başkan olamazsın. Bu bizim ölçümüzdür.

Devlet Bahçeli aday olmayacağını söylemişti...

Kaya: Bu Genel Başkan'ın bir tercihidir. O gün o şartlarda böyle bir açıklama yaptı. Bir de ülkücü hareketin, ülkücü iradenin tercihi olacaktır. Ve ben Genel Başkan'ın da kendi şahsi tercihinden ziyade ülkücü hareketin iradesini ve tercihini dikkate alacağına inanıyorum. O açıklamasından sonra bütün illerden, herhangi bir organizasyon olmadan otobüslerle partililer, ülküdaşlarımız akın akın Ankara'ya gelmiş tercihinden vazgeçmesi için kendisine baskı yapmışlardır.

Tabanda bakanlardan çok şikâyet var...

Kaya: Kimseyi suçlamak için söylemiyorum ama bizim yetki alan, bakanlık yapan, göreve gelen insanlarımız da ülkücü hareketin beklentilerini karşılama noktasında yetersiz kaldılar. Hatta yetersizliğin ötesinde ülkücüleri biraz dışlayan, horgören, yani ne oldum delisi bir anlayış sergilediler. "Bir daha bu koltuktan gitmem" diye düşünerek, biraz da birtakım kesimlere hoş görünme kaygısıyla kendi tabanımızı, kendi insanımızı, her şeyini varıyla, yoğuyla, yıllarını bu harekete vermiş insanları mağdur ettik. Bu da önemli bir handikap oldu MHP için. Diğer taraftan MHP'nin 1999 seçimlerinden önceki en vurucu sloganlarından birisi yoksulluk ve yolsuzluklarla mücadeleydi. Geçmişin birikimi neticesinde yaşanan ekonomik kriz yüzünden maalesef yoksulluk derdine çözüm üretme konusunda yetersiz kalındı. Ondan sonra Bayındırlık Bakanlığı'nda muhatabı olduğumuz "Vurgun Operasyonu", yaşanan hadiseler geldi. Tabii bu yargıya da aksetmiş, henüz neticelenmemiş bir konu ama bizde güzel bir deyim var, şuyuu vukuundan beter diye. Dolayısıyla olmuş ya da olmamış, neticede insanlarda "bunlar da yolsuzluğa bulaştı şeklinde" bir anlayış yerleşti. Seçim propagandası döneminde, her adayın karşılaştığı 3-5 sorudan biri de bu yolsuzluklardı.

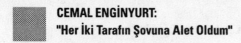

CEMAL ENGİNYURT:
"Her İki Tarafın Şovuna Alet Oldum"

Sadi Somuncuoğlu'na saldırınızın MHP'ye çok oy kaybettirdiği söyleniyor...

Enginyurt: Bunu diyenler iyiniyetli değildir. MHP'nin niye oy kaybettiğini öğrenmek isteyenler işçiye, memura, esnafa, köylüye sorsunlar. Daha önemlisi, ülkücü tabana 12 bakanla ne verdiklerine baksınlar. 35 yıl boyunca bu davaya hizmet eden insanların eşlerini, çocuklarını, gelinlerini bir işe koyamayanlar şu kısa süre içinde AKP'nin yaptıklarını görmüyorlar mı? Yaşananlar şudur: Türkiye'de varolan milli refleks, milli hassasiyetler ve milli tepki, 3,5 yıllık MHP iktidarı aracılığıyla yok ettirilmek istendi. Türk milleti aleyhine çıkarılan her yasanın altında MHP'li bakanların imzası var. Dün sokakta "Kahrolsun PKK, Apo asılsın, Vatan bölünmez" diye bağırdığımızda 10 binler, 100 binler toplanırdı. Ama artık ülkücülerin söyledikleri bir anlam ifade etmemeye başladı. Örneğin Ülkü Ocakları Kıbrıs, 11 asker gibi olaylarda bile Türkiye'yi ayağa kaldıramıyor.

Peki iktidar döneminde siz ne yaptınız?

Enginyurt: Partiden ihraç edilen Ali Güngör gibi konuşmadık belki ama çok çalıştık. Özellikle af yasası söz konusuyken, bundan Haluk Kırcı, Mahmut Korkmaz, Ünal Osmanağaoğlu, Rifat Yıldırım ve yurtdışında kaçak olan yaklaşık 30 ülkücünün de istifade edebilmesi için uğraştık.

Saldırı olayı neden yaşandı?

Enginyurt: Bu olay beni çok yaraladı. 6 ve 8 yaşındaki çocuklarım bile "Baba sen niye bu kadar kavgacısın?" diye sormaya başladılar bana. Hem Sadi Somuncuoğlu'nun, hem de bu hadisede yer alan bazı insanların artniyetli olduklarına inanıyorum. Her iki taraf da bu olayı şov için kullandı, bizi de alet ettiler.

Sonra ne oldu?

Enginyurt: En üsten en alta, bakanından genel başkanına kadar herkes "Bizim dahlimiz yok. O zaten agresif ve kavgacı biri, kendi yapmış" dediler. Yani beni günah keçisi yapıp kendilerini kurtarmak istiyorlar. Eğer bu vahim bir olaysa, ya Somuncuoğlu atılmalıydı ya da ben. İkimiz de atılmadık. Soruşturma bile açılmadı. Beşiktaş bile Pascal Nouma'yı attı. Ben Nouma'dan büyük müyüm ki! Kendi halimde bir milletvekiliyim.

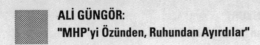

ALİ GÜNGÖR:
"MHP'yi Özünden, Ruhundan Ayırdılar"

Hükümet döneminde eleştirilerinizi açıkça dile getirdiğinizde yalnız bırakıldınız. Şimdiyse herkes konuşuyor...

Güngör: Ülkenin bağımsızlığı, milletin birliğinden yana, adaleti isteyen vatanseverlerin desteğini hep yanımda buldum. Ama MHP'deki yetkili ve sorumlu kişiler ve milletvekilleri tarafından büyük çoğunlukla yalnız bırakıldığım doğrudur. Şimdi herkesin konuşuyor olmasından tabi ki memnun ve mutluyum. Yanılmadığım, yapılan yanlışlara ortak olmadığım için alnım açık, başım dik. Ali Güngör, hem de Meclis kürsüsünden yaptığı, bütün milletin doğru dediği bir konuşma sebebiyle ihraç edildi. Aslında ihraç edilen Ali Güngör değildi. MHP yöneticileri bu kararlarıyla adaleti ve vefayı ihraç ettiler. MHP'yi özünden, ruhundan ayırdılar. Özünden ve ruhundan ayrılmış beden ceset olur. Türk milleti kendisini yönetmek için herhalde ceset aramıyor. Özü, ruhu ve bedeniyle bir bütün olarak bilgi ve cesaret sahibi, Allah korkusuyla dolu insanların oluşturduğu hareketi arıyor. Buluncaya kadar da aramaya devam edecek.

Ülkücü hareketin krizi nasıl aşılır? MHP kongresi bu açıdan nasıl bir önem taşıyor?

Güngör: Ülkücüler olarak öncelikle şu sorulara doğru cevapları verebilmek gerekiyor:
– Ülkenin bağımsızlığını, milletin birliğini, adalet ve vefayı her şeyin üstünde tutan anlayışın temsilcisi olabilmek ve buna da milleti yeniden inandırabilmek nasıl mümkün olacak?
– Türk devletini şerefli, insanlarımızı TC'nin vatandaşı oldukları için mutlu ve gururlu kılabileceklerinin güvenini verebilmek için neler gerekiyor?
– Neyi nasıl yapacaklarını ve yapmayacaklarını söylediklerinde halkın buna yeniden inanması için gerekenler nelerdir?
– "Bir araya gelsinler" veya "bir olalım, diri olalım" gibi sözlerle birlik sorunu çözülür mü?
– Yönetime aday olan gruplardan birisi kazandığında diğerlerinin kopmayacağının işaretleri verilebiliyor mu?
– Kişilere dayalı değil, kurumsallaşmış bir hareket olabilmek için neler yapılmalı?
Sorumluluk, MHP'nin merkez yönetimi, il-ilçe yöneticileri, belediye başkanları, büyük kongre delegeleri, genel başkanı ve genel başkan adayı

arkadaşlarımızın üzerindedir. Türkiye'nin milliyetçi fikir sistemi temelinde geliştirilmiş projelere ve ülkücülere ihtiyacı aratarak devam ediyor. Yine, bu fikir sisteminin siyasetini üstlenecek bir partiye de ihtiyaç duyduğu oldukça açıktır. MHP'nin bu parti olup olmayacağının cevabı ise büyük kongre delegelerinin ileri görüşlülüğüne ve kararına bağlıdır.

AHMET ÇAKAR:
"Bu Acıyı Kıyamete Kadar Yaşayacağız"

"3 Kasım, MHP'nin izlediği strateji sonucu ortaya çıkmış bir yenilgi, hatta hezimettir. Millet icraatımıza not verdi ve bizi sınıfta bıraktı. Sorumluluk sadece Devlet Bahçeli'ye ait olamaz. Kaldı ki Bahçeli'nin sorumluluğu tek başına üstlenmesi de yanlıştır. Müşterek aklı devreye sokup yaşananları analiz etseydik ne MHP, ne de Devlet Bey bu noktaya gelirdi.

Aslında daha işin başında muhalefette kalmalıydık. Bir grup arkadaşla 'şanlı bir muhalefet yapalım' diye konuşuyorduk. Ama Devlet Bey iktidarı tercih etti, bunu yaparken bizim gibilere danışmadı.

Bizdeki lider-teşkilat-doktrin üçlemesi bir mantık dokusu içerir. Bunda istişare önemli yere sahiptir. Değil totaliter olmak, otoriterlik bile bizde hassas bir konudur. Otorite, istişareye alınmış kararların uygulanmasında ortaya çıkar. Türkeş gibi son derece karizmatik bir lider ve devlet adamı bile, eşi öldükten sonra ikinci kez evlenmesini GİK'te istişareye açmıştır.

Ne var ki Başbuğ'a son derece saygılı ve ona hayran olan Devlet Bey'in uygulaması çok farklı çıktı. Örneğin seçim kararını tek başına aldı ve partisine de uygulattı. O gün itiraz etme şansına sahip değildik. Ama daha sonra, 50 arkadaşla birlikte seçimlerin ertelenmesi için gayret sarf ettik ama başaramadık.

Benim, siyasi olaylarda çok süratli tepki ortaya koyabilen bir mizacım var. Bu yılların birikimi ve deneyiminden kaynaklanıyor. Kaldı ki tepki koyduğumuz olaylar toplumun son derece hassas olduğu konulardır. Kıyafetle ilgili hassasiyetim ve Apo ile ilgili beyanlarım hep böyledir. Biz gerekeni söyledik, ama hükümet aciz kaldı. 57. hükümet eliyle TC devleti, devlet olmanın gereğini yerine getirememiştir. Bu acıyı halen yaşıyoruz ve kıyamete kadar da yaşamaya devam edeceğiz.

Bizler, hayatınızın büyük bir bölümünde bağlandığımız ideolojik hareketi her şeyden önemli kıldık. Bizimki devlete değil, sisteme karşı bir hareket. İktidara geldiğimizdeyse bozuklukları düzeltmek için hiçbir şey yapamadık. Şimdi sıfırdan başlayacağız. Yeniden şansımızı zorlayacağız. 3 Kasım'ı, tek başına iktidar yürüyüşümüzün başlangıcı yapmak istiyoruz. Bu bakımdan 12 Ekim de yeniden doğuş günümüz olacaktır."

ORHAN BIÇAKÇIOĞLU:
"Bahçeli 9 Işık'ın Tüm Işıklarını Kararttı"

"Bırakmaya niyeti ve kararı olan 3 Kasım gecesi bırakır ve kendisini 5 Kasım 2000'de seçmiş olan delegasyonla kongreye giderdi. MHP siyaset sahnesinde varolduğu günden bu yana Bahçeli dönemindeki kadar atalet içinde olmamıştır. Türk milliyetçiliği, ülkücü hareket her cephede gerilemiş, Türk milliyetçileri MHP'de üvey evlat muamelesi görmüştür. Anayasanın 69. maddesi ve siyasi partiler kanununun 4. maddesi 'Siyasi partilerde organların seçimi ve işlevi demokratik kurallara göre yapılır' derken maalesef Bahçeli döneminde partinin kongreleri anti-demokratik yöntemlerle yapılmış, ülkücüler birbirlerine kırdırılmıştır. Bu tutum ve davranış kongreler sürecinin yaşandığı şu günlerde devam etmektedir.

Partinin üye kayıtları üç yılda iki kez silinmiş, tüm il ve ilçe yönetimleri görevden alınmıştır. 3 Kasım seçimlerine giderken teşkilatçılığıyla övünen bir partinin tüm Türkiye'de teşkilatlarının atıl bir duruma getirildiği unutulmamalıdır. Kadro partisi olarak bilinen MHP'nin tüm kadroları bilerek hareketten uzaklaştırılmış, yeri geldiğinde ihraç edilmiştir. İstişare göz ardı edilip tek adam, tek akıl egemen kılınmıştır.

Bahçeli döneminde MHP 9 Işık'ın tüm ışıklarını karartmış, Türk-İslâm ülküsü adına hiçbir söylem ve vizyonu ortaya koymamıştır. Parti programının ve parti tüzüğünün hayata geçirilmesi yönünde bir gayret sarf edilmemiştir. Ne Türk Dünyası Bakanlığı, ne tüzüğün 14 ve 16. maddelerinde geçen gençlik kolları, kadın kolları ve yurtdışı temsilcilikleri kurulmuştur. MHP 12 Ekim kongresinde, tabii eğer yapılırsa, aydınlanacak ve Türkiye kazanacak, ülkücü hareket kaybettiği reflekslerine yeniden kavuşacaktır. Sayın Devlet Bahçeli mutlaka ama mutlaka aday olmalı ve ülkücü delegasyonun önüne çıkıp kendisini savunmalıdır."

6 ÖZELEŞTİRİ PARÇALARI

ÜLKÜCÜ hareketin krizi hakkında herkesin kendine göre birtakım fikirleri var. Bu bölümde içerden bazı özeleştiriler yer alıyor. İlk olarak 1970'lerdeki "eğitimciler" grubunda yer alıp 1980 sonrasında MHP'de üst düzey görevler üstlenen Ömer Haluk Pirimoğlu'nun görüşlerine yer verdik. 7. Kongre öncesi MHP Merkez Yönetim Kurulu üyesi olan Pirimoğlu'nun ardından üç ülkücü gazeteci-yazar değerlendirmede bulunuyor: Arslan Bulut, Yavuz Selim Demirağ ve Alper Aksoy.

Niğde Üniversitesi öğretim üyesi Doç. Özcan Yeniçeri, ülkücü hareketin son dönem öne çıkan aydınları arasında yer alıyor ve Devlet Bahçeli'ye yakın bir tavır sergiliyor. Kendisini "ülkücü hareketin ideal askeri" olarak tanımlayan Ali Baykan ise MHP Genel Merkezi'ne yönelik, değişik ülkücü yayın organlarında yayımlanan eleştiriyle biliniyor.

Ardından 1980 sonrası kuşaktan olup bir dönem Ülkü Ocakları'nı yöneten Hakan Ünser ve Servet Akkuş geliyor. Ünser, Azmi Karamahmutoğlu ile birlikte ATP'de genel başkan yardımcılığı yaptı. 3 Kasım seçimlerinde DYP listesinden adayı olup tekrar MHP'ye döndü. Akkuş ise MHP'den hiç ayrılmadı.

Son olarak MHP'nin iki misafir ismi, Yaşar Okuyan ve Prof. Ahmet Vefik Alp. Aslında Okuyan ev sahibi sayılır. 1970'li yıllarda MHP Genel Başkan Yardımcısı olan Okuyan hapisten çıktıktan sonra ANAP'ta yer aldı. Üst düzey yöneticilik ve bakanlık yaptı. 3 Kasım seçimlerine Yalova'dan MHP adayı olarak girdi.

Prof. Alp ise birçok seçime MHP'nin vitrindeki isimlerinden biri olarak girdi, ama bunların hiçbirinde sandıktan çıkamadı. Mimar olan Prof. Alp, MHP'nin Ankara Balgat'taki yeni genel merkez binasının projesini yaptı. Fakat MHP'nin parası tükendiği için inşaat yarım kaldı. Bu arada Prof. Alp de sabrı tükendiği için, seçimden kısa süre sonra törenle Genç Parti'ye katıldı.

ÖMER HALUK PİRİMOĞLU:
"Sözümüzün Eriyiz Dedik, Tutamadık"

"18 Nisan 1999 seçim sonuçlarını sürpriz görenlerin unuttuğu bir şey var. Biz merhum Başbuğ Türkeş'in vefatından önce seçim çalışmalarını başlatmıştık. 1996 sonunda yapılan belediye seçimlerinde yüzde 19 oyumuz vardı. Ve 'biz sözümüzün eriyiz' sloganını gündeme getirip, Türk milletinin hizmetine hazır olduğumuzu belirtmiştik. Nitekim 18 Nisan'da seçmen önüne çıkarken 'biz sözümüzün eriyiz' sözünü Türk insanına senet olarak sunduk. Ancak 3,5 yıllık iktidar döneminde Türk milliyetçiliği çizgisinden uzaklaştığımız gibi, başta kendi tabanımız olmak üzere, millete verdiğimiz sözü yerine getiremedik.

Tüm insanlarımızı kucaklamayı ihmal ettik. Kendi değerlerimizden uzaklaştık. 'Merkez' gibi içini dolduramadığımız garip bir anlayışa sarıldık. Bu olumsuz tablo 40 yıllık hareketimizi baraj altına itti. 'Dürüst-ilkeli lider' olarak Türk milletinin önüne çıkardığımız Sayın Bahçeli 'MHP oyları bir puan aşağı inerse istifa ederim' sözünü yerine getirerek 3 Kasım gecesi çekileceğini ilan etti. Sözünü tutacağına inanıyorum. Devlet Bey sözünün eridir. Aksini düşünmek bile istemiyorum. Ama aday olursa o salondaki manzarayı gözümde canlandırıyorum. Ülkücüler ağızdan çıkan sözü muteber sayacaktır.

Kan ve gözyaşı üzerinde kurulmuş hareketimizin ateş çemberinden geçen mensupları davalarına sahip çıkacaktır. Ülkücüler bir yere gitmiş değil, sadece kırgınlar. Kendi iç dinamiklerini harekete geçirecek bir işaret bekliyorlar. Türkiyemizi müstemleke konumuna iten yasalar Meclis'ten geçtikçe uykuları kaçıyor. Irak'ta Mehmetçiğimizin başına çuval geçirildiğinde kafasına paslı çiviler çakılıyor. Teşkilat yapımızdaki hiyerarşik zincir yüzünden meydanlara inip Türk milletinin öfkesini dile getiremiyor. Kıbrıs, Azerbaycan, Bosna olayları sırasında meydanları dolduran yüzbinler dünkü vakur tepkilerini yarın taşların yerine oturmasıyla yeniden sergileyecektir."

ARSLAN BULUT:
"Ülkücüler Önce Birbirlerine Güvenmeli"

"Ülkücü hareket, 12 Eylül'den ve sonraki uygulamalardan çok etkilendi. Dünyadaki gelişmeler karşısında üretilen yeni fikirler desteklenmedi. Dolayısıyla fikirlerdeki netlik kayboldu. Siyasi gücün ekonomik güçten kaynaklandığı gözardı edildi. 1990'dan sonra Türk Dünyası bütün haşmetiyle ortaya çıkmasına rağmen, Türk Dünyası Kurultayları dışında, bu alanda daimi kurum ve kuruluşlar meydana getirmek, dışardan güdümlü gruplara bırakıldı. Bu çabalar ciddiyetle sürdürülseydi bugün Avrupa Anayasası'nı değil, Türk Dünyası Anayasası'nı tartışırdık. Bu alanda kişisel çabalar da sonuç vermedi. Çünkü ülkücüler teşkilatsız hareket etmez. Teşkilat hareketsizse, ülkücüler de hareketsizdir.

MHP'nin iktidar ortaklığı sırasında, Türk milliyetçiliğine uygun düşmeyen icraatlara da imza atıldı. Tabii, MHP olmasaydı, daha kötü olabilirdi ama, halk MHP'den güçlü bir direnç bekliyordu. Türk milliyetçiliği tarihinde söylem ile eylemin birbirine bu kadar aykırı olduğu başka bir dönem yaşanmamıştır! Türk milliyetçileri, hiç inanmadıkları ekonomik-siyasi uygulamaları savunamadıkları için kendi motivasyonlarını kaybetmiştir.

Bugünkü şartlarda halkın ülkücülere olan güveni şöyle dursun, ülkücüler birbirlerine güveni kaybetmişlerdir! Güveni tesis etmek içinse ideolojide netleşmek ve buna dayalı kadro kurmak gerekir. Ancak bu şekilde halk da ülkücülere güvenir ve yol açılır. İlkelerde kararlılık sergilenirse, buna göre güçlü bir kadro oluşturmak ve bu kadroyu Türk milletinin umudu haline getirmek zor değildir... Ülkücüler bunun için harekete geçmelidir."

YAVUZ SELİM DEMİRAĞ:
"Artık İçtihat Kapımız Açık"

"Kongre MHP için bir dönüm noktası, fetret döneminden çıkışın, sahiplenerek sorgulamanın, özeleştirinin başlangıcı olacak. Umudumuz, tasfiye yerine yeniden yapılanmanın gerçekleşmesi. Birileri kavga gerilimi çıkartarak aba altından sopa göstermek istiyor. 1997'de de birçok adayın kongre salonuna bile alınmayacağı söylenmişti. Ama herkes girdi ve aday oldu. Ülkücüler birbirlerine saygılıdırlar. Bence kongre tam bir demokrasi sınavı olacak. MHP'liler her şeye rağmen demokrasiye saygılıdırlar. Türkeş döneminde ülkücülerin içtihat kapısı kapalıydı. Yorum yapamıyorlardı. Ters bir şey olduğundaysa abiler 'Başbuğ'un bir bildiği vardır' diyorlardı. 4 Nisan'da, Başbuğ'un vefatından sonra genel merkezde bir tartışma sırasında kalkıp bazı abilere 'Kimse 15 yaşında değil. Artık ülkücülerin içtihat kapısı açılmıştır. Sakın kapatmaya kalkmayın. Sizin dayatmalarınız boyun eğmeyeceğiz. Çünkü düşünen, tartışan, hatta sizden daha fazla okuyan gençleriz' demiştim. Nitekim Ülkü Ocakları merkezindeki Tuğrul Türkeş yönündeki tercih bu tür çıkışlar nedeniyle parçalandı. Bazıları Devlet Bey'den de yeni bir başbuğ yaratmaya çalıştı. 3.5 yıllık iktidardaki yanlışları da 'Devlet Bey'in bir bildiği var' diye açıklayarak içtihat kapısını kapatmaya çalıştılar. Bazı milletvekilleri ve bakanlar, icraata yönelik eleştirilerimizi 'Çocuklar MGK'da neler konuşulduğunu bilmiyorsunuz' diye geçiştirmeye çalıştı. Halbuki on dakika sonra bütün kanallar neler konuşulduğunu söylüyor. Artık kimse bizi kandıramaz. Devlet Bey, 3 Kasım'ın hemen ertesinde bütün Başkanlık Divanı'nın istifasını istese ve kısa sürede kongreye gitseydi tartışmasız seçilirdi. İşi soğutmaya bırakınca öfkenin dineceğini zannetti. Bu arada üyelikleri sıfırlayıp yeniledi. Ama bu yüzden tartışılıyor ve bu yüzden kaybediyor. Otobüs kaza yapıyor, ama ne şoför, ne ikinci şoför, ne de muavin kabahatli değil ama yolcular suçlu! Böyle bir mantık olabilir mi?"

ALPER AKSOY:
"Temel Sorun Lümpenleşme"

"Bugünkü durum son yirmi yıldaki sürecin bir sonucudur. Bu süreç 4 Kasım'da da başlamadı. Ana hatlarıyla durum şudur: Son yirmi yılda 'ülkücü yetiştirme' eylemi terk edilerek bindirme kıtaları için 'partici tavlama' gayretleri ön plana çıkmıştır. Ülkü Ocakları mankurtlaştırılmış, doğru, yanlış demeden siyaset cambazlarının her şeyini alkışlayan silik şahsiyetli lümpen yığınlara dönüştürülmüştür. Sistemin nimetleriyle tanışanlar ülkücü tavrı terk ederek şahsi hesaplarını öne çıkartmışlardır. Vitrinin baş köşelerine bu 'ülküsüz ülkücüler' yerleştirilmiş. Üzüm üzüme baka baka kararır misali Anadolu idealizmi de bu SARS virüsünden etkilenerek ülküsüzleşmiştir.

Fikirlerin yerine sloganlar, kitapların yerine kasetler, Erol Güngör'ün yerine Sefai tipi ozanlar, Dündar Taşer'in yerine Şefkat Çetinler, Yusuf İmamoğlu imajına Çatlılar, Çakıcılar bağdaş kurdular. Ülkücü hareketin en büyük sancısı işte bu lümpenleşme sürecidir... Bahçeli ve ekibi ülkücü meydanlardaki bu karpuz kabuklarının bir gün kendilerini de tepetaklak edebileceğini göremediler. Göremediler çünkü iktidar esrarının dumanıyla gökyüzünü yeşil, yeryüzünü tozpembe görüyorlardı. Hatta Enginyurt'u azman yumruklarıyla sahneye sürerek tabandaki ülküsüz ülkücülere şirinlik muskası gönderdiler.

Ülkücü tabanda siyaset yapanlar veya buna talip olanlar bu lümpenleşme kanserini fark etmezlerse veya aspirin tedavisi ile geçiştirmeye kalkarlarsa sıkıntılar katlanarak artacaktır. Mesuliyet makamındakiler kısa vadeli hedefleri bırakıp 'Hata etmişiz, şakşakçı bindirme kıtalarının, lümpenlerin, silik şahsiyetli ocakların, ülküsüz ülkücülerin sloganları nefislerimize hoş gelse bile onlarla yola devam etmek faydasızdır ve hatta zararlıdır' kararına varıp ülkücü harekete hâkim olan umdeleri yeniden gözden geçirmelidirler. Çıkış yolu 'lider-teşkilat-doktrin' ilkesi değil 'hür fikir, aydınlanmış birey ve tam demokrasi'dir."

DOÇ. ÖZCAN YENİÇERİ:
"MHP'ye İçerde ve Dışarda Komplo Kuruldu"

"12 Eylül'ün 19 yıllık öfkesi 1999 seçimlerinde MHP'nin yüzde 18 oy almasında ve büyük beklentiler üretilmesine neden olmuştu. Bugün tek başına iktidar olan AKP'den gerçekleşmesi talep edilmeyen hususlar MHP'nin üçte birlik ortaklığından talep edilmiştir. MHP'ye 'Apo'yu niye asmadın!' diyenler bugün Apo'yu ipin ucundan almış, AB uyum yasaları ile siyasete taşımanın yollarını aramaktadırlar. Hükümet Mehmetçik katillerine af çıkaracak yasa hazırlamaktadır. Hatta 'türban' konusunda yeri göğü titretenler şimdi TBMM'de 'türban'ı bir kenara bırakmış sayısı belirsiz 'uyum yasaları' ile uğraşmaktadırlar.

MHP'ye karşı Almanya'daki toplantılarla başlatılan bir dizi komplo devreye sokuldu. İçeriden TÜSİAD ve büyük sermaye, dışarıdan çokuluslu şirketler, AB ve ABD Türkiye'deki milliyetçi hareketi ezmek için elinden geleni yapmışlardır. 57. hükümetin hemen ardından ABD'nin Irak'ta, AB'nin Kıbrıs'ta devreye eşzamanlı girmesi de raslantı değildir. Sonuçta AKP iktidarı ile Türkiye'nin 'Kerkük/Musul'da, Denktaş'ın Kıbrıs'ta eli-kolu bağlanmış oldu.

Milliyetçiler ve ülkücüler MHP'nin iktidarda etkin olamamasına ya da şu veya bu uygulamalarına kırgın ve küskün olsalar da yerli yerinde duruyorlar. Milliyetçilik bayrağı da dalgalanmak için fırsat bekliyor. 3 Kasım bir ikazdır. Hiçbir seçim Türk milliyetçiliğini ya da ülkücülüğü yenemez. Türk milleti var olduğu sürece Türk milliyetçiliği de yükselen değer olmaya devam edecektir. MHP 1999 seçimlerinde şaşırtmıştı, 2002 seçimlerinde de şaşırttı, öyle görünüyor ki önümüzdeki seçimlerde de şaşırtmaya devam edecektir. Yeter ki milliyetçi siyasetçiler Türk milliyetçiliğinin gereklerini göre davransınlar."

ALİ BAYKAN:
"Kolektif İradenin Önü Açılmalı"

"Ülkücülük kariyeri, MHP veya bağlı kuruluşlarında önemli görevlerde bulunmak ya da bulunmamakla ölçülmez. Şanlı hareketin tarihinde nice rütbesiz ve isimsiz kahraman vardır. Genel Başkan seçimi sürecinde rütbesi ve ünü olmayan ülkücülerin de söz hakkı vardır. Olmalıdır. Ülkü Ocakları Başkanı ülkücülerin oylarıyla seçilmez, MHP Genel Başkanı tarafından görevlendirilir. Bu sebeple Ülkü Ocakları Başkanı'nın söz ve düşüncelerinin ülkücülerin düşünceleri olarak takdim edilmesi doğru değildir. Bahçeli'nin halihazır kadrosunun onun aday olmasını istemesi pek tabiidir. Bu 'körler sağırlar birbirini ağırlar' gibidir. Mehmet Gül'e yakınındaki arkadaşları, ruhunu okşamak için 'aday ol' demiş olabilirler. Ama her genel kurul üyesi bu yasal hakkını kullanırsa ne olur? Yapılması gereken, 3.5 yıllık yönetimde MHP'yi söylemlerinden uzaklaştıran, bunları yapabilmek için teşkilatına zulmeden, partiyi tek başına yöneten zihniyetin tasfiye edilmesi, bunun yerine 'kolektif irade'nin önünü açan tavır ve tasarrufların geliştirilmeye çalışılmasıdır. Bunu istediğini iddia edenler yanyana durmalıdır. İçlerinden birini ya da ortaklaşa belirledikleri bir kişiyi aday yapabilmelidirler."

HAKAN ÜNSER:
"Ülkücünün Görevleri Kadar Hakları da Vardır"

"Ülkücüler, Başbuğ'dan sadece yüzde bilmem kaç oy miras almadılar. Mirasın kazasına da belasına da talip oldular. Bu mirasın 1997'den beri nasıl tasarruf edildiğiyse bugünün konusudur. Ülkücülerin bir kısmı iktidara geldi. İcraatları bütün ülkücü harekete veya kuşağa mal edilemez.

Kanımca ülkücü hareketin, solda 68 kuşağında olduğu gibi bir kuşak katmanlaşması yoktur. Bizde abi ve başkan katmanlaşması vardır belki, ama bu da her zaman, bilhassa kongrelerde desteklenen adaya artı yönde değil eksi yönde etki gösterir. Ayrıca ülkücülük sadece bir görevler manzumesi değildir. Ülkücünün hakları da vardır. Hak arama yerlerinden birisi ve en meşru zemini kongrelerdir. Bu hareketin 'derin' yerleri yoktur ama derin vehimleri vardır. Hiçbir ülkücü bu hakkını gasp ettirmemelidir.

Girilmiş olan bu kongre sürecinde halen aramızda yaşayan lideri bulup ortaya çıkarmak gerekiyor. Hareketin bu yeni sınavının ise telafisi yok. Bu sınavı bana göre, büyük bir entelektüel canlılıkla fikirlerini ortaya atabilecek, belli bir eylem planı olan, kararlı davranacak, ülkücülüğü hücrelerinde duyacak, komplekssiz, ciddiyet temelinde siyaset yapabilecek birisi geçebilir.

Daha sonraysa temel sorunların muhatapları bulunmalı, bunlar halledilmeli, risk alabilecek kadar ileri gidilmelidir. Yeni lider, olayları ve dünyayı yorumlayabilmeli, atılım yapabilecek yeteneklere sahip olmalıdır. Kendi yaşayışını eleştirmeyen, ülkedeki ve dünyadaki yerini görmeyen siyasal hareketler yok olmaya mahkûmdur."

SERVET AKKUŞ:
"Genç Kadrolar Görev Bekliyor"

"Bir misyon partisi hatta ideolojik parti tanımına giren MHP, içerisinde demokratikleşmeyi ve katılımı sağlayamadığı için örgütünden ve tabanından kopma noktasına gelmiştir. Ne sebeple olursa olsun, parti teşkilatlarında rekabetçi ve katılımcı bir yapının olmayışı, hem ideolojik hem de siyasal yeni açılımların önünü maalesef tıkamış, partiyi statükonun koruyucu gücü haline getirmiştir. Alt yapısına önem vermeyen ve transfer de yapmayan bir futbol takımı başarısını ne kadar sürdürebilirse, kendi potansiyeli ve tabanına şüphe ile mesafeli duran MHP'nin siyasi başarısı da o kadar olacaktır.

MHP'nin öncelikli sorunu, partinin kimlerin yönetiminde olduğundan çok siyasal katılımın kısıtlı olması ve dar kadro yönetim anlayışıdır. MHP hiçbir grubun kontrolüne giremeyecek kadar büyük bir camiayı ve ideolojiyi temsil eder. Kendisini Türk milliyetçisi kabul eden ve MHP'de politika yapmak isteyen bütün herkese 'tahammül' gösterilmeli ve önü açılmalıdır. Parti örgütlenmesinin ihtiyacı olan, buna karşılık ısrarla görülmemeye çalışılan genç siyasal kadrolar ise donanımlı ve hazır olarak uygun parti ortamını beklemektedirler."

YAŞAR OKUYAN:
"MHP'den Tık Yok"

"Seçimlerden sonra üç kez Sayın Devlet Bahçeli'den randevu istedim, bir cevap alamadım. Seçim akşamı yaptığı açıklamayı herkes çok takdir etti. Bahçeli o açıklamayı yapmasaydı Sayın Yılmaz, Sayın Çiller çekilirler miydi, kuşkuluyum. Fakat şimdi yeniden aday olabilir deniyor.

1 Aralık tarihi itibariyle üye kayıtlarını silmişler, öyle bir karar almışlar. Ve 10 Ocak'a kadar da yeni üye kayıtları gündemde. Mesela benim bundan haberim olmadı. Sayın Bahçeli ile 30 senelik arkadaşlığımız, hukukumuz var. Son derece dürüsttür. Pırıl pırıl bir insandır, haysiyetlidir, fakat siyasette tecrübe gerek. Bir siyasi partinin genel başkanlığını yürütmek farklı bir şey. Oralarda çok eksiklikler görüyorum şahsen, bunu söylerken de tabii zorlanıyorum.

MHP'nin ideolojik bir tabanı var. Yani seçimlerde ne netice alırsa alsın o tabanı, MHP'yi geçmişten bugünlere getirdi. Bundan sonra da götürür. Ama Türkiye'nin üniter devlet yapısının çok ciddi olarak tartışıldığı, ciddi risklerin söz konusu olduğu şu dönemde MHP'den tık çıkmıyor. 'Medya yazmıyor, vermiyor' gerekçesine sığınamaz partiler. MHP'nin ciddi reaksiyon vermesi gerekir. Kıbrıs satılıyor, pazarlanıyor, MHP'de tık yok. Irak meselesinde Kuzey Irak'ta Türkmenler boğazlanıyor, Musul-Kerkük işte kırmızı hattımız, yeşil hattımız, mavi hattımız deniliyor, ne hat kalmış ne çizgi kalmış, MHP'den tık yok. Eh yani, siz ne zaman, ne yapacaksınız? Bu meseleler beklemiyor ki!"

PROF. AHMET VEFİK ALP:
"Beni Mutfağa Hiç Sokmadılar"

"On yıllık MHP'liliğim oldu. Türkeş Beyin ricasıyla katılmıştım partiye. Hatta onun veliahtı olduğumu bile söylediler. Özellikle imaj değişikliği konusunda katkım oldu. Ancak onun ölümünden sonra pek anlaşamadım yeni yönetimle. 57. Hükümette beni başbakan başmüşaviri yaptılar. Ama görev tarifi yapılmadığı için yetkisiz bir makamdı.

Seçimden sonra MHP Genel merkezi inşaatında projeye müdahale etmeye kalktılar. 15 milyon dolarlık bir projedir ve yüzde 80'i bitmiştir. Yılbaşına kadar inşaat durdu. Artık kongrede seçilecek yeni yönetimle çalışmaya devam etmek durumundayım.

Bu süre zarfında çok ilginç şeyler yaşadım. Mesela beni mutfağa hiç sokmadılar. Fikir ve üslup bakımından uyuşmazlığımız çoktu, zaten bana 'aykırı milliyetçi' diyorlardı. Evini yaptığım bir partiden ayrılmak istemezdim, ama beni çok üzdüler, kırdılar. Genç Parti'ye girince de özellikle internet sitelerinde çok haksız bir şekilde saldırdılar."

7 KOMŞU BAKIŞLAR

BU BÖLÜMDE görüşlerine yer verdiğimiz dört kişiyi ülkücülerin komşusu olarak nitelemek zorlama olmayacaktır. Bunlardan Ahmet Turan Alkan ile Naci Bostancı, 1970'li yıllarda organik ilişki içinde oldukları ülkücü hareketten epey bir zamandır kopmuş durumdalar, ama bu hareketle hiçbir bağları olmadığı anlamına gelmiyor. Sivas Cumhuriyet Üniversitesi'nde öğretim görevlisi olan Alkan halen *Zaman* gazetesinde yazıyor ve milliyetçilik üzerine düşünmeye devam ediyor. Gazi Üniversitesi İletişim Fakültesi'nde görev yapan Prof. Naci Bostancı da Türk milliyetçiliği üzerine düşünmeye devam ediyor. Nuri Gürgür ise Türk milliyetçiliğin en itibarlı kurumlarından olan Türk Ocakları'nın başkanlığını yürütüyor. Halen *Sabah* gazetesinde yazan Ömer Lütfi Mete'yi kamuoyu "Deliyürek"in senaristi olarak tanıyor. Mete'nin son seçimlerde MHP'den Rize milletvekili adayı olduğunu hatırlatalım.

AHMET TURAN ALKAN:
"Ülkücüden Siyasetçi Değil Bürokrat Olur"

3 Kasım seçimlerinde MHP, BBP, ATP ile ANAP ve DYP'deki ülkücü kadroların da yenildiği söylenebilir. Ülkücü hareketin bu topyekun yenilgisi neden kaynaklanıyor sizce?

Alkan: Kanaatime göre ülkücüler, çok partili hayatta siyaset üretmenin lâzımelerini kavrayamadılar ve siyasi duruşun, "profil verme"nin başarılı olabileceğini düşündüler. Problem oradadır ki duruş veya profil göstermek noktasında da kendi koydukları kriterlere bağlı kalamadılar. "Siyasetsizlik" ve "profilsizlik", siyasette yeterince öldürücü iki zaaftır zaten. İktidarı paylaşan ülkücülerin siyasetsizliği, siyasetin icaplarına ilaveten devleti yeterince tanımamış olmaları ile izah edilebilir. Muhalefettekiler ise esasen bünyede mevcut bulunan zafiyetleri sergileme fırsatı bile bulamadılar.

AB, Kıbrıs, Kuzey Irak gibi elverişli konularda ülkücü hareketin yeterince etkili olamamasını neye bağlıyorsunuz?

Alkan: Geriye doğru bakınca ülkücülerin siyaset üretmek için değil, ancak bürokrat olmak için zihni hazırlık yapmaya önem verdiklerini görüyorum. Ülkücülerin beslendiği menbâlar, etkili siyaset oluşturabilecek derecede zengin ve doğurgan değil; kaldı ki bugünlerde bile böyle bir ihtiyacın farkına vardıklarından bile emin değilim. Ülkücüler DP ve AP geleneğinden gelen "pratiklik" kabiliyetini bile tevarüs etmemişler. Ülkücüler, konjonktürün uygun zamanında "duruş"larıyla halktan oy alarak başarılı göründüler; başarılanının ardında "siyasi" bir emek ve birikim yoktu zaten.

İlk kez, çok sayıda deneyimli ülkücü kadronun ağzından "galiba bu iş bitiyor" sözlerini duydum. Bu duygusal bir abartı mı, yoksa "son" mümkün mü?

Alkan: Ülkücülük maalesef konjonktürel bir duruşla eşdeğer algılanır şekilde yorumlandı ve bu yorum genel kabul gördü. İleri sürülen ülkücü tezlerin, ancak büyük kriz anlarında bir toplanma sinyali olmaktan öte geçerliği olduğunu sanmıyorum. Bu bakımdan sualinize "kuvvetle mümkün ve muhtemeldir" cevabını verebilirim. Kendisiyle didişmeyen, asgari derecede rasyonel yönetilen bir ülkede ülkücüler niçin var olmaları gerektiğine önce kendilerini, sonra herkesi inandırmak zorundadırlar.

Son dönemde milliyetçiliğin yerini "millicilik"in aldığı gözleniyor. Bu geçici bir eğilim değilse orta ve uzun vadeli etkileri ne olabilir?

Alkan: Ülkücüler, ülkücülük kavramını layıkıyla doldurmak için pek az emek ve gayret sarf ettiler. Bu kavrama yüklenen anlamın, Türk siyasi hayatında birdenbire göğe çekileceğine inanmıyorum; yerini başka (millicilik, yerlilik gibi) kavramların alması bana göre tabii, hatta gereklidir.

NURİ GÜRGÜR:
"İkinci Tezkerenin Reddi Büyük Şanssızlık"

Bugün Türk milliyetçiliğinin krizinden söz edilebilir mi?

Gürgür: Kriz var. Milliyetçiliğin siyasi temsilinde derin bir krizin olduğu 3 Kasım seçimlerinde açık olarak ortaya çıktı. Türk milliyetçiliği siyasi alana 1965'te Alpaslan Türkeş'in CKMP'siyle çıktı. Ardından onun karizmasıyla sürekli yükselişte oldu. 1980 sonrası Türkeş'in varlığı sorunları telafi edebiliyordu, ama 1995'te baraj altı kalınması çok sarsıcı oldu. Esas dramatik süreç 1997'de Türkeş'in ölümüyle başladı. Yeni yöneticiler hem Türkeş'in liderlik vasıflarına sahip değillerdi, hem de onu telafi edebilecek bir yapılanmaya gidemediler. Bu nedenle MHP 1999 seçimlerinden ikinci parti olarak çıkıp iktidara gelince bir dizi problemle yoğruluyordu. Hem kendi düşünce merkezini muhafaza edecek, hem de yüzde 18 oyunu korumak için kitleler nezdindeki cazibesini koruyacaktı. MHP muhalefette kalsaydı yönetim zaafları bu denli açık ortaya çıkmayabilirdi. MHP'nin en büyük başarısızlığı kendi seçmenini tam bir hayal kırıklığına uğratması oldu. Yani MHP'deki çözülme 3 Kasım'dan önce başlamıştı ve bunu en son kavrayan da MHP yönetimi oldu. Onlar tek başına iktidar beklerken seçmenin sert bir tepkisiyle karşılaştılar.

Sanki Türkeş yeni öldü...

Gürgür: Aynen katılıyorum. Çünkü Türkeş varken, o tüm partililer adına düşünüyor, konuşuyordu. Ama yeni yönetim, hem kendi tabanına, hem topluma karşı bir duruş sergileyemedi.

Bugün milliyetçiliğe elverişli bir konjonktür yaşadığımızı düşünüyor musunuz?

Gürgür: Tabii. Mesela ikiz sözleşmeler, AB'nin seçim barajını indirmeye çalışması, HADEP ve KADEK'in tavırları, TMY 8. maddesinin kaldırılması. Bütün bunlar milliyetçiliği alternatif bir düşünce olarak ortaya çıkarıyor. Bunlarla sadece askeri bürokrasi uğraşacak değil. Bugün milliyetçi düşünce siyaset alanında yok diye ileride birilerinin bunu taşımayacağı söylenemez çünkü milliyetçilik toplumda kök salmıştır, seçim yenilgileriyle filan kolay kolay yok olmaz.

Artık milliyetçilik yerine millicilik denir oldu. Nasıl karşılıyorsunuz bu gelişmeyi?

Gürgür: Küresel değişmeler kavramları da değiştiriyor. Bugün sol siyasi alanda varlık gösterebilmek için ulus-devleti savunmak zorunda kalıyor. Sendikaların zayıfladığı, küresel sermaye karşısında başka direnç noktalarının kalmadığı bir ortamda ulus devlet sol için de bir savunma mekanizması haline geldi. Türkiye'nin bekası ve güvenliği sorunu solun bazı kesimleri tarafından da kabul ediliyor. Dolayısıyla bu tür solcularla milliyetçiler, Kıbrıs meselesiyle ilgili olduğu gibi, yer yer aynı düşünüyor, hatta eylem birliğine bile gidebiliyorlar. Bu gelişmeler sevindirici. Daha önce anlatmakta zorluk çektiğimiz bazı konuların artık daha rahat algılandığını, hatta zaman zaman bizim kadar coşkuyla savunulduğunu görüyoruz. Milli hassasiyetlerin sadece belli kesimlere münhasır kılınması mantıklı olmaz.

ABD'nin Irak operasyonunu nasıl değerlendiriyorsunuz?

Gürgür: Dış politika geniş bir ufuk gerektirir. Özellikle tezkere meselesi Meclis'e geldiğinde bazı milliyetçi arkadaşlarımız bunu ulusal bağımsızlığımıza karşı bir hadise olarak değerlendirip reddini bir milli zaruret olarak gördüler. Bize göre tezkerenin reddi Türk siyasi hayatının çok önemli şanssızlıklarından biridir. Türkiye'nin, bölgedeki gelişmelerin dışında kalma lüksü yok. Devlet olarak küresel gücün Ortadoğu politikalarını iyi irdeleyemedik. Milliyetçiliğin temsilcisi partilerden çok daha net bir duruş, bunun sözcülüğünü yapmalarını beklerdim. MHP, Türk askerinin Irak'ta bulunmasının zaruri olduğunu algılamalıydı. AB'nin Türkiye'ye karşı politikaları ortadadır. Bu nedenle ABD ile stratejik ortaklığı çok önemsiyorum. Kuzey Irak konusunda farklılıklar olduğu belli ama birçok konuda stratejik işbirliğine gitmemiz rasyonel olurdu. Bakü-Ceyhan hattı, Orta Asya'da Çin ve Rus etkisinin sınırlandırılması, Kıbrıs-Ege konularında Avrupa ile daha rahat pazarlık yapabilmek için ABD ile daha sıcak ilişkiler gerekir. Türkiye o talihsiz politikasıyla ABD'ye adeta Türkiye'yi "fırçalama" hakkı verdi. Ortada küresel bir güç var. Bununla gerginlik içinde olmamalıyız. Irak'ta işbirliği yapsaydık Suriye ve İran konularında daha bağımsız hareket edebilirdik. Kendi kendimizi mahkûm ettik.

MHP kongresi için ne düşünüyorsunuz?

Gürgür: Devlet Bahçeli, bozguna neden olan sürecin başkanıdır. Ona düşen seçim gecesi verdiği kararı yerine getirmesidir. Bunu tersine bir karar hem partiyi daha müşkül duruma sokar, hem de kendisini daha fazla yıpratır.

"Varolan adaylardan hangisi kazanırsa kazansın MHP kaybedecek" deniyor...

Gürgür: Milliyetçi iradenin serbestçe tezahürüne imkân verilirse, bu camianın en uygun olanı seçeceğini ümit ediyorum. MHP iktidardayken üniversite ve aydınlarla sağlıklı bir ilişki kuramadı. Varolan ilişkileri de iyice zayıflattı ya da ortadan kaldırdı.

ÖMER LÜTFİ METE:
"Tanrıdağı Fare Doğurdu"

"Ünlü Fransız yazar Jean-Christophe Grangé son romanının konusu için 'ülkücülük' üzerine eğilince kendisiyle mülakat yapan gazetecinin şöyle bir sorusuyla karşılaşır:
'Onların neyi ilginizi çekti ki?'
Grangé cevap verir:
'Ne demek neyi ilginç? Siz dünyada ideolojisi olan başka bir mafya grubu biliyor musunuz?'
Bu cevap şüphesiz 'ülkücü hareket'i tanımlamaya yetmez. Ama genel olarak ülkücülerin bütün bir macera boyunca çıkaramadıkları ana dersin

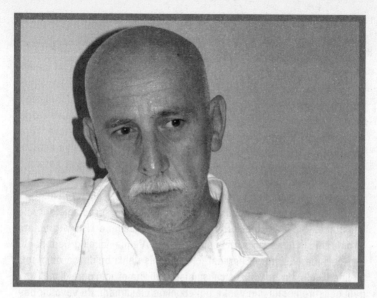

ipucunu verir. Bu demektir ki 'ülkücü hareket'in uluslar arası ölçekte en ilginç yanı yeraltına sarkan boyutudur. Başka bir deyişle, koca bir camia sınır ötesine bir tek 'marka' ihraç edebilmiştir.

Oysa hareket toplum hayatımızda sahne aldığı andan itibaren büyük iddiaların kadrosu olmayı hedeflemişti.

Başlangıç dönemlerinde ülkücülerin başucu kitaplarından birinde adını gördüğümüz temel bir hedef vardı: 'Türk Cihan Hâkimiyeti Mefkuresi Tarihi'.

Merhum Prof. Osman Turan'ın bu eserini elinde bulunduran her ülkücü kendine ve çevresine adeta şöyle diyordu: 'Dünyaya hükmetme ülküsü Türklerde tarihi bir gerçekliktir; ben de bu davanın takipçisiyim.'

Özellikle okuma özürlü olmayan ülkücüler için bu yalnızca hamasi bir heyecan değil; peşinde koşulabilir, uğrunda ömür vakfedilebilir bir hedefti. Lakin, okuma özürlü olmayan ülkücüler, hemen hemen başlangıçtaki oranda kaldılar. Böylece zamanla başka pek çok etken ve gelişme bu hedefi kuru bir slogana dönüştürdü, nihayet büsbütün unutturdu. APO'yu asabilmeyi neredeyse dünyaya hükmetmekten daha önemli sayan ülkücü nesiller türedi. Kötü paranın iyi parayı kovduğu gibi, bitirim ülkücü, alp ülkücüyü ıskartaya çıkardı. Geniş ve derin anlamda milli kaygılar yaşayabilen, evrensel bakabilen ülkücüler tamamen terk-i meydan etmeye mecbur kaldı.

Böyle bir noktada tamamen 'konjonktür' himmetiyle ele geçirilen iktidar fırsatı, ülkücülerin yaşadığı en ağır hayal kırıklığı oldu:
'Tanrıdağı' fare doğurmuştu.

Oysa bu iktidarla birlikte, ılımlı havası, ciddi duruşu ve vasat çapıyla bir denge simgesi olmaya aday yeni lider ülkücüler için parlak hayallerin başlangıcı gibiydi. Muhalefette devlet ve millet için fedakârlıklarını kanıtladıklarına inanan ülkücüler, iktidarda üstün icracılık yanlarını ve vazgeçilmezliklerini ortaya koyacaklardı. Doğrusu 'hükümet şartları' ve 'küresel şartlar' pek elverişli değildi ama, 'dünyaya nizam verme'ye aday bir hareketin mensupları böyle bir ortamda da, iz bırakacak işler yapabileceklerinden emindiler.

3 Kasım, hayal binasının ne kadar çürük olduğunu gösteren depremdi. Böyle bir hezimet ülkücü hareket içinde kökten sorgulama sürecini başlatacak bir fırsat olabilirdi. Ancak hüsran, sadece kişi ve grupların birbirlerini suçlama sürecini başlattı. Yalnız 'Alelma' isimli grup farklı bir fikri çalışma başlatarak hareket içinde geniş yankı bulduysa da, henüz bir liderlik oluşturamadığı ve çalışmalarını yürütmek için gerekli mali kaynağı geliştiremediği için vaat ettiği etkinliğe ulaşamadı. Bu veya bir başka grup hareket içinde 'evrensel açılımlı yeniden yapılanma' iradesiyle öne çıkamadığı takdirde ülkücülüğün komadan çıkması imkânsız! Meğer ki, yine 'konjonktür' himmeti, yani tekrar güçlü bir 'iç düşman'ın türemeye! Allah göstermesin."

PROF. NACİ BOSTANCI:
"Kötü Siyasetçi İyiyi Kovdu"

"1999 seçimlerinden tıpkı DSP gibi zaferle çıkan MHP, 2002 seçimlerinde yine tıpkı DSP ve merkez sağdaki diğer iki parti gibi hezimete uğradı. 'Tıpkı' sözü ile paralel eğilimler gösteren diğer partilere yapılan atıf, ülkücü hareketin zafer-hezimet çizgisinin 'sadece kendine has' özelliklerden kaynaklanmadığını belirtmek içindir. Türkiye siyasetinde partiler başarılarını genellikle ötekilerin beceriksizliğine, başarısızlıklarını ise kendilerine borçludurlar. Son tahlilde bir tür tahterevalli sistemi diyebileceğimiz bu durumu çok da şaşırtıcı karşılamamak gerekir. Ancak ülkücü hareket ve benzeri nitelikteki 'toplumsal değişim projesine' sahip olan siyasetler, iddiaları gereği, başarı ve başarısızlığı ağırlıklı olarak ideolojik kimlikleriyle ilişkilendirme mecburiyetiyle karşı karşıyadırlar. Çünkü, kendilerini kamuya takdimleri ideoloji eksenlidir.

Ülkücü hareket, kitleselleşemediği dönemlerde başarısızlığını izah edip mazur gösterebilecek tezlere sahiptir: Rasyonel ve eleştirel yaklaşımla 'kendimizi iyi anlatamadık' denilerek 'içerdeki sorun'a işaret edilir ve bundan yeni bir motivasyon gücü üretilebilirdi. Öte yandan 'dışarıdaki sorun' olarak konspiratif bir yaklaşımla 'ittifak etmiş güçlü düşmanlar' ve 'onların entrikacı yöntemleri' dile getirilir, bundan 'millici güçlerin' daha bir gayretle çalışmaları gerektiği ödevi çıkartılabilirdi. 2002 seçimlerinde elde edilen sonuç, ülkücülüğün siyasi kariyeri boyunca ona eşlik etmiş olan bu iki tezin ikna ediciliğini de rafa kaldırmıştır. 99 seçimlerinde MHP'ye oy verenlerin yarıdan fazlası üç sene sonra yüz geri etmiştir. Bu, son derece çıplak bir sorun olarak ortadadır; ancak mevcut dil repertuarı içinden bu sorunu cevaplayacak bir diskur inşa edilememektedir. Kriz hali de esasen sahip olunan dil ile politik durum arasındaki çelişkinin ürünü olarak ortaya çıkar. MHP bu krizden 'sorun'un ne olduğu konusunda göstereceği yüzleşme becerisi oranında çıkış imkânı bulabilecektir.

Bahçeli'nin seçim akşamı bütün sorumluluğun kendisinde olduğu yolundaki açıklaması son derece soylu ama o ölçüde de yanıltıcı bir açıklamadır. Kişilerin becerisine, talihine, ihanetine vs. dönük eleştiri spekülasyonları MHP'yi bulunduğu yerden bir adım öteye götürmeyecektir. Asıl sorun, 99 seçimlerinde MHP'ye oy verme eğiliminin altındaki beklentinin okunamamasındadır.

Anadolu taşrası, Türkiye'deki siyaset oyununa katılma, daha fazla güç ve nüfuz elde etme amacı ve mevcut iktidar ilişkilerini bu istikamette dönüştüreceği umudu ile MHP'ye yönelmişti. MHP elitleri, bu beklentiyi bir siyasal projeye dönüştürme ve elbette bunun ardından ülkenin öteki seçkinleriyle çatışma-uzlaşma ilişkisi çerçevesinde projeyi realize etme yerine, 'verili' iktidar ilişkilerini muhafaza etmenin bildik güzergahında yürümeyi tercih ettiler. Hatta bunun 'bir tercih' olmaktan çok, MHP'nin sosyal hikâyesi çerçevesinde nispeten etkin ve bağımsız, dolayısıyla zikredilen 'siyasal projeyi inşa edebilecek' bir aydın çevresi oluşturamayışının doğal sonucudur demek yanlış olmaz.

Öte yandan burjuva sınıfına yeni yükselmiş orta-alt sınıfların 'mağrur taşralılığına' benzer özellikte bir 'mağrur siyaset elitinin' vitrine çıkması MHP'nin 'halka benzeyen yüzünü' deforme etmiş, gerilemenin önemli sebeplerinden birini teşkil etmiştir.

MHP iktidar olurken kendi iç iktidarının yeniden kurulmasında hangi kriterlerin başat rol oynadığı konusu, yine yapısal nedenler bahsi altında üzerinde durulması gereken bir konudur. 'İktidar kötüdür, mutlak iktidar mutlak kötüdür' diyen İngiliz lordunu doğrular şekilde iç iktidarını yeniden üreten MHP'liler, ayrıca iktisattaki 'kötü para iyi parayı kovar' kuralının da siyasette ne kadar anlamlı olabileceğini yaşayarak görmüşlerdir.

Geleceğe baktığımızda Türkiye'deki milliyetçiliğin küreselleşme/yerelleşme, etnisite/milli kimlik, ulus devletler/küresel aktörler vs. gibi güzergahlarda kaçınılmaz bir şekilde kendini sınayacağı görülmektedir. Türkiye'deki milliyetçilik, yerel siyasetin küçük sorunları etrafında dönen bir dil ve eylem biçiminden tüm dünyayı anlamlı bir tahayyül içine yerleştiren, kendini dünyanın sorunlarıyla ilişkilendiren bir yaklaşıma geçebilecek mi? Bunu kolay görmüyorum; ancak temennim, sadece kendisi için değil bu ülkede milliyetçiliğin ötesinde kalanlar için de son derece verimli sonuçlar doğurabilecek bu yaklaşımın egemen hale gelmesidir. Aksi halde iç konjonktürün sunacağı fırsatları bekleyen, kendi çabasından çok toplumsal dalgaların sırtında yükselmeye çalışan, sadece 'içe' seslenen bir cemaat dilinin ötesine geçemeyen tuhaf bir milliyetçilik hepimizin hikâyesinin bir parçası olacaktır."

8 ÜLKÜCÜLÜĞÜN KRİZİNE DIŞARDAN BAKIŞLAR

BU BÖLÜMDE ülkücü hareketi dışardan, ama yakından izleyen üç uzmanın görüşlerine yer veriyoruz. Ülkücü hareket üzerine yapılan en kapsamlı eser olma özelliğini koruyan "Devlet, Ocak, Dergah"ın yazarları Tanıl Bora ve Kemal Can ile Uludağ Üniversitesi Kamu Yönetimi bölümü öğretim üyesi Prof. Süleyman Seyfi Öğün.

Bora, milliyetçilik ve futbol üzerine çalışmalarıyla tanınan bir araştırmacı. Can ise ülkücü hareketi en yakından izleyen gazetecilerin başında geliyor. İkili halen, "Devlet, Ocak, Dergah"ın ikinci cildini hazırlıyorlar. Prof. Öğün ise ağırlıkla Türkiye'deki milliyetçi ve muhafazakâr düşünce üzerine çalışıyor.

TANIL BORA:
"Lider, Teşkilat, Doktrin: Üçü de Krizde"

"Lider-teşkilat-doktrin, MHP'nin ananevî doktriner şiarı idi. Neredeyse "kutsal üçleme" gibi, davaya sadakatin ölçüsü olarak kullanılageldi. Gerçi bir süredir geçerliliği tartışılıyor. Asıl önemlisi, sacayağının üç unsuru da krizde.

Doktrin, bana kalırsa krizin en derin olduğu alan. Ülkücü hareket son yirmi yılda önemli ideolojik revizyonlar geçirdi. 1980'li yıllarda canlı bir İslâmcılaşma süreci yaşadılar. 1990'larda ise, 'yeniden-Türkçüleşme' diyebileceğimiz bir cereyanın etkisi güçlendi. Ancak bunlarla birlikte, MHP'nin güçlenmesine bağlı olarak, ideolojiyi, 'davayı' deyim yerindeyse sulandıran süreçler yürürlükteydi. Birincisi, popülerleşme ve 'poplaşma' süreci. İkincisi, 'merkez partisi' olma arzusuna bağlı olarak hâkim ideolojiyle aradaki pürüzleri giderme eğilimi. Hâkim ideolojinin gerek Atatürkçü veçhesiyle, gerekse neoliberal veçhesiyle uyumlanma arayışı... Şimdi, bu ideolojik çalkalanmanın getirdiği bir krizle karşı karşıyalar. İdeolojik 'sulanmayı' terk edip 'öze dönme' talebi güçlü; fakat bunun yeniden marjinalleşmeye yol açacağı endişesi de çok güçlü. Ayrıca, dönülecek 'öz'ü tanımlamakta da ihtilaflar ve farklı teklifler söz konusu. Kolay aşılacak bir kriz değil.

Alparslan Türkeş'in ölümünden sonra baş gösteren liderlik sorununa, Devlet Bahçeli makul bir çözüm getirmişti. 'Başbuğluğun' Türkeş'e mahsus bulunduğunu, kendisinin 'sadece lider' olduğunu söylemiş ve bu formül herkesi rahat ettirmişti. Bu aynı zamanda, 'teşkilat'la birlikte davranan, 'eşitler arasında birinci' gibi bir liderliği de ima ediyordu. Ancak ülkücü hareketin bir liderler hiyerarşisine dayanan yapısı, böyle bir işleyişe elveremezdi. Nitekim Devlet Bahçeli de, özellikle hükümet döneminde, efsanevi bir başbuğ olarak değil ama bir basiretli büyük 'devlet adamı' olarak yüceltildi, kerametli bir konuma yerleştirildi. Ancak, yükselme döneminde tutan bu formül, seçim yenilgisiyle birlikte geçersizleşti. Şimdi, Devlet Bahçeli'nin liderlik konumu tartışılıyor ve çok sert suçlamalara da konu oluyor. Bahçeli devam ederse, bu tartışmaların açtığı yaraların sarılması zor olacak; yeni bir genel başkan çıkarsa, onun 'lider' olarak takdimi ve 'dizayn edilmesi' epey zahmet gerektirecek.

Teşkilat, bir bakıma, sacayağının en az sorunlu unsuru. Zira ülkücü hareket zaten kendini bir teşkilat 'asabiyyesi' ile vareden bir yapı. ('Asabiyye', hem 'birbirine tutunma, bağlanma' anlamında, hem asabilik anlamında!) Yani neredeyse başlıbaşına amaç, teşkilat. Dolayısıyla durduğu yerde duruyor. Ama bir bakıma da çok sorunlu bir unsur. Zira teşkilat, bünyevî olarak, kendi içine kapanmaya yatkın ve bu da korktukları 'marjinalleşme' riskini büyütüyor."

PROF. SÜLEYMAN SEYFİ ÖĞÜN:
"MHP Merkezi Seçti ve Kaybetti"

3 Kasım seçimlerinde MHP, BBP, ATP ile ANAP ve DYP'deki ülkücü kadroların da yenildiği söylenebilir. Ülkücü hareketin bu topyekun yenilgisi neden kaynaklanıyor sizce?

Öğün: Ülkücü hareket kavramı içinde heterojen yapılandırmaları barındıran bir kavram gibi gözüküyor. Burada ciddi manada bir taban-tavan farklılığı yatmaktadır. 12 Eylül öncesindeki ortam çerçevesinde bu farklılık pek göze çarpmıyordu. Ne var ki, sokak savaşlarının sona ermesi ve özellikle de bu iki kesim arasındaki bağı sağlayan karizmatik önderin ölümünden sonra çatlak çok belirgin olarak ortaya çıktı. Militanlaşmış bir politika içinde MHP'nin oy oranının çok sınırlı kaldığı bizzat MHP havassı tarafından görülmekteydi. Nitekim. MHP'nin özellikle üst kadroları arasında, 12 Eylülden sonra hatırı sayılır bir kesimin ANAP ve Doğru Yol'a transfer olması ve merkez politik kulvarlarda olgun ve mutedil politik rollere soyunması bunun göstergesi olarak anlaşılabilir. Türkeş'in tercihi de sürece partiyi uyarlamak yolundaydı. Taban ile tavan arasındaki gerilim çok açık ortaya çıkmasa da onun sağlığında da sezilmekteydi.

Türkeş'in ölümünden sonra bu gerilim tırmandı. Devlet Bahçeli bazı sıkı örgütçüleri ikna etmek suretiyle iktidara yakınlaştı. Yeni MHP iktidar olmakla merkez olmak arasındaki çelişkiyi atlamış gözüküyor. Çünkü merkez, 12 Eylül sonrası pragmatizmi moralizm karşısında önceleyen bir sabite üzerinden kirlenmiş ve yıpranmıştı. MHP'yi iktidara taşıyan moralist beklentiler iken, onun tercihi merkez olmaktı. Dolayısıyla moralist destekleri, tipik bir merkez parti davranışı içinde ve mensuplarının bazılarının yolsuzluk olaylarına karışması gibi ters gelişmelerle boşa çıkardı.

Bu boşa çıkarmanın sonucunda en büyük tepkiyi de kendi tabanından aldı. Bugün yukarıdan aşağıya doğru MHP yönetiminin prestiji azalmış görülüyor. Üst kadrolara karşı nefret duyguları sık sık dile geliyor.

MHP'nin başarısızlığı moralizm gibi politikanın yükselen değeri karşısında merkezci bir pragmatizmi tercih etmesinden kaynaklanıyor. Onu büyük bir seçim yenilgisine götüren ve boşluğun AKP tarafından doldurulmasına yol açan nedeninin bu olduğunu düşünüyorum.

AB, Kıbrıs, Kuzey Irak gibi elverişli konularda ülkücü hareketin yeterince etkili olamamasını neye bağlıyorsunuz?

Öğün: Bunun nedeni, yine MHP'nin oryantasyonlarındaki çelişki ile, yani moralizm-pragmatizm çelişkisiyle açıklanabilir. Pragmatik beklentiler ile moralist tepkiler arasında mevcut haliyle MHP sıkışmış vaziyettedir.

İlk kez, çok sayıda deneyimli ülkücü kadronun ağzından "galiba bu iş bitiyor" sözlerini duydum. Bu duygusal bir abartı mı, yoksa "son" mümkün mü?

Öğün: Eğer iktidar olmak üzerinden bakılıyorsa bir sona gelinmiş olduğu düşünülebilir. Ama MHP'nin kemikleşmiş ve taşra gençliğini derinden etkileyen örgütlenmesi düşünüldüğünde hareketin sonuna gelindiği düşüncesinin konjonktürel kalacağı kanısındayım. Bu durum hareketi sona erdirmez belki, ama alabildiğine sınırlandıracağını söyleyebiliriz.

Son dönemde milliyetçiliğin yerini "millicilik"in aldığı gözleniyor. Bu geçici bir eğilim değilse orta ve uzun vadeli etkileri ne olabilir?

Öğün: Milliciliğin, yani reel politikanın gerektirdiği ve rasyonelleştirilmiş, ılımlılaştırılmış, banallikten arındırılmış milliyetçiliğin merkezde tutunumlu olması ancak merkez politikaların genel politik hayat içinde teveccüh kazanmasıyla anlamlı olacağını düşünüyorum. Oysa gelinen aşamada pragmatik merkez politik kültürler yıpranmış ve bunun yerini moralist tercihler almıştır. Bu tercihlerin baskısı eş anda hem bildiğimiz doktriner - ideolojik milliyetçiliği hem de milliciliği tasfiye edecek gözüküyor. Bunun yerini postmodern milliyetçilik olarak gördüğüm bir başka politik süreç alabilecektir. Yakın gelecekte "Forza İtalya..." türü politikaların daha etkili olacağı kanaatindeyim. Bir tür Forza Türkiye olarak görülebilecek olan Genç Parti bu boşluğu doldurabilir ve MHP'nin mirasını kendisine aktarabilir.

KEMAL CAN:
"Adaylar Arasında Pek Bir Fark Yok"

Ülkücülerin 3 Kasım yenilgisi, BBP ve ATP de hesaba katılırsa, sadece iktidarın yıpratıcılığıyla açıklanamaz gibi gözüküyor. Sence en temel gerekçeler neler?

Can: Bu gelişmenin, standart "iktidar yıpranmasıyla" epey ilgisi var aslında. Üstelik, MHP, RP türü ideolojik omurgalı partiler yapıları gereği bu yıpranmayı çok daha yoğun hissediyorlar. Özellikle de, iktidar oluşlarını sağlayan "ana gövde" dışındaki kesimleri çok çabuk kazanıp, aynı hızda kaybediyorlar. Ama sadece olayı bununla açıklamaya çalışmak veya kavramı sadece "dar anlamıyla" kullanmak biraz eksik kalabilir. Eğer "iktidar yıpranması" olayını sadece "hükümet" sınırı dışında bir "fikri belirleyicilik" veya "ideolojik hegemonya" genişliğinde düşünürsek daha açıklayıcı olabilir belki. 80'lerden itibaren ama asıl olarak 90'lı yıllarda hemen her siyasi akımın yaşadığı "ideolojik yozlaşma" ülkücü hareket için biraz geç sonuç üretti. 90'lı yılların siyasi ve ideolojik atmosferini hatırlarsak; milliyetçiliğin, kontrolsüz şişme, poplaşma, abartılı hegemonik etkinlik ve "fazla kullanışlı ve fazla kullanılan bir "meta" haline gelmek" gibi bir dizi gelişmeyle birlikte ve biraz da konjonktürel etkilerin desteğiyle, dış etkilere fazlasıyla açık hale geldiğini söyleyebiliriz. Bu yapay büyüme nedeniyle, önce ideolojik zırhın inceldiği, ardından hareketin aidiyet çimentosunun da iyice zayıfladığı söylenebilir. Başlangıçta avantaj olarak görülen –ki bu da gerçekten yaşandı- bu gelişmeler, "iktidar temasıyla" birlikte "kaçınılmaz" toksit etkisini göstermeye başladı. Aslında MHP'nin 1994'deki sıçrayış noktasının çok altına düşmemiş olan 3 Kasım seçim sonuçlarının "asıl tabanda" bile bir yenilgi olarak algılanması ve isimlendirilmesi de bunun açık kanıtı. Ayrıca "iktidar yolunu açan" konjonktürel olanakların, iktidarda kalmak ve iktidarı pekiştirmek için elverişli olmaması da çok önemli bir etki olarak işaret edilebilir. Son onbeş yılda hızlı biçimde yaşanan oy kaymaları ve seçmenin "yeni" arayışı ve iç-dış siyasi konjonktürün "milliyetçi refleksleri" kışkırtması MHP'yi ve ülkücü hareketi yükselten dinamikler olarak işledi ama yine aynı dinamikler iktidardan inişte de aynı hızlı etkiyi yarattı. Bir de, yapının sürükleyicisi olan ideolojik özle iktidarı sağlayan "toplumsal destek" ve "iktidarda kalma"nın belirleyicisi egemen çevreler arasındaki ilişki ve dengeyi MHP birçok nedenle pek kuramadı. Son olarak, biraz kendiliğinden oluşan popülerlikle, bu gelişmeyi taşıyacak kadrolar arasındaki uyumsuzluk da bence önemli bir nokta gibi görünüyor. Yani kısaca toparlarsak: 3 Kasım seçim sonuçları, "iktidar zehirlenmesi", "ideolojik yozlaşma", "taban gevşemesi", "erken eskime" ve "misyon içeriksizleşmesi" (biraz da fazla kullanılmaktan) gibi bir dizi teorik; "liderlik tarzında –özellikle dışarıya karşı- değişme", "iktidar olma biçimiyle, yapının iktidar gitme örgütlenmesi arasındaki çelişki" (35 yıllık teşkilat böyle iktidar olmaya göre biçimlenmemişti), "değişim veya dönüşümün yapısallaştırılamaması", "ideolojik öze sığınma atağının zamanlamasının iyi yapılamaması" ve "kadro defoları" gibi pratik gerekçelerle ilişkilendirilebilir. Elbette bu listeyi uzatmak da mümkün.

Bu kongre öncesi aday bolluğu neye işaret ediyor? Aydın-Ongun-Bahçeli arasında ne tür farklılıklar var?

Can: Bu aday bolluğu, tıpkı Türkeş sonrasında da biraz daha küçük ölçekte yaşandığı gibi, asıl olarak yoğun bir "belirsizliğin" işareti. Güçlü ve belirleyici kanatların ve lider adaylarının olmaması, Bahçeli döneminde "muhalefetin" bir türlü toparlanamaması nedeniyle ortaya çıkan belirsizlik, çok iddiasız olanlarda bile "seçenek" olma cesaretini artırıyor. Üstelik bu seferki adaylar arasındaki ideolojik farkların (aynı isimlerin ideolojik vurguları için de bu geçerli) Türkeş sonrası kongre süreciyle karşılaştırıldığında çok daha flu olduğu görünüyor. Böyle bir tabloda, daha sonra oluşabilecek koalisyonlar ve koalisyon pazarlıkları için avantaj yaratmaya dönük erken ataklar görülüyor. Ayrıca kendisi aday olmasa bile, sağlam bir lider adayı üretememiş çevreler, bazı isimler etrafında mutabakat arayışına giriyor. Bir de, önceki kongrenin mağluplarının rövanş arayışını da listeye eklemek gerek. Bu adaylar arasındaki ideolojik farklar çok belirsiz olduğu gibi, önceki kongreye (Türkeş sonrası) göre adayların bu konulardaki vurguları da hayli cılız. Başta, hâlâ en güçlü görünen Bahçeli ve çevresinin Türkeş sonrası kongreye göre ideolojik iddiası çok çok zayıflamış durumda. İkinci ciddi aday gibi görünen Ramiz Ongun ise, çevresindeki ekiple birlikte değerlendirildiğinde "modası" çok önce geçmiş, içeriksizleşmiş bir "geleneği" temsil ediyor. Koray Aydın için de, güçlü ideolojik referanslar ürettiğini söylemek bir hayli güç. Bütün bu tabloda, parti içi iktidar için adaylara, diğer adaylara dönük negatif referanslara abanmak ve "birleştiricilik" iddiası dışında pek bir şey kalmıyor. Elbette ideolojik içeriği zayıf olan ekip güçleri ve kontrol imkânları da denklemin en önemli bileşeni haline geliyor.

Şefkat Çetin'in 3 Kasım'ın hemen ardından siyasetten çekilmesi nasıl bir anlam taşıyor?

Can: Çetin daha önce de, (Türkeş tarafından kenara itildiklerinde de) bir süreliğine meydandan çekilmişti, daha sonra tekrar döndü. Dolayısıyla, Şefkat Çetin'in çekilmesinin ne kadar sahici olduğu biraz tartışma götürür. Ancak Bahçeli döneminde parti politikasının "içe ilişkin ve içten gelen" eleştirilerinin odağında Çetin'in olması ve Bahçeli'nin biraz da bilinçli olarak bunu beslemesi, bu çekilmeyi "normal" hale getiriyor. Eğer bir benzetme yapılırsa, Çetin Türkeş döneminin günah keçisi olan Rıza Müftüoğlu'nun kaderini yaşıyor. Ancak bu günah keçiliğinin ne kadar gönüllü, ne kadar zorunlu olduğu, kongre süreci ve sonrasında Bahçeli'nin takınacağı tavırdan anlaşılacak. Eğer Bahçeli Çetin'in tasfiyesini süreklileştirerek kongre yarışına girer ve kazanması durumunda da bu tavrı sürdürürse; Türkeş sonrasında Bahçeli'yi iktidar yapan ve zaten dağılmış olan koalisyonun önemli bir değişimi anlamına gelir. Yok eğer tersi gerçekleşirse, Çetin'in taktik bir çekilme içinde olduğunu söylemek doğru olacaktır. Ayrıca şimdi kongreyi yapacak olan teşkilat yapısının isim isim Çetin tarafından yeniden oluşturulmuş olması, bu kongrede hayli belirleyici olacağı anlaşılan Ülkü Ocaklarındaki Çetin'in dolaylı etkinliği, şimdilik kenarda gibi görünse de etkisinin azınsanmaması gerektiğini düşündürüyor. Bu hareketin yapısı gereği, neredeyse beş yıl boyunca aşırı etkinlik sağlamış biri için aksini düşünmek biraz zor. Yine de, sahiden çekilmiş olma olasılığı belki vardır.

Koray Aydın hakkındaki iddialar ülkücü tabanı ve seçim sonuçlarını nasıl etkilemiş olabilir. Aydın'ın adaylığına etkisi ne olabilir?

Can: Bir sürü olayla birlikte, MHP'nin iktidar serüveninde Koray Aydın'ın yol açtığı "Vurgun operasyonu" da oy kaybında kuşkusuz etkili oldu. Ancak, "öz taban" açısından Koray Aydın vakasının en sarsıcı mesele olduğunu düşünmek pek doğru olmaz. Aydın'ın, olsa olsa "öz tabanda" prestij sarsıcı bir portre olarak algılandığı söylenebilir. Ancak, buna karşı Koray Aydın da, "mağduriyet" kalkanını kullanarak, partinin yıpratılması için kendine saldırıldığında sahip çıkılmadığı argümanını kullandı, kullanıyor ve kullanacak. Bakanlıktan ayrılmasının hemen ardından grup yönetimine getirilmesi de bu imkânı fazla kullanmasını engellemeye dönük bir hamleydi. Koray Aydın'ın diğer kozları ise, Türkeş sonrası kongre sürecinde Bahçeli'ye kazandıran koalisyonun önemli bir bileşeni olmak ve bakanlığı döneminde yarattığı memnuniyet çemberi (özellikle MHP'li müteahhitler ve Trabzon ekibi)... Fakat Aydın'ın avantaja dönüştürmeye çalıştığı bütün bu argümanların "liderlik" onayı için yeterli bir vasat yaratması hiç kolay değil. Belki bir iktidar ortaklığının veya yeni bir koalisyona dahil olmasının yolu açılabilir. Üstelik şimdi, meclis yolsuzluk komisyonundan Koray Aydın hakkında bir soruşturma komisyonu veya yüce divan yolu açılması da hesaba katılması gereken noktalardan biri.

Ülkü Ocakları'nın, Bahçeli lehine kongreye müdahale etmesi bekleniyor. Hatta 1997 Mayıs kongresinden daha sert olaylardan endişelenenler var. Muhtemel bir "kavgalı kongre", bazı ülkücülerin dediği gibi "her şeyi bitirir" mi?

Can: Kavgalı, en azından hayli gergin bir kongre yaşanması büyük bir olasılık. Ancak hareketin bitip bitmeyeceği – ki tamamen biteceği fikrine pek katılmıyorum – pek bu kavgalarla ilgili olmayacak. Kavgayı kimin kazanacağı gelecek açısından daha fazla belirleyici olacak gibi geliyor bana. Nitekim hatırlanacağı üzere, Türkeş sonrası kavga büyük bir sıçramayla sonuçlanmıştı. Eğer sıkı ve güçlü tarafları olan bir kavga çıkarsa yine bir "canlanma" yaratabilir. Fakat şimdiye kadar çıkan adaylar ve şimdiki temsil kabiliyetleri "verimli" bir kavganın ipuçlarını vermiyor. Ya da en azından çıkacak kavganın ideolojik içeriği hayli muğlak olacak. Dolayısıyla fazla gürültülü ve açık galibi belirsiz bir kavga ciddi sarsıntılara yol açabilir.

Özellikle de iç dengelerde önemli bir role sahip olan Ülkü Ocaklarının pozisyonu açısından. Eğer çatışmanın şiddet dozu çok yüksek olursa –ki olabilir- iç kamuoyu açısından olmasa da genel kamuoyu açısından kalıcı bir dışlanma durumu oluşabilir, iç kamuoyunda da "kanlı" kopuşlar baş gösterebilir.

Bir zamanların "pop milliyetçi" akımını artık Genç Parti'nin sahiplendiği tezine katılıyor musun?

Can: Genç Parti için herhangi bir şey konusunda "sahiplenmekten" çok "faydalanmak" kavramını kullanmak belki daha doğru. Birincisi, MHP ve ülkücü hareket, zaten bu akımı (pop milliyetçilik) tam olarak sahiplenmedi ve kontrol edemedi; sadece peşinde sürükledi –bazen de peşinden sürüklendi –, ciddi bir yenilgi psikozu ve siyasette aktif atak olanaklarını büyük ölçüde yitirmiş MHP'nin bu alanı çok önce boşalttığını biliyoruz. Bu boşluğu da, her kalıba girmesi mümkün Genç Parti'nin doldurması, en azından bu alana sızması veya taşması çok normaldi. Zaten partinin çıkış noktasında da bu hesabın olduğu görülüyor. Ancak Genç Parti'nin bu alanla ilişkisi, konjonktürel etkilere fazlasıyla bağlı ve lideri Uzan'ın AKP'yle kapışmasının nasıl sonuçlanacağı da son derece belirleyici olacak. Dolayısıyla pop milliyetçiliğin üreten bütün dinamiklerle Genç Parti'nin çok doğrudan, organik ve kalıcı bir ilişki kurabildiğini, kurabileceğini söylemek için henüz çok erken. Ancak Genç Parti'nin son on yıldır çeşitli partiler arasında dolaşıp duran ve bir süre daha bu tavrını sürdürecekmiş görünen bu toplumsal dinamik üzerinde "belki kendisinin kullanamayacağı" bir toparlayıcılık yaratması beklenebilir. Genç Parti olayının milliyetçi ideolojinin popüler versiyonu üzerindeki etkisinin yanısıra, apolitikleşmiş siyaset pratiğine etkilerinin çok daha önemli olduğunu da belirtmek gerek. Asıl kalıcı sorun oluşturan kısmının da bu olduğunu düşünüyorum. Bu meseleye AKP'yi de dahil etmek mümkün. Siyasi yelpazede anomaliler üreten bu çarpık durumun siyasetin sınıfsal ve ideolojik içeriğini sürekli olarak çürüttüğü düşünülürse, belki kısa vadede değil ama orta ve uzun vadede bu gelişmeye de bir tepki oluşmasını ummak hâlâ mümkün.

Ülkücü hareketin günümüzdeki krizini geçmiştekilerle kıyaslarsan nasıl bir gelecek tahmini yapabilirsin?

Can: Ülkücü hareketin şimdiye kadarki en önemli krizi (daha önce de pek çok kriz yaşanmıştı ama) elbette hayati bir öneme sahip liderlik meselesinin ilk kez gündeme geldiği Türkeş'in ölümü sonrasındaki krizdi. Ancak, hareket bütün kavgaya gürültüye rağmen bu eşiği "başarılı" biçimde geçti ve liderlik kurumunu nispi olarak "korumayı" başardı. Fakat bu seferki krizde, hareketin üzerinde yükseldiği lider-teşkilat-ideoloji ayaklarının hepsinin birden çökmesi olasılığı var. İktidar deneyi travmasının üzerine gelecek bu sarsıntı ciddi ve kalıcı birtakım etkiler bırakacak. Ayrıca hareketin hem popülerliğini, hem de manevra-atak kabiliyetini yitirmiş olması da, bu krizin kolay atlatılamayacağını gösteriyor. Bütün bunlara rağmen ülkücü hareketi var eden ana çekirdeği oluşturan temel toplumsal dinamiklerin ve ideolojik reflekslerin bu ülkeden tamamen silinmiş olduğunu düşünmek için bir neden bulunmaması, hareketin tam bir çözülme ve yokoluş sürecine girmeyeceğini düşündürüyor. Belki büzülerek, küçülerek ve hayli örselenmiş biçimde ve belki de birkaç parça halinde bu hareketin devam edeceği kanaatindeyim. Özellikle gençlik tabanı ve dolayısıyla Ülkü Ocakları'nın öyle bir çırpıda dağılamayacak veya çözülemeyecek ölçüde geniş bir etkinlik ve örgütlülük ağı olduğunu not etmek gerekiyor.

Bazı ülkücülerin dile getirdiği "galiba bu hareket bitiyor" kaygısı doğru çıkabilir mi?

Can: Eğer bu görüş, eski parlak günlerin artık bittiği anlamındaysa büyük ölçüde doğru. Fakat yukarıda da özetlediğim gibi, bu hareketi vareden toplumsal dinamiklerin bu ülkede hâlâ önemli bir güç olduğu görüşündeyim. Sadece, bu potansiyelin bir arada tutulabilmesi ve temsil edilebilmesi konusunda ciddi sıkıntıların yaşanacağı bir döneme giriliyor. Bu sıkıntılı süreç, yeni travmalarla devam eder ve kriz kolay atlatılamazsa, -konjonktürel etkilerin de katkısıyla- orta vadede önemli bir çözülme, en azından marjinalleşme beklenebilir. Bu da ülkücü hareket için hızlı bir BBP'leşme anlamına gelebilir.

Neden ülkücü hareketi günümüzde sadece 45 yaş üzeri şahsiyetler temsil ediyor? Gençler çok mu yetersiz?

Can: Ülkücü hareketin kadro sorunu bugünün meselesi değil aslında. Öncelikle hareket yapısı gereği kendi içinde ilerleme gösterebilen kadro üretme yeteneğinden yoksun. Bir başka deyişle, ülkücü hareket köyünün kendi sakinlerinin yine kendi köylerinde peygamber olması son derece güç. Çünkü liderlik kurumu ve teşkilat yapısı buna uygun değil. Bu nedenle, güçlü kanatlar, açık muhalefet ve seçenekli lider adayları bolluğu MHP ve Ülkücü hareket içinde pek görülen bir şey değil. Yakın dönemde liderliği üstlenmiş olan ve Türkeş'e göre karizma defosu çok daha fazla olan Bahçeli döneminde bu daha da güçleşmişti. Şimdi aday olarak ortaya çıkanların büyük çoğunluğunun Türkeş döneminde etkinlik ve kısıtlı "lokal" önderlik ve sınırlı "şöhret" edinmiş isimlerden oluşması büyük ölçüde bu yüzden. İkincisi, özellikle 70'lerin sonları ve 80'lerde hareketin toplumsal vasatı, pırıltılı bir kadro üretmenin çok uzağındaydı. Geçirilen travmatik dönem (önce 12 Eylül şoku ardından ANAP'ın da etkili olduğu dağınıklık süreci ve mafyatik etkiler) hareket içindeki ortaklıkları da bir hayli örseledi. Bu nedenle üzerinde geniş bir mutabakat oluşabilecek doğal önderler çıkmadı. Gençlik liderlerinin ve liderliğinin de özellikle 90'larda aşırı merkezi kontrol kuşatmasına alınması da genç lider inşa ve inkişafını engelledi. Fakat bunlara karşılık, ileri yaşlardaki "ağabey"lerin de kredilerini ve saygınlıklarını çok fazla koruyabildiklerini söylemek zor. Yani, kongre süreci her nasıl sonuçlanırsa sonuçlansın ülkücü hareketin kadro sorunu uzunca bir süre devam edecek gibi görünüyor.

9 MEKTUPLAR

BU BÖLÜMDE, yazı dizisi boyunca ve bitmesinin hemen ardından *Vatan* gazetesine yollanan e-posta, faks ve mektupların, yazanların kimliği belli olanların tümünü, tabii mecburen kısaltarak yayımlıyoruz.

Bu vesileyle, mektuplarda dikkatimizi çeken bazı noktaları belirtelim:

- Gelen mektupların büyük kısmı iç dökme şeklinde, alabildiğine samimi bir üslupla yazılmış.
- Çoğu Alparslan Türkeş'e atıfta bulunuyor.
- Dizimizin başlığı olan "Nereye gitti bu ülkücüler?" sorusu, genellikle "Buradayız, ama kırgınız" veya "Türk milleti yaşadıkça biz de varolacağız" gibi cümlelerle cevaplandırmış. Çoğu bunun haklı bir soru olduğu görüşündeyken, birkaç ülkücü başlığımızda artniyet aramış.
- En çok, genel merkez yöneticileri, milletvekilleri ve bakanların, kendileriyle hiç ama hiç ilgilenmediğinden yakınıyorlar.
- Bahçeli taraftarları dahil, 57. Hükümetin herhangi bir icraatını olumlu bir şekilde anan kimse yok.
- İstisnasız herkes bakanlardan şikâyetçi. Minnetle anılan tek bir bakan bile yok.
- Yolsuzluk iddiaları da çok ciddi sıkıntı yaratmış durumda.
- Gençlerden çok mektup geldi. Önlerinin açılmadığından şikâyetçiler.
- Kadınlardan gelen az sayıdaki mektubun neredeyse tamamı Bahçeli yanlısı.
- Bahçeli'nin seveni kadar sevmeyeni de var.
- Bahçeli en çok, suskun kalması, medyayı kullanmaması nedeniyle eleştiriliyor.
- Rakipleri, Bahçeli'nin 3 Kasım'da verdiği, liderliği bırakma sözünü ısrarla hatırlatıyorlar.

■ Ülkü Ocakları da ciddi bir tartışma konusu. Ocakların, MHP Genel Merkezi ile çok sıkı bağlılık ve hatta bağımlılık ilişkisi içinde olması; başlarında yaşlı isimlerin bulunması eleştiriliyor.

■ Ülkücüler Genç Parti'yi fazla önemsemiyor, ama kendileri gibi doktriner bir hareket olan İşçi Partisi'nin ve onun lideri Doğu Perinçek'in milli konulardaki çıkış ve eylemlerini yakından takip ediyorlar.

■ Ozan Arif'in MHP tarafından dışlanması çok tepki topluyor.

■ Ali Güngör, Enis Öksüz ve Sadi Somuncuoğlu'na haksızlık yapıldığını düşünenlerin sayısı hayli yüksek.

■ Çoğunluk önce MHP, sonra tüm hareket içinde birlik istiyor. Ama birlik arayışlarını gereksiz bulanlar da var.

■ Türkçü/Turancı çizgiyi savunan bazıları MHP yöneticilerinin "soy"unu sorgulamaktan bile geri durmuyorlar.

İki söz verdi, tutmadı: İktidar ortağı olmak için anlamsız bir çaba harcayan Bahçeli ve ekibi seçim öncesi iki söz vermişti: başörtüsü sorunu ve katilbaşının asılması. Ama iktidara geldikten sonra bu sözler unutulmuş ve gündelik siyasetle taban ve yüce milletimiz uyutulmuştur. Bahçeli ve ekibi diğer siyasi hareketlerden farksız hareket etmişlerdir. ■ Erhan Yavuzyılmaz-Hatay

Bahçeli niye seçime gitti?: Seçime gidelim lafını ilk kez Amerikan tavsiyeli bakan Kemal Derviş etti. Tarihin 3 Kasım olacağını da Devlet Bahçeli telaffuz etti. Üstelik Koray Aydın'ın dediği gibi hiç kimseye de danışmadı. Tüm anketler MHP'yi baraj altı gösterirken Bahçeli'nin neden bunu yaptığının üzerinde kimse durmuyor. Eğer baraj altında kalacağını tahmin etmediyse siyasi basiretsizliktir. O koltukta bir gün daha oturmamalıdır. ■ Faruk Kapusuz-Yozgat

Rahşan Hanım'ın küfürleri: Siz ülkücülerin çizgisinde kırıklık arayacağınıza 40 yıllık partimizin ve davamızın temellerine dinamit koyan Rahşan Hanım'ın küfürlerine teslim olan, başbakanlığı kabul etmeyip, başarısızlığı 1978'de tescil edilen Ecevit'e bırakan Devlet Bahçeli'den hesap sorun. Asıl "ülkücü töresi" bunu gerektirir. ■ Hüseyin Küçük-İstanbul

A Takımı oluşturmalı: Yetişmiş kadroları partiden uzaklaştıran, ülkücülerin yarısını partiye küstüren bu kadroyla bu iş olmaz. Herkesin biraraya gelip bir "A takımı" oluşturması lazım. Bireysellikten uzaklaşalım. Ülkücü hareket bir kez birleştikten sonra başına Aytekin Yıldırım veya Koray Aydın gelmiş fark etmez. İkisi de hareketi bütünleştirebilecek isimler. ■ Levent Gür

Kan içsek şerbet içtik deriz: Biz kimsenin kara kaşına, kara gözüne bakarak bu davaya gelmedik. Türk-İslam davasını sevdiğimiz ve inandığımız için geldik. Bu yoldan da kimse çeviremez. Liderimiz Devlet Bahçeli'nin etrafında sımsıkı kenetlenip kendisini başbakan yapmak tüm ülkücülerin boynunun borcudur. "Kol kırılır yen içinde kalır" ve "kan içsek şerbet içtik deriz" kuralını unutanlara duyurulur. ■ Feyyaz Tek-Safranbolu

Leşlere maskara olduk: Önemli olan MHP'nin başına kimin geçeceği değil ülkücü hareketin bir an önce silkinip eski gücüne kavuşması, tek beden olmasıdır. Bunun için de hareketin merkezi olan MHP ile diğer ülkücü partiler olan BBP ve ATP bir an önce tek bir çatı altında birleşmelidir. Eğer böyle düşünmeyen varsa ortaya çıkıp kavgadan çekilsin. Yeter artık bizi kuzgun leşlere maskara eden, makam elde edince tabanını ve davasını unutup yandaşların kesesini dolduran, koltuk sevdalısı, liyakatsiz yöneticilerden. Unutmayın, lider vardır, rütbesi, makamı, şanı, şöhreti malı gibidir. Kimi lider vardır, o rütbeye gelince dışkıya bulanmış altın gibidir. Hak ettiğimiz şekilde yönetilmek istiyoruz. Kimseye muhtaç olmayan, davasının ehli, Türkiye ve Turan sevdalısı liyakatli yöneticiler nasip olması dileğiyle. ■ Bülent Koçkaya-İstanbul

İrtifa kaybediyoruz: Sayın Bahçeli, sizi, verdiği sözün arkasında duran bir lider olarak biliyoruz. 3 Kasım gecesi verdiğiniz demeçle örnek oldunuz. Eğer tekrar 3 Kasım yaşamak istemiyorsak, bayrağı, bu yükü taşıyabilecek birine verin. Yerel seçimler yaklaşıyor ve biz irtifa kaybediyoruz. Sizin af ettikleriniz sizi affetmedi. ■ Hüseyin Aydın-Menemen

Bahçeli kendisiyle barışık değil: Partide Türkeş soyadını bitirdiniz. Sizi genel başkan yapan adayları bile harcadınız. Demek ki sizde ahde vefa yok. Partiyi yüzde 18'den 8'e düşürdünüz, hâlâ görevdesiniz. Tüm hayal ve ümitlerimizi yıktınız. Bir şekilde partiden soğuyan insanları kazanmak için hiç mi hiç uğraşmadınız. Demek ki kindarsınız. Bilgelik nasıl bir şeydir, daha göremedim. Siz kendinizle de barışık değilsiniz. ■ Ercan Balcı-Fethiye

Otoriteye münakaşasız bağlıyız: Zaferin ve disiplinin ilk şartı merkezi otoriteye münakaşasız ve muhakemesiz bağlılıktır. Zafer yalnız liderin dehasıyla kazanılmaz. Onun başarısı teşkilatınkine bağlıdır. Teşkilat mensupları İslam ahlak ve faziletini, Türklük gurur ve şuurunu yaşayıp yaşatmalıdır. Rehberleri de iki cihan güneşi kuran Hz. Muhammed olmalıdır. ■ Tuncay Dağ-Safranbolu

Cihangir olmalıyız: Kalbimize ülkü sevdasını düşüren rahmetli cihangir Başbuğumdan sonra, mazi ile istikbal arasındaki köprüyü kuramayan, basiretsiz, ülküsüne sahip çıkamayan, cihangir olamayan ağabey bildiklerimiz yüzünden meydanlarda gözükemeyen ülkücü hareket cihangirini beklemektedir. Çünkü gelecekte yine cihangir olacağımıza inanıyoruz. ■ Bülent Türkoğlu-İstanbul

Bahçeli ile yüzde 1 alırız: 1999 başarısının sebebi lider değişikliğidir. Lider değiştiği için vatandaş MHP'ye oy vermiştir. Bahçeli'nin şahsına verilen tek bir oy yoktur. Son sözüm şu: Bahçeli veya Tuğrul Türkeş genel başkan olursa MHP'nin alacağı oy yüzde 1'dir. ■ C.Y.-İzmir

AKP'nin rolü çok büyük: Bahçeli'nin başa geçmesiyle MHP benliğini kaybetti, halk da onu cezalandırdı. Fakat bu olayda AKP'nin rolü de çok büyüktür. AKP türban olayını unutmuş gözüküyor. Cuma namazlarından sonra sokağa dökülen türbanlı öğrenciler şimdi neredeler? Çıkmazlar, çünkü hedeflerine ulaştılar, MHP'yi bitirdiler. Bahçeli iyi insan ama yanlış bir lider. ■ Hasan Güner-Bodrum

Bahçeli ve ekibi hesap vermeli: Şehit arkadaşlarımızın ve onların analarının yürekleri yandı. 1999'dan sonra ülkücü geçinenler, fakir fukaranın hakkını yerken ve yedirirken bu yanan yüreklerden de utanmadılar. Tüm il başkanları ihale peşinde koştular veya koşanlara menfaat karşılığı yardım ettiler. Aynı isimler yine iş başındalar. Sayın Bahçeli aday olmamalı ve ekibiyle hesap vermeli. ■ Mehmet Yılmaz-Giresun

Her şey 2000'de başladı: 5 Kasım 2000 Büyük Kurultayı birçok ikaz ve uyarılara rağmen giderilemeyen sorunların çözüme ulaştırılacağı bir gün olarak düşünülürken tam aksi bir durumla karşılaşılmış, tüzük değişikliği, genel başkan ve üst yönetimler seçimi gibi konular birkaç saat içinde tamamlanmıştır. İşte MHP'nin tükenişi o gün başlamıştır. Sebepleri başka yerde aramak meselenin özünü saptırmaktır. ■ Kemal Sağır-Antalya

Şimdi mi kötü oldu?: Adaylar sayın Bahçeli'yi acımasızca eleştirmekteler. Bahçeli 1999 seçimlerinde partiyi yüzde 18 oy seviyesine ulaştırdığında iyiydi de şimdi mi kötü oldu? Bahçeli dürüstlüğü, liderlik vasıfları, uyumlu kişiliği ile emsalsiz bir kişidir. Umarım aday olur ve kongreden zaferle ayrılır. ■ Utku Biltekin-Kırklareli

Stajyer değil usta lider: Her şeyden önce ülkücülerin iyi bir lidere ihtiyacı vardır. Bu lider, susan değil konuşan, stajyer değil usta, teslimiyetçi değil temsil eden, icraat yapabilen, Türkiye'yi tanıyan, ekonomiyi bilen, geçmişinde başarılı olmuş biri olmalıdır. Kamuoyuna şimdiye kadar adaylığını açıklayanlar içerisinde bir tek Aytekin Yıldırım, planı, programı olan, iddialı biri gibi gözükmektedir. Devlet Bey, ülkücülerden özür dileyip, başkanlığı hemen bırakmalıdır. "Taban istedi, il başkanları istedi" şeklindeki bayatlamış kurnazlıklara kalkmasın. ■ Faruk Çakmak -Adana

Adayları tehdit etmeyin: Ülkü Ocakları Genel Başkanı'nın yapmış olduğu açıklamalarından haya duydum. Artık birbirimizi tenkit edici sözlerin iyilik getirmediğini öğrenmemiz lazım. "Kim seçilirse saygı duyarız" deyip ardından adaylığını açıklayan kişileri tehdit ediyorsunuz. Ocaklar ilim, irfan yuvasıdır. Kesinlikle siyasi emelleriniz için ocakları kullanmayınız. ■ Murat Altın-Bursa

Uzlaşmacı ve bütünleştirici bir lider: MHP'de öncelikle partiyi kongreye götürecek olanların parti içi demokrasiyi sağlamaları gerek. Teşkilatları ve küstürülmüş ülkücü tabanı, ayrıca 1999 seçimlerinde partiyi zafere taşıyan gençliği birleştirecek; ismi şaibeye bulaşmamış, uzlaşmacı ve bütünleştirici bir isim etrafında birleşmeliyiz. Bu isim kim olur bilemiyorum ama şu anki genel merkez yönetimiyle olmayacağını ve bu yönetimle yola çıkılırsa ülkücü hareketin daha fazla kan kaybedeceğini düşünüyorum. ■ Orkun Cevahir

Yıpratmadan eleştirelim: Aday olacak insanların hepsi bu hareketin tabanından gelmektedir. Bazen yargısız infaz yapılıyor. Korkuyorum kurultay 1997'deki gibi karışacak diye. Tabii herkesin temennisi kazasız, şaibesiz ve olaysız bir şekilde bir başkan seçmek. Artık benim için kimin geleceği önemli değil. Bu hareketin içinde bu yükü kaldırabilecek çok insan var. Onun için bu insanları karalamadan yıpratmadan eleştiri yapalım. ■ Ekrem Kuloğlu-Trabzon

Yeniden yapılanma şart: Ülkücü hareket için şu andaki en büyük sorun lider-teşkilat-doktrin üçlüsünün yeniden yapılandırılmasıdır. Eğer önümüzdeki beş yıl içerisinde güçlü bir lider, rehabilite edilmiş teşkilatlar ve çağın gerçeklerine göre düzenlenmiş bir doktrin sağlayamazsak ülkücü hareketin ömrünün aslında 4 Nisan 1997 günü tamamlanmış olduğunu görürüz. ■ Turgut Türkçü

İrticai güçlerin güdümüne girdik: MHP tabanı partisine sahip çıkmakta aciz kalmış, irticai güçlerin güdümüne girmiştir. Tek başına iktidardan istenmeyenler MHP'nin üçte birlik hükümetinden istenmiştir. Türban sorunu MHP için birinci öncelik değildi. Apo'yu asmıyorsunuz diyenler Apo'yu bırakma derdinde olanlara oy vermişlerdir. 57. hükümet tarihin en mükemmel hükümetiydi. Hükümete girmeyerek iktidardan kaçtılar dedirtsek daha mı iyi miydi? Bahçeli en iyisini yapmıştır. MHP'yi Mehmet Gül, Ümit Özdağ ve Taner Ünal'a kongre bile yapmadan teslim edelim. MHP ancak böyle kurtulur. Hemen MHP'li 550 belediye 50'şer milyar toplayarak kendi medyamızı oluşturalım. ■ Şerafettin Gözükeleş

Bir bozgun daha yaşamayalım: Seçimler şunu gösterdi ki Devlet Bahçeli bu misyonu taşıyabilecek yapıya sahip değil. Yapılacak ilk kongrede bu davayı özümsemiş ve sırtlayabilecek bir lider üzerinde uzlaşmak gerekmektedir. Ülkücü camia, lider kadrolarını yetiştirmek mecburiyetindedir. Yeniden bir yapılanmaya gidilmeli, bu noktada içimize çöreklenen menfaat düşkünlerinden kurtulmalı ve bir seçim bozgunu daha yaşamamak için gayretle çalışılmalıdır. Yoksa hem MHP hem de Türkiye zor günlere gebe kalacaktır. ■ Tuncay Okay-Uşak

Muhalefette de zayıfız: MHP başarılı olmak için önce kirlenen isimleri kendisi temizlemeli ve yolsuzluklara karşı en ufak bir hoşgörü göstermemeli. Ekonomik programlar geliştirmeli, iş olanakları getirmeli, AB konusunda gerekenleri yapmalı, dünya barışı konusunda yeni açılımlar oluşturmalı. Şu ana kadar da iyi bir muhalefet de görmüş değilim. İnşallah bundan sonra. ■ Fuat Akyıldız

Ocakları yaşlılar yönetmesin: Bir gençlik kuruluşu olan Ülkü Ocakları'nın Genel Başkanı 49, Genel Başkan Yardımcısı 54 yaşındadır. Bu nasıl bir gençlik kuruşudur? Acaba Başbuğ zamanında da bu kadar yaşlı insanlara Ülkü Ocakları'nın genel merkez yönetiminde görev veriliyor muydu? Bu yanlış durum bir an önce değişmeli ve Ülkü Ocakları Genel Merkezi'nin, taşra teşkilatlarında denetimi daha da artmalıdır. ■ Ersegün Öztürk

Şimdi tek başına iktidardık: DSP ile ortaklık yapılmamalıydı. Oldu bitti yapıldı. Apo'nun idam dosyası Meclis'e gönderilmeliydi. 7 saat 15 dakikalık görüşme sonunda Sayın Bahçeli ikna olmayıp hükümetten çekilseydi şu anda MHP tek başına iktidardaydı. Çile çekmiş ülkücülerin basit de olsa işleri yapılmadı ve çıkar grupları türedi. Kamu çalışanları hiç dinlenmedi ve sefalete sürüklendi. ■ Miyase Süygün-Mersin

İsim arayan ülkücülere öneriler: MHP isminin önüne, rüşvetçi, hırsız, fakir fukara hakkı yiyen, devlet düşmanlarını affeden yaftasını astırdılar. Yetmiyormuş gibi şimdi de yalancı ve sözünü tutmayan gibi yaftalar asmaya çalışarak yeniden aday olmaya zemin arıyorlar. Bu ülkücüler için zulümdür. Bu arada doğacak çocuklarına isim arayan arkadaşlarımıza Ülkü, Erdem, Yiğit, Mert, Dürüst isimlerini öneririm. ■ Taner Yalçın-Ankara

Bahçeli ağabey bile olamadı: Eğer dikkatli biçimde ülkücü hareketin tarihini inceleyecek olursak, Devlet Bahçeli'nin bırakın ülkücü bünyeye uygunluğunu ve liderliğini devam ettirmesini, kendisini bugüne kadar "ağabey" olarak dahi tabanımızın geneline kabul ettiremediğini görürüz. En başından beri Bahçeli'nin çile çekmiş, 12 Eylül'ün zor günlerini geçirmiş tabanına karşı takındığı uzak mesafeli tavır ve bunun karşısında harekete iktidar olduktan sonra yeni katılanlara gösterdiği aşırı anlaşılmaz yakınlık, kendisine olan şüphelerimizi sürekli katlanarak arttırmıştır. ■ Mehmet Özererol-Kadıköy

İbadetimizi eksik etmeyelim: Nizam-ı âlem, ilayi kelimetullah hedefini unutmamalıyız. Yoksa dini koruyoruz deyip istismar eden parti milleti kandırır. İyi bir ülkücü iyi bir Müslümandır ve bu yüzden yüce Allah(c.c)ımıza ibadetimizi eksik etmeyelim. Böylece yüce Allah(c.c) da yardımcımız olacaktır. ■ Uğur Ersöz

Nasıl olur da medyamız olmaz?: Bu denli büyük potansiyele sahip bir davanın nasıl olur da ulusal düzeyde bir medya desteği olmaz anlayamıyorum. Bir de buna bazı büyüklerimizin hataları eklenince, mevcut medya hareketimizi acımasızca eleştiriyor. Devlet Bey'i ise başarılı buluyorum. Birçok ülkücü olmayan arkadaşım sadece Devlet bey, bir de sayın Oktay Vural için MHP'ye oy verdiler. ■ Salih Özsüvariler

Aytekin Bey aday olamaz: Bakıyorum bugünlerde kongreden çok birileri kavga çıkmasını bekliyor. Siz beklemeye devam edin. AKP aday adayı Aytekin Bey ülkücü harekette lider olamaz. Aday olursa buna ülkücü irade gereken cevabı verecektir. Kötü günümüzde yanımızda olmayanlar hareketimizi karıştırmasın. ■ Adil Şahin-Trabzon

Bize ait sloganları bile yasakladılar: Milliyetçi, ülkücü ve İslami söylemlerden uzaklaşıldı. "Ülkücülük şereftir şerefin tavizi olmaz", "Ya Allah Bismillah Allahuekber" gibi bize ait olan sloganlar yasaklandı. Hilal bıyıklar kesildi. 9 Işık'ta revizyona gidildi. Ülkücü sanatçılar küstürüldü. Böyle giderse Mustafa Yıldızdoğan'ı da kaybedeceğiz. Bugün maalesef bazı ocaklar, Bozkurt değil çakal yuvası haline gelmiştir. Genç Parti'nin amblemindeki hilallere bakıp da aldananları anlayamıyorum. ■ Bozkurt Yunus Karaca-Sungurlu

Nöbeti devredin: Sayın Bahçeli ve ekibi başarısızlığı üstlenerek sorumlu davranmalı ve bir an önce çekilerek nöbeti devretmelidir. Ülkücü hareketin en kısa zamanda layık olduğu yere yükselmesi için bütün dinamikleri harekete geçirecek, birlik ve beraberliği sağlayacak bir ekip MHP'yi düze çıkaracak ve bugün iktidarda bulunan ve Türkiye'yi felakete sürükleyen AKP hükümetinin de en güçlü alternatifi olacaktır. ■ Çağrı-Asena Yalçın

Söylem ve eylemler örtüşmüyor: MHP'de en büyük sıkıntı söylem ve eylemleri örtüşmeyen yöneticilerin olmasıdır. Türkiye gerçeklerini bilen, ülkücü gelenekten gelmiş gerçek Türk milliyetçilerinin yönetimde yer alması şarttır. ■ Mustafa Kandemir-Ankara

Temel taş ocaklar: Dünyada böylesine büyük bir ideolojiye sahip ender siyasi partilerden biri olan MHP ne yazık ki basiretsiz yönetim ve izlenen yanlış politikalar yüzünden 3 Kasım seçimlerinde ağır yara aldı. Ama yiğit düştüğü yerden kalkar ve en büyük görev de bu yiğidi yerden kaldıracak genç ülkücülere düşmektedir. Biz genç ülkücüler olarak, ocaklara gereken desteğin verilmesini ve partiyi ayakta tutan en büyük temel taşının ocaklar olduğunun unutulmamasını, şu anki ve gelecekteki yönetimlerden istiyoruz. ■ Mehmet Tanrıverdi-Kayseri

İdealistlere fırsat verilsin: Otel lobilerinde politika yapan, tabana tamamen uzak şovmenlerin barındığı yer haline gelen MHP'nin şu an yapacak hiçbir şeyi kalmadı. Sistem kendilerine ihtiyaç duyarsa tekrar ortaya çıkarır. Tek çıkış yolu idealistlere fırsat verilmesi. Küskünleri geri kazanır, ATP ve BBP'dekileri de biraraya getirebilirsek yeniden Türkiye'yi yönetmeye talip olabiliriz. ■ İbrahim Sancar-Yalvaç

Şefkat Çetin niye susuyor?: Teşkilatın şu sıkıntılı döneminde, bugüne gelmemizde sorumluluğu olan Şefkat Çetin'in, sorumluluk gereği bizlere bir açıklama yapması gerekmez mi? Bu suskunluğun ardında ne var? ■ Bozkurt Garip-İzmir

Ilımlı olmaktan vazgeçelim: Birer eğitim, kültür ve yardım yeri olan Ülkü Ocakları, bazılarının başkanlık egolarını tatmin ettiği yerler asla olmamalı. Ocaklar sanki MHP ile "uyumlu gözükme" yarışına girmiş durumda. Milliyetçi ideoloji, uyumluluk, ılımlılık hastalığından kurtulmadan başarıya ulaşamaz. Sadi Somuncuoğlu ve Ali Güngör başta olmak üzere (Enis Öksüz hariç) gönül erleri kucaklanmadıkça hareketin toparlanması mümkün değildir. ■ Adem Güner-Akyazı

Niye Zemin'e madalya taktı?: Ülkücülüğün üç esası vardır: Türk-İslam sentezi, ilayi kelimetullah ve nizam-ı âlem ülküsü. Adaylar bunlardan yoksunsa boşuna yorulmasınlar. Hele 1999'da seçilen 130 milletvekilinden hiçbiri. Bahçeli, Uygur Türklerini koyun sürüsü gibi boğazlayan Çin Devlet Başkanı Zemin'in, o mübarek kanların ve gözyaşlarının ıslattığı yakasına övünç madalyası taktı. Somuncuoğlu'na sözde töre uygulayan Cemal Enginyurtlar bu madalyayı verenlere karşı niye sessiz kaldı. ■ Nayim Aydın

Halk MHP'den umudunu yitirdi: Eğer maçı kaybetmişseniz golü nasıl yediğiniz konuşulacaktır. MHP, türban konusunda verildiği söylenen sözler ve teröristbaşının asılmaması konularından çok, yolsuzluk ve yoksulluk konularında yapamadığı, çok az da olsa yaptığı ama anlatamadığı icraatı dolayısıyla oy kaybına uğramıştır. Vatandaş, kendisini yoksullaştıran yolsuzlukların üzerine radikal bir şekilde gideceğini umduğu, pansuman değil ameliyat yapacağına inandığı MHP'nin, adeta kandan korkup bayılan TV dizisi karakteri gibi davrandığını görünce umudunu yitirmiştir. ■ Gökhan Şahin-İstanbul

Kimse partiden ayrılmasın: Başbuğ'un sağlığındaki MYK ve MKK üyeleri dikkate alınmalı, kongreye katkıları mutlaka sağlanmalıdır. Kongreden önce ATP ve BBP MHP saflarına katılabilmeli ve içlerinden genel başkanlık dahil aday olmak isteyenler eşit ve adil şartlarda yarışabilmeli. MHP'de yönetim değişikliği sağlanmalı ancak bugün yönetimde olan hiçbir arkadaşımızın partiden uzaklaşmasına izin verilmemelidir. ■ Mehmet Vakıf Koyuncuoğlu-Ankara

Bahçeli eski yüzleri değiştirsin: Devlet Bahçeli'yi seviyoruz, ama davamızı daha çok seviyoruz. Genel merkezdeki eski yüzler Bahçeli'nin yanından ayrılmadıkça sanırım bu tartışma devam edecek. Herkes MHP'li olabilir, ama MHP'yi ülkücüler yönetmelidir. Devşirmeler veya ocak kültürü almayanlar hiçbir şekilde ülkücüyü bilemez, tanıyamaz ve ona merhem olamaz. Konya'da 29 ilçe gezdim, ülkücüler üzgün ama umutsuz değiller. Bahçeli eski yüzleri kökten değiştirirse yeni ufuklara ilerleriz, aksi halde, sanırım kızgınlıklar devam edecek. ■ Selçuk Bilge-Konya

Hep enaniyet yüzünden: Bu davaya her şeyini veren abilerimizin nasıl olup da içlerindeki enaniyetlerini bir tarafa bırakamadıklarını anlayamıyorum. Günümüzün hastalığı olan hırs, enaniyet ve benlik çılgınlığından bir an önce kurtulup muhabbet fedaileri yoluna dönmeleri ve tekrar birleşmeleri için dua ediyorum. Büyük üstad Necip Fazıl Kısakürek'in dediği gibi, gönlüm uçmak isterken semavi ülkelere, ayaklarım takılıyor yerdeki gölgelere. Hep yerdeki gölgelerle uğraştık durduk. Sonuç olarak bugünkü konuma geldik. Bundan sonra işimiz daha da zordur. Kula bela gelmez Hak yazmayınca, Hak bela yazmaz kul azmayınca... ■ Mesut Bilgin-Antalya

Uslu çocuk lider istemiyoruz: Kendi dava arkadaşlarına aslan kesilip, 5 bin şehit vermemize neden olan bir şahsın arkasına sığınıp, el pençe divan duran, "uslu çocuk" lakabı taşıyan bir lider istemiyoruz. Sayın Bahçeli bir partinin genel başkanı olabilir, ama 250 milyon Müslüman Türkün gözü kulağı olan MHP'ye asla lider olamaz. Kendisinden tek bir şey istiyoruz: 12 Ekim günü o salonda bulunmayın! ■ Doğan Ay-Konya

Vizyon ve diksiyonlu lider: Yabancı dilden yoksun olmayan, milliyetçiliğin sadece etnik kimlik üzerine hamasi nutuklar atmak olmadığını bilen, iktisadi konularda kelimeleri doğru söyleyebilen, en can alıcı konularda bile bilgisizliği ortaya çıkmasın diye konuşmamayı tercih etmeyen, vizyon ve diksiyon sahibi bir genel başkan seçildiği takdirde, Cenabı Allah'ın izniyle, yarın elbet Türk milliyetçilerinin olacaktır. ■ Mehmet Şahin

BBP ve ATP neyine güveniyor?: MHP bitti diyenler bir gün gelecek gerçekleri anlayacaklar. Sayın Devlet Bahçeli başımızda olduğu müddetçe güçlenmeye devam edeceğiz. Eğer birleşme olacaksa bunun MHP çatısı altında olması gerektiğini BBP ve ATP'li arkadaşlara iletmek isterim. Biriniz yüzde bir, diğerinin oyu bile belli değil; belki yüzde bir bile değildir. Neyinize güveniyorsunuz, anlamadım. İstediğiniz liderlikse, o da olur bir gün, sabretmesini bilirseniz eğer. ■ Mehmet Demirok

Kıyak emekli maaşınızla niye üzülüyorsunuz ki: "Bu acıyı kıyamete kadar yaşayacağız" diyen bir zamanların TBMM İdare Amiri sayın Ahmet Çakar, bu acıyı sizler değil, sizleri oraya getirenler kıyamete kadar yaşayacaklar. Siz bayanların etek boyuyla, okumadığınız romanın kritiğiyle uğraşmayıp da, sizi oraya taşıyan ezilmiş insanların durumunu düzeltmeye, şehit ailelerinin acılarını dindirmeye uğraşsaydınız, gereksiz iadeyi itibarlara izin vermeseydiniz, Ali Güngör gibi açıkyürekli insanlara kol kanat gerseydiniz, inanmadığınız şeylere sırf üç gün daha iktidarda fazla kalma uğruna parmak kaldırmasaydınız, o koalisyondan çekilmeyi becerebilseydiniz ve de bazılarınız ne oldum delisi olmasaydınız kimse bu acıları yaşamayacaktı. Siz, kıyak emekli maaşınızla niye üzülüyorsunuz ki! ■ M.B.Y. - Kocaeli

Yurt Partisi ile de birleşebiliriz: Özeleştirimizi iyi yapalım. Herkes üzerine düşeni layıkıyla yapıyor mu? Yönetimdekiler, darılıp veya darıltılıp saf değiştirenleri geri kazanmak için ne yapıyorlar? Gerçi arzu edilen, darılma olmaması, her türlü kırgınlığın parti içinde kalması ve hallolması. ATP, BBP (Başbuğ'un sağlığında, en olmadık zamanda ayrılma delaletini gösteren lideri hariç) hatta Yurt Partisi ile niçin birleşme görüşmeleri yapılmaz? Ve hatta diğer partilerdeki değerli kişilerle diyaloglar niçin kurulmaz? Önemli olaylarda, basında her fırsatta demeçler ve etkinlikler duyulmalı. Yayınlarımız her yerde okunmalı. Ama kendimiz bile okumuyoruz. Gazetelerimizin tirajına bakın. Millete, *Kurtların Sessizliği* filmini izlettirmeyelim artık! ■ Muzaffer Tanrıkulu-İstanbul

Solcular Bahçeli'den niye memnun?: Acaba Bahçeli cevap verir mi diye bekledim, yine susmayı tercih etti. Bütün solcular bu MHP'den ve Bahçeli'den niye bu kadar memnunlar? Kurdukları koalisyondan ülkücüleri memnun edecek bir tane icraat gösterebilirler mi? Bahçeli Ecevit'ten üç buçuk yılda hangi şeyleri öğrendiğini anlatmak mecburiyetindedir. Bahçeli ve ekibi Ozan Arif'in son kasetlerini iyi dinlesinler, eğer MHP bu hataları yapmasaydı bugün AKP olmazdı, MHP tek başına iktidar olurdu. İlk seçimlerde Recep Yazıcıoğlu, Deniz Bölükbaşı gibi isimleri MHP'den liste başı aday olarak görmek istiyoruz. ■ Mustafa Mat-Alanya

Uzak tuttukları dost düşman oldu: MHP liderliğine talip olan bütün adayların, Ebu Müslüm Horasani'nin şu özdeyişinden ilm-i siyaset adına ders çıkarmalarını tavsiye ediyorum: "Onlar ki zarar vermeyeceklerinden emin oldukları için, dostlarını kendilerinden uzak tuttular. Kendilerine bağlamak ve kazanmak için, düşmanlarını yakınlaştırdılar. Lakin yakınlaştırdıkları düşman dost olmadı. Ama uzak tuttukları dost düşman oldu. Herkes düşman safında birleşince, yıkılmaları mukadder oldu." Bence, MHP'nin 3 Kasım'daki hali, biraz da bu özdeyişin sonucudur. ■ Atsız Kutalmış-İzmir

127 milletvekili ne yaptı?: Hadi genel başkan yanlış yaptı, 127 milletvekili ne yapıyordu? Acaba onlar niye karşı çıkmadı? O ceylan derisi koltukların vermiş olduğu rahatlıktan mı, bilinmez ama şu bir gerçek: teşkilatlarda asarım keserim diyenler orada iyice yumuşadılar. Şehitlerimizin haklarını böyle mi ödeyecek bunlar? Milletin giyimi, konuşması ve şarkısıyla uğraşmaktan yasa çıkarmaya zaman bulamadılar galiba. ■ Erhan-Kartal

Yönlendirecek kimse yok: Sayın liderimiz adeta ülküyü bir kenara bırakıp ülkeyi dolandırmak isteyen insanlarla işbirliği içinde olunca tabii ki o zaman ülkücü de seni unutacak. Sonra da "nerede bu ülkücüler?" diye soracaklar. Ülkücü burada, ülkücü hiçbir zaman kaçmaz, aslan gibi ayaktadır, ama baş yok, başbuğ yok, bizi yönlendirecek bir kişi yok. ■ İsmail Yardımcı-Gerede

Partinin geçmişi silinmek isteniyor: Problem genel başkanlık değildir. Genel başkanlar kurultayı kazanmayı değil, ülkücülerin gönlünü kazanarak "başbuğ" olmayı hedeflemelidir. Devlet adamı ve yönetici kolay yetişmiyor. Devlet Bahçeli hatasını anlamıştır. Tekrar genel başkanlığa aday olması 9 Işığın "şahsiyetçilik" ilkesine aykırıdır. Son üye kayıtları sırasında teşkilatlardaki üye kayıt ve yönetim kurulu karar defterleri toplanmıştır. Bununla partinin geçmişi silinmek mi isteniyor? Rahmetli Başbuğ'un emriyle mafyacılık yaptığı için partiden üyelikleri silinen kişiler bugün başkan yardımcısı olarak yönetimlerde yer almaktadır. Defter toplamanın amacı bunlara yeniden yol mu açmaktır? ■ Ali Okur-Antalya

Enginyurt sadece bir maşa: Cemal Enginyurt bazı iddialarda bulunmuş. Somuncuoğlu olayının iç yüzü seçmen tarafından biliniyor. Olayın saptırılması seçmen olarak bizi çok üzmüştür. MHP'nin oy kaybettiği ortada olan bir gerçektir. Somuncuoğlu şov yaptıysa şu an aday olması gerekmez miydi? Peki töre dayağını atmaya kalkanlara niçin ceza verilmeyip tam tersi mağdur olan taraf cezalandırıldı? Bu olayın sorumlusu sadece Enginyurt değil, o sadece bir maşa. ■ Nesrin Atakan

Sakın dincilerle karışmayalım: Cumhuriyet tarihimizde ülkeyi yönetmekten korkup erken seçime giden ve iktidarı bilerek kaybeden ilk başbakan Mesut Yılmaz'dır, ikincisi de muhtemelen başbakan olabileceğinden korkan Devlet Bahçeli oldu diyebilirim. Yine de Bahçeli sağlam ve abartısız kişiliği, birçok insani zaaflardan uzak görünüşü, özellikle MHP'nin sokaklarda etkin illegal bir oluşuma sahip parti görünümünden kurtulmasını sağlamasıyla başarılı bir başkandı ve başkanlığa devamı en uygun çözüm gibi gözüküyor. Sağlam bir MHP istiyorum. Ülkenin sağlam Atatürkçü ve milliyetçi bir partiye çok ihtiyacı var. Tabii dincilerle karışıp Yazıcıoğlu'nun ekibine katılmamak koşulu ile... ■ Ömer Sunman

Timsah gözyaşları: Röportaj yaptığınız çoğu şahıslar 1997 kongresinde Sayın Devlet Bey'in kolunu kaldırıp seçenlerdir. MHP'nin bu duruma düşmesinde bu şahısların hiç mi günahları yok ki bugün timsah gözyaşları döküyorlar? Sayın Bahçeli "Ülkücü hareketin iktidarına inanmayanlar kenara çekilip bizi izlesinler" dedi ve bizler de 1998'den beri iktidar nimetlerini elimizin tersiyle iterek onu ve sevgili ekibini izledik. Şimdi diyoruz ki, 3 Kasım'da hareketin başını yere eğdirenler ve 1997'de bu vasıfsızları partinin başına taşıyıp şu an hep birlikte post kavgasını yapanlar bir kenara çekilmesinler, çekip gitsinler. Biz ülkücüler hiçbir yere gitmedik ve gitmeyi de düşünmüyoruz. Çünkü biz ev sahibiyiz lüzum olduğunda ortaya çıkarız. ■ Mustafa Gürsu, M. Cahit Turhan, Hasan Yazıcı-Antalya

Yılmaz ve Çiller bile sözlerini tuttu: Devlet Bahçeli sözünü tutmalı ve adaylıktan çekilmelidir. Halkın gözünde birçok kez itibar kaybetmiş olan Mesut Yılmaz ve Tansu Çiller bile sözlerini tutmuşlardır. Bahçeli'nin politikaları, yönetimi, iradesi seçmen tarafından görülmüştür. MHP'nin şaibesiz, dürüst, verdiği sözleri tutan, fikrini her platformda savunabilen bir lidere ihtiyacı vardır. ■ Tamer Cansever

Parti için neler yaptınız?: Tabanın yazılarını okuduğumda çoğunluğun Sayın Devlet Bahçeli'yi suçladığını görüyorum. Gerçek bir ülkücü kesinlikle lideri hakkında yorum yapmaz. Cezaevlerinden, bazen de şehitlerimizden bahsediliyor ama onlar davalarından ve Başbuğumdan şikâyetçi olmamışlardır. Peki siz şu ana kadar parti için neler yaptınız? Bence sizler partiyi yıpratmak isteyen kişilersiniz. Bazılarınız da sol kesimden, yani MHP'ye karşısınız. İçinizde delege olan varsa eğer tepkisini genel kongrede göstersin. ■ F. Murat Kumtemur-Sungurlu

Sevgimizi kaybettiler: Bizler bu davayla büyüdük. Koskoca 30 yıl, dile kolay. Ne yazık ki sayın Mehmet Şandır'ın dediği gibi bizlerin sevgisini kaybettiler. MHP iktidara geldi. Çok sevdiğimiz kişileri milletvekili, belediye başkanı yaptık, peki onlar ne yaptı? Ne oldum delisi oldular. Benim gibi üç yıldır işsiz gezen yüzlerce ülkücüye sırtlarını dönüp ilgilenmediler, birbirleriyle kavga ettiler. Diğer partilere gösterdikleri özen ve ilgiyi kendi ülküdaşlarına ne yazık ki gösteremediler. ■ Turgut Öztaş-Simav

Yazdıkları iki slogan kitabı: Dönenleri, dönüp dönüp de gelenleri, geçmişini geçmişimizi maddeye çevirenleri, aydınımız geçinen ve iki slogan kitabını yazmaktan öteye gidemeyenleri, dünyayı yumruklarının ucundan yöneteceğini sananları, zayıf düştüğümüzde lidercilik oynamaya heveslenen lidercikleri de tanırız biz. Ve son söz: Bırakma Devlet Bey, bırakma, yıpranmamış yorulmamış, kendin kadar dürüst, kendin gibi "önce devletim" diyen gençleri al yanına. Bayrak senin ellerinde ve zirveler bu bayrağı bekliyor. ■ Yaşar Türkoğlu-Aydın

Zeybek'e inanıyorum: Başbuğumu sağlığında üzenler; Başbuğumun ekmeğiyle büyüyüp başka partilerin peşinden gidenler; büyük davayı 3,5 yılda hüsrana götürenler değil, Türk milletini ve büyük Turan'ı kurmak için Türk-İslam ülküsü sevdalısı sayın Namık Kemal Zeybek beyfendi ile bu davayı Türkiye sevdalılarının özlemini giderecek ideallere getireceğine tüm kalbimle inanıyorum. ■ Ali Osman Kılınç-Karaman

Ülkücüleri pasifize ettiler: Aldığımız darbenin tek sorumlusu, gerçek ülkücüleri pasifize edip ülkücü geçinenlere değer veren Devlet Bahçeli ve ekibidir. MHP'nin tekrar şaha kalkması için, en alt kademeden başlayarak, özellikle Ülkü Ocakları ve parti teşkilatlarında önekli reformlara imza atılmalıdır. Ozan Arif'in dediği gibi: Zaten hilalin kaderidir bu, arada önüne kara bulutlar durur, bir rüzgâr esti mi hilal kurtulur. ■ Atilla Çataltepe-Nevşehir

Fırsat eşitliği sağlanmalı: Milletvekilleri, il ve ilçe başkanları yüklendikleri sorumlulukları unutup kendi geleceklerinin sevdasına düştüler. 3 Kasım'a kadar ilçe, il ve genel merkezde vitrin yenilenmeliydi. Küstürülen ülküdaşların, buna sebep olanlar durduğu müddetçe geri dönmesi zor olacaktır. MHP'de fırsat eşitliğinin önü açılmalıdır. ■ Mehmet Ölmez-Milas

Tek adayda anlaşılmalı: Tek aday üzerinde anlaşıp kongreye güçlü bir kadroyla gidilmeli. Aksi takdirde MHP'yi kimse toparlayamaz. Bunu yapacak kişinin yine Devlet Bey olduğunu görüyor, yine onun etrafında birleşmeli diyorum. Onunla Türkün adının tarihin sayfalarına altın harflerle yazılacağına inanıyorum. ■ Mukadder Hatunoğlu-Kadirli

Konuşmak herkes için zararlı: Bahçeli bu davaya yıllarını verdi ve çok eziyet çekti. Tabii ki bazı hataları olmuştur. Ama bazılarının sadece bu hataları konuşması herkese zarar verip Başbuğ'un emanetinin bir adım daha geri gitmesine sebep olmuyor mu? ■ Soner Kıraç-Ankara

Umarım ah'lar tutar: Bir parti düşünün ki 1999 seçimlerine kadar, bırakın mensuplarını, muhalif ve düşmanlarının bile tek laf söylemeye hakkı ve cesareti bulunmazken, iktidar olunuşunun altıncı ayından 3 Kasım seçimlerine ve oradan da bugüne gelişe kadar geçen süreç içinde, bu kez bırakın muhalif ve düşmanlarını (ki onlar artık muhalif olmaya bile tenezzül etmiyor) kendi mensuplarının söz ve feryatlarına muhatap olsun. Umarım ki ah'lar tutar ve bu kadro değişir. ■ Mehmet Cemal Saydam-Samsun

Mükemmel kafa yetmiyor: Devlet Bahçeli mükemmel bir kafaya sahip. Ama siyaset meydanında bu yetmiyor, başarılı olabilmek için mükemmel bir politika gerekiyor. Başkanımız, anlayamadığımız bir tutum sergileyerek ülkücü hareketi zor durumda bıraktı. Fakat ülke gerçeklerini tam olarak bilmeden yargıda bulunmak da pek akıl kârı değil. ■ Semih Erim-Kırşehir

Doğalgaz ihalelerine sessiz kalındı: Milliyetçiler birleşirse AKP iktidarından daha güçlü olur. Ama bunu MHP'de gerçekleştirmek mümkün değil. Zira iktidarda millet ve milliyetçiler aleyhine kanunlar çıkaran, 150 milyar dolarlık yolsuzluğa bulaşan ve Ruslarla imzalanan doğalgaz ihalelerine sessiz kalan MHP milliyetçi olmaktan uzaklaştı. İşte bütün bunları, şeffaf bir şekilde, büyük ve özel bir kurultayda günlerce tartışmalıyız. ■ Mustafa Toygar-Ankara

Bir daha tövbe, tövbe: Liderin, teşkilatın, doktrinin ölmediğine inanıyoruz. Kendisini iktidara taşıyanlarla istişare etmeyen, il teşkilatlarını ülkücü olmayanlara teslim eden, başörtü konusunu bir defa olsun Meclis'e taşıyıp elini çekinmeden masaya vuramayan kişilerle tövbe, tövbe, tövbe. ■ Mansur Arpacı-Siirt

Değişik kalelerde savaşmayalım: Artık değişik kalelerde savaşmanın anlamı yok. Bir olup tek yürek olmalıyız. BBP ve ATP gerçek milliyetçilerin anavatanı olan MHP'de birleşmelidirler. Bu dava o kadar zor günleri aştı ki bugünleri de ülkücü terbiyeyle aşacaktır. Allah ülkücüleri başımızdan eksik etmesin. ■ Serkan ve Muhammet-Zonguldak

Türk globalizmini gerçekleştirelim: Kaliteli, yeni dünya düzeninden haberdar, yenilikçi, demokrasiye saygılı ve en önemlisi aktif mi aktif bir lider seçmeliyiz. Yoksa bizim boşluğumuzu Doğu Perinçek gibileri dolduracaktır. Ülkücü hareket Türk globalizmini gerçekleştirmek için çalışmalıdır. Ezilen Türk'ün yanında olmalıdır. Bunlar da Bahçeli ile asla gerçekleşmeyecektir. ■ bozkurtsoylu@mynet.com

Bahçeli ve ekibi tasfiye edilmeli: Son kamuoyu araştırmaları MHP'yi yüzde 3'lerde gösteriyor. MHP ve ülkücülere yazık ediliyor. Bahçeli başta olduğu sürece Nisan 2004'te yapılacak yerel seçimlerde MHP tam bir bozguna uğrayacaktır. Küçük olsun benim olsun diye hareket edenler bu davaya ihanet ediyorlar. Tüm ülkücüler vicdanlarının sesine kulak vererek Bahçeli ve ekibini tasfiye etmelidir. ■ Büşra Ateş-Ankara

Dışardan bey aramaya gerek yok: Otağa dışardan bey aramaya gerek yoktur. Partinin adı ne olursa olsun bütün ülkücüler Başbuğumuzun oğlu sayın Tuğrul Türkeş'in genel başkanlığında toplanmalıdır. Tuğrul Bey'e şans verilmelidir. Dengeli, azimli, bilgili bir yönetimle ülkücüler yeniden yeni ufuklara doğru yürüyebilirler. ■ Müfit Kır-Aydın

Gül'ün enerjisi iyi olur: Sayın Bahçeli bu suskun ve küskün tavrını devam ettirdiği sürece yetersiz lider görüntüsü de devam edecektir. Bizlere lider olacak kişiye bu vasıflar yakışmaz. Bence Mehmet Gül aday olmalı. Onun enerjik görüntüsü biz ülkücüleri de harekete geçirecektir. Bizlerin bekleme dönemimizi fırsat bilip duvarları afişlerle donatanlar da biraz düşünsünler. Bizler toplanıp geri döndüğümüzde ne olacak? ■ Özlem Özen-İstanbul

Acemilik kurbanı oldular: MHP 1999 seçimlerinden hemen sonra "DYP ve FP dinlensin" diyerek hem cumhurbaşkanlığını hem de başbakanlığı tepmiş oldu. Acemiliğin kurbanı oldular. Sadi Somuncuoğlu'nun tartaklanması, Telekom olayında Enis Öksüz'ün dışlanması, depremden sonra yaşananlar, Ali Güngör'ün ihracı gibi tutumlar MHP'yi bu hale getirdi. Erimeye de devam edecektir. ■ Recep Güler-İstanbul

Konacağımız dalı iyi bilelim: Daha hangi dala konacağımızı bilmiyoruz. Bu hareket varoldukça, sayısız Türk milliyetçisi içinden liderini seçer. Kol kırılır yen içinde kalır. Yeter ki konacağımız dalı lütfen iyi bilelim. Çünkü gemi batarsa hepimiz birden batarız. ■ Aytekin Ulukan-Konya

Menfaatçi Hükümet Partisi: Dürüst ve milliyetçi ülkücülere sahip çıkmayan, MHP'ye Menfaatçi Hükümet Partisi dedirtecek duruma getirenler utanmadan yönetime talip oluyorlar. MHP'yi, başta Devlet Bahçeli olmak üzere Osman Durmuş, Koray Aydın ve benzerleri yok etti. Hakkımızı helal etmiyoruz. ■ Z. Ayaz

Mafyacılık oynamamalı: Türkiye'ye sekiz yıl önce göçen Kosova doğumlu bir Türküm. Bu ülkeyi seven her kişi, yalnızca Türkiye Türklüğünü değil dünyadaki Türklüğü de savunmalıdır. Türkiye sevdalıları da mafyacılık oynamamalı. Büyük düşünülmezse bir gün Balkan topraklarında, Kuzey Irak'ta vb. hiç Türk kalmayabilir. Ümit Özdağ MHP için iyi ve etkin bir başkan olabilir. ■ Alpay İğci

Dürüstlüğüne tecrübeler ekledi: Sayın Bahçeli'nin tek açmazı, belli bir noktadan sonra partisini ortaklıktan çekememesidir. Bu bizim gerçeğimizdir. Asıl gerçeğimiz de Devlet Bey'in o zaman ve şimdi bu partinin "lideri" oluşudur ve hatta seçimlere girip tekrar olabileceğidir. Aday olursa iyi de olacaktır. Çünkü artık dürüstlüğüne tecrübeler de eklenmiştir. ∎ İdikut Berke Erol-Çanakkale

Kadife eldiven içinde demir yumruk: Ülkücüler MHP'de, kadife eldiven içinde demir yumruk gibi olmalı. Sayın Bahçeli ve ekibi sekizinci kattan düşmüş gibidirler. Derhal çekilmeliler. MHP ile BBP birleşmeli, Türk-İslam ülküsünden taviz vermeyen lider ve yönetim iş başına gelmelidir. ∎ Hüseyin Gülpınar-Sivas

Ölüler arasında diri olalım: Yaklaşan kongrede sadece genel başkan seçilecektir. Tek liderimiz Başbuğ Türkeş'tir ve bu hiçbir zaman göz ardı edilmemelidir. Ülkücüler, gafillerin ardında Allah'ı anan, kaçanların ardında vuruşan, ölüler arasında diri olandır. 3 Kasım ihtarından sonra silkelenip kendimize gelmemiz şart oldu. ∎ Ömer Taş-Samsun

Kırgınız, hem de çok: Başbuğum ölünce onun yolunda gideceklerini sanmıştık, yanılmışız. Unutmasınlar ki bizler onların sayesinde ülkücü olmuş değiliz. Şimdi kırgınız, hem de çok. Kırgınlığımız MHP veya ülkücülüğe değil, kutsal saydığımız değerleri yerlere düşürenlere. İnşallah o adam gibi adamların (Ozan Arif) sayesinde bozkurt tekrar yol gösterecek. ∎ Işık Kardelen-Tefenni

Milliyetçilik ruhunu köreltmeyin: Sözünün eri olan ülkücüleri mafya deyip MHP'nin önüne koyan, küstüren; 33 koca yılda kazanılan iktidarı üç yılda eriten zihniyet: Birazcık saygınız varsa bırakın bu davayı gönlünce yaşayanlar yönetsin. Milliyetçilik ruhunu daha fazla köreltmeyin. Bize emir alan değil emir veren yöneticiler lazım. 9 Işık'ın maddelerini değiştirmeyi düşünen değil uygulayan genel başkan istiyoruz. ∎ Ertuğrul Bilge-Aydın

Özdağ bu işin üstesinden gelir: Sayın Bahçeli tabanın benimsediği politik anlayışı partiye yeni bir çehre kazandırmak amacıyla hiçe saymıştır. Bu "politika ülkücülerin işi değil, onların işi bürokrasidir" yorumlarını doğurmuştur ki bunlar hem haklı, hem acı yorumlardır. Bize, politik anlayışımızın genel kalıplarını aşmadan yeni bir çehre kazandıracak bir genel başkan lazım. Prof. Ümit Özdağ bu işin üstesinden hakkıyla gelir. ■ Murat Kaplan-İstanbul

Artık önümüze bakmalıyız: Şu anki adaylar içinde ülkücü kriterlere uyan tek lider Devlet Bahçeli'dir. İktidardaki hataları geride bırakıp, bunları aramızda tartışarak önümüze bakmalıyız. Şu anda, Başbuğumuzun vefatından sonraki günlerden daha fazla birbirimize sarılmaya ihtiyacımız var. Birbirimize sarılalım ve bize yakışan lideri seçelim. ■ Lütfü Bilgin-Bursa

Apo'yu bile asamadılar: Kendilerine güvenen halka ve onları büyük çileler pahasına oraya taşıyan ülkücülere kuru nutuklar dışında bekleneni veremediler. Bugün hayır, yarın evet dediler. İstikrarlı bir ülkücü duruş sergileyemediler. Şehit edebiyatıyla gelip Apo'yu asamadılar, Doğu Türkistan davası ve Çeçenistan konusunda suspus oldular, türban dediler türbanı unuttular. Sonunda hem Allah'tan, hem kuldan tokadı yediler. ■ Erhan Uğurlu-Erzurum

Yeni ocaklar açılmalı: MHP'nin hatası, olduğu gibi görünememek, insanlara daha farklı gözükmeye çalışmaktır. Biz gençler, MHP'nin genç kadrolara daha fazla eğilmesini, Ülkü Ocakları'na Başbuğ'un gösterdiği ilgiyi göstermesini istiyoruz. Ocaklar kapatılmamalı, aksine yenileri açılmalı. ■ Osman-Samsun

Türke Türkten de dost kalmamış: Daha BBP adı geçmezken, Ankara Demetevler Ocağı'nda bizimle zeytin-ekmek yiyen, "Bu dava şahıs davası değil, şahıslara küsüp ocak terk edilmez" diyen Muhsin Yazıcıoğlu'na sormak lazım nereye gittiğini. Rahmetli Başbuğumuzun da olduğu kongrede "Başbuğ Muhsin" diye bağıranlara sormak lazım nerede olduğumuzu. Bizi gerçek ve yalan ülkücüler diye bölenler alınlarından bu vebali hiç silemeyecekler. Türke Türkten de dost kalmamış. ■ Ersel Irmak-Ankara

BBP'deyim ama gönlüm MHP'de: Şu an BBP'deyim ama gönlüm MHP'nin düzelmesinden yana çünkü bu partinin ismi, çizgisi ve çıkış noktası bizim için çok kutsal. Ülkücülük komünizme, terörizme, kapitalizme bir tepki hareketi değil ki bitsin. Ülkücüler bu ülkenin milli damarlarıdır ve bunu kimse kesemez. Son umut Ramiz Ongun'a başarılar. ■ Güven Adıgüzel-İzmir

Beyaz atlı prense başarılar: Bugün sosyal demokratından ateistine kadar her kesimden Devlet Bahçeli'nin efendiliği ve dürüstlüğü takdir edilmektedir. Aytekin ağabeye ve beyaz atlı prense başarılar dilerim. Kimse bizim işimize karışmasın, MHP her yükün altından kalkar. Kimse heveslenmesin, genel başkan yine Bahçeli olacak. ■ Beytullah Acemoğlu-İzmir

Ecevit'in koltuk değneği: MHP'nin aldığı bakanlıklar ülkücüyü tatmin etmedi. MHP hükümette üvey evlat muamelesi gördü. Bir tek gün bile başörtüsü gündeme getirilmedi. "Apo'yu biz asarız" dedik, bu konudan da bahsedilmedi. Seçilen vekillerin yüzde 80'i bürokrat olduğu için ülkücülerin dertlerini bilemediler. Derviş'le tartışan herkes görevden alındı. Kriz nedeniyle dükkanlar kapandı, kitleler işsizliğe mahkûm oldu. Yılların ülkücüsü Sadi Somuncuoğlu çocuğu yaşında bir vekil tarafından tartaklandı ve Somuncuoğlu bakanlıktan azledildi. Sadece Rahşan Hanım istedi diye af çıkarıldı. Özetle MHP 3.5 yılda Ecevit'in koltuk değneği olmuştur. ■ Mehmet Elitok-Seydişehir

Hiyerarşik yapımız bozuldu: Bu hale gelmemizin sebebi hiyerarşik yapımızın bozulması; belediye başkanları ve milletvekillerinin parti kongrelerine müdahaleleri, yaptıkları işlerde teşkilatı ve Ülkü Ocakları'nı hiçe saymaları ve de Genel Merkez'in bütün bunlara seyirci kalmasıdır. Türkiye'de büyük ama sessiz bir çoğunluk, Devlet Bey'in sözünde duracağına inanıyor ve yerine, adı çok fazla geçmeyen Namık Kemal Zeybek'i genel başkan görmek istiyor. ■ Haluk Uzun-Bilecik

İkinci Ali Güngör çıkmadı: Dünyada milliyetçilik hızla yayılırken Türkiye'de bu kötü durumda olmasının tek suçlusu Devlet Bahçeli başta MHP yönetimidir. Hükümet ortağıyken kabadayılığa soyunan Cemal Enginyurt ve onun gibiler, listeler hazırlanırken yanlışa doğru demiş, buna karşı çıkanlara kabadayılık yapmaya kalkmışlardır. İçlerinden bir ikinci Ali Güngör çıkmamıştır. Onlar Güngör'ü atmış, millet de onları cezalandırmıştır. ■ Mustafa Kılıçarslan-Çorum

Ülkücüleri bırakıp kaçanlar: Koray Aydın, Ramiz Ongun gibi kişiler insanları kandırıp isimlerini duyuruyorlar. Aydın MHP'yi yolsuzluklarla özdeşleştiren kişi olarak kirlilik elbisesiyle, soruşturma netleşmeden aday olamaz. Ramiz Ongun da 12 Eylül günü ülkücüleri yüzüstü bırakıp yurtdışına kaçmış, 1997'ye kadar harekete küfür edip zarar vermiş biridir. Türkiye'ye döndükten sonra da önce ANAP, sonra DYP ile sıcak ilişki içinde olmuştur. Ayrıca MHP üyesi olmadığı için aday olması da mümkün değildir. ■ Muhterem Türkyılmaz-Ankara

Bu zatların hiç mi suçu yok?: Bugün gazel okuyanlar, MHP'ye ilmi siyaset öğreten, çok konuşup da yapılmayan devlet adamlığını vizyona taşıyan bir insana biraz insafsızlık yapmıyorlar mı? Bu zatların hiç mi suçu yok? Genel merkez yöneticilerinin, teşkilat başkanlarının, seçilmişlerin hiç mi suçu yok? İğneyi kendimize çuvaldızı başkalarına batıralım. ■ Cemil Ertuğrul-Muğla

Atatürk'ün izinden Türk Birliği: Atatürk'ün Avrasya Devleti fikrinden bu ülkede kaç kişinin haberi vardır? Saysanız belki beş yüzü bulmaz. Ülkücüler Atatürk'ün izinden Türk Dünyası Birliği hedefine yönelmelidir. Yol budur ve bu yol dünyaya örnek olacaktır, barışa hizmet edecektir. Tarih bu yükü ülkücülerin omzuna yükleyecektir. ■ Alparslan Akıncı-Ankara

Siyasi cehalet içindeki taban: Sayın Bahçeli, Ecevit ve Yılmaz'ın rüzgârında kaldı. Her partinin bünyesinde bulunan uç kesimler kontrol altına alınacak yerde dışlandı. Ülkücü kesimin his ve beklentilerine cevap verilemedi. Sayın Bahçeli, siyasi cehalet içindeki tabana yaptıklarını, yapacaklarını ve yapmak isteyip de önüne çıkanları anlatamadı. ■ Vecdi Fidancı-İzmir

Neleri başarabildiğimizi gördüler: Burjuva basın ve aydınlar bizi yıllarca dışladıkları taşranın hareketi olarak gördüler. 18 Nisan'daysa neleri başarabildiğimizi gördüler. Devlet Bey "Her ülkücüden dokuz oy istiyorum" dedi ikinci parti olduk. Şayet Apo anlaşmalı şekilde yakalanmasaydı 1999'da yüzde 30 ile geliyorduk. Ülkücüler inanırsa ilk seçimde tek başımıza iktidarız. Birileri olmaz diyebilir ama bu hareketin misyonu budur. ■ Aydın Rüzgâr-Samsun

Emekli asker ağırlığı lazım: MHP, BBP ve ATP liderleri ve yöneticileri süratle partililer tarafından tasfiye edilmeli. Her üç parti, kuvvetli bir lider etrafında, devlet tecrübesi olan emekli bürokrat ve askerlerin ağırlıklı olduğu, toplumun her kesiminin dertlerine cevap verebilecek kuvvetli bir genel merkezle tek bir partide birleşmelidir. ■ Nurettin Ruacan-İstanbul

Devlet himayesinde siyaset olmaz: Siyaseti devlet himayesinde yapma geleneğimiz yönünde yapılan tercih, geçmiş dönemdeki karar ve uygulamaları dahi aratacak bir durumu beraberinde getirmiş, toplumun eğilim ve taleplerini temsil etmesi gereken liderlik kurumu, toplumdaki gelişim ve değişmelere uygun olmayan anti-demokratik yol ve yöntemlerle kalıcı olmayı yeğlemiştir. Toplum yozlaşmış siyaset kurumlarından hızla uzaklaşırken, o menfur geleneğin en güçlü temsilciliğine ne yazık ki MHP liderlik kadrosu soyunmuştur. ■ Mustafa Yenişeker-İstanbul

Niye zamanında sahip çıkmadın?: Koray Aydın ülkücülerin dışlandığını, kendileri gelirse hepsine kucak açıp toparlayacağını söylemiş. Sayın Aydın 57. Hükümet döneminde bakandı. Daha önce ve sonra MHP'de üst düzey görevlerde bulunduğu zaman neden sahip çıkmamış peki? Şimdi bütün suçu genel başkana yüklüyorlar. Bu tartışmaları gazete sayfalarında yapmamız hiç şık değil, ama maalesef sesimizi başka türlü genel merkeze duyurma imkânımız yok. ■ Şaban Berge-Bozova

Sessizliğin doğurduğu hayal kırıklığı: İktidar dönemindeki hatalar karşısında Ülkü Ocakları başta olmak üzere camianın sessizliği, ülkücüleri hayal kırıklığına uğrattı. Yolsuzluk ve yanlışların sanki şimdi duyulmuş gibi kongre arifesinde dile getirilmesi büyük bir talihsizliktir. Bu gibi konuların il ve ilçe çapındaki toplantılarda konuşulması gerekirdi. Buna imkân vermeyenleri kınıyorum. Kırmadan, dökmeden yapılan eleştirileri dikkate almayan kurumların uzun süre beslenme kaynakları olan halktan destek almaları mümkün değildir. ■ Sabri Hacısüleymanoğlu-Safranbolu

Ülkücü geçinenler: Bence ülkücü hareketin en büyük sorunlarından birisi, ülkücü görünüp ülkücülüğü ayaklar altına almaya çalışan, yıkmak isteyen bazı kendilerini bilmezlerdir. Ama bizi yıkmaya güçleri yetmeyecektir. ■ Yunus Dana-Gaziantep

Bu durumu hak etmiyoruz: Dünyanın belki en çilekeş hareketi, bugünkü gibi anketlerde "diğerleri" kategorisinde mi olsun, gerçek iktidarın gerçek temsilcisi mi olsun? Hiçbir şey yapılamıyorsa, bu yazı dizisinin başlığına bakılmalı. Biz bu durumu hak etmiyoruz. Milyonlarca insanı yok saymaya, daha doğrusu saydırmaya kimsenin hakkı yok. Sayın Bahçeli görevini yaptı, seçim gecesi de kendisine yakışan tavrı gösterdi. İhtimal vermiyorum ama aday olursa "dün dündür, bugün bugün" mü diyecek? ■ Faruk Yücer-Bursa

Halk çöple samanı ayıramıyor: MHP'nin baraj altında kalma sebebi Türk halkının çöp ile samanı ayırt edemeyip seçme özürlü olmasıdır. MHP koalisyon içinde ülke menfaatleri gereği uyumlu parti oldu. Apo'nun asılması, başörtüsü gibi konularda, ülkenin bulunduğu zor durum göz önüne alınarak geri adımlar atıldı. MHP eğer zıtlaşsaydı bütün krizler onun başında patlayacaktı, bütün sıkıntıların suçlusu olacaktı. ■ Hakan Gündemir

Gölge etmeyin: Namık Kemal Zeybek, Koray Aydın, Ramiz Ongun, Ümit Özdağ. Hareketin başında bulunan sayın Bahçeli'nin dürüstlüğünü, iyi ahlakını ve devlet terbiyesini tüm ülkücülere anlatacakları ve bununla gurur duyacakları yerde, yalan yanlış bilgilerle ülküdaşlarımızın kafalarını karıştırmaya kimsenin hakkı yoktur. Gönüllerini yeterince karıştırdınız zaten. Gölge etmeyin başka ihsan istemiyoruz. ■ Mustafa Açıkel

Tütün Yasası'na imza attık: Başbuğumuz "Ülkücü iktidara hak ederek gelmeli," derdi. Halkımız yılların emeğinin karşılığını 99 seçimlerinde bize verdi. Ama bu şansı değerlendiremediğimiz gibi savunduğumuz fikirlerin de tam tersini yaptık. Tütün Yasası'na imza atılması, bazı bakanların usulsüzlüğe karışması ve en önemlisi Apo olayında takındığımız pasif tutum MHP'nin Meclis dışı kalmasına ve genel başkanın tartışılmasına neden oldu. Halk bizi nasıl cezalandırdıysa tekrar göreve getirmeyi de bilecektir. ■ Hakan Ektaş

Unutulduğumuz için üzgünüz: Şu an sadece unutulmanın verdiği bir üzüntü ve burukluk var. Şimdiki sessizliğin tek nedeni budur. Ancak kongreyle birlikte değişim olacağına ve ülkücülerin Başbuğ'un izinden yürümeye devam edeceklerine inanıyorum. ■ Ahmet Hamdi Özdemir-Söke

Yeni Ulubatlılar çıkar: Bu davanın bayrağı hiçbir zaman elden düşmez. Her zaman bir Ulubatlı Hasan çıkar. Bence zamanımızın Ulubatlısı Muhsin Yazıcıoğlu ve Namık Kemal Zeybek'tir. Onlar Türkün bağışıklık sistemlerinin tekrar çalıştırılması için görev almalılar. Aksi halde mahşerde bunun vebalini ödeyemezler. Zaten bizde görev alınmaz, verilir. Kamuoyu bu görevi açıkça onlara veriyor. ■ İlyas Tataroğlu

Allah Bahçeli'yi korusun: Biz Türk milleti olarak yalana, dolana, seçimlerde verilen sözlere kanan bir milletiz. Doğruyu söyleyen bu ülkede hiçbir zaman bir yerlere varamamıştır. Bizim bu ülkeye getirmek istediğimiz değerler bazı dış güçler tarafından istenmemektedir. Meclis dışında kalmamız ülke için çok büyük kayıp olmuştur ve de olacaktır. İnsan elindekinin kıymetini kaybedince anlar. Allah tüm ülkücüleri ve başta Devlet Bahçeli'yi korusun. ■ Ali Yıldız

Bahçeli manuk yaptı: Devlet Bahçeli'nin Çin gezisinden sonra, sanki eski Türklere yaptıkları gibi –manuk mu neydi- bir şeyler yaptığından şüphe ediyorum. Seçim döneminde kendini ana dilde eğitim gibi dar bir alana hapseden MHP sanki HADEP'in antitezi gibi görüldü. Ayrıca Mehmet Gül ve benzerlerinin alt sıralara atılması hazmedilecek bir durum değildir. ■ Sebahattin K.

Silbaştan bir lider: Mesele lider değil ama Devlet Bey 3 Kasım'da söylediğini unutmamalı, ülkücü özünde ve sözünde birdir. İktidar olmak istiyorsak silbaştan bir lidere ve ekibe ihtiyacımız var. Bahçeli'ye bağlıyız, sever sayarız ama kamuoyuna izahta zorlanacağımız için aday olmaması gerekir. Bu dava fedakârlık gerektirebilir. ■ Nazif Karagöz-Karaman

Gençlik elden gidiyor: 1986 yıllarında ben gençken, bizde büyüğüne saygı küçüğüne sevgi ve hoşgörü vardı. Şimdiki gençlikte hiç mi hiç saygı, sevgi yok. Aksine alkol, sigara başta her şey almış başını gitmiş. Bu ülkücü gençliği kim yetiştirecek, kim bunlara sahip çıkacak? Ülkücülük devam edecek mi? ■ Ali Atçıoğlu-Adana

Kapasitesi yeteriz: Devlet Bey'in sağlam kişilikli, dürüst ve çalışkan olduğunu biliyoruz. Peki nasıl oldu da ülkücülerin isteklerini tam olarak yerine getiremedi? Bunun sebebi liderlik özelliği, kapasitesi olmamasıdır. Elbette bu onun hatası değil. Yine de o bizim liderimiz, kendisine saygılı olmak zorundayız. ■ Muttalip Kılıç-Ankara

Ongun 1997'e kadar neredeydi?: Ramiz Ongun 1980'den 1997'ye kadar nerelerdeydi? Yurtdışında olduğu dönemlerde Avrupa Türk Federasyonu niye karıştı? Bu sürede hangi partilere oy attı? 1999 seçimlerinde MHP Adana'dan dördüncü sıraya konulunca protesto ederek adaylıktan çekilmedi mi? 3 Kasım seçimlerinde de DYP'den aday olmak için anlaştığı, ATP ile anlaşan DYP'nin bunun üzerine kendisini aday göstermediği doğru değil mi? Ülkücüler çizgide kırıklığı, gitgelleri asla unutmaz ve affetmez. ■ Kani Durmaz

Bu son şansımız: Ben bu dönemi MHP için son şans olarak görüyorum. Atılım yapılmaz, halka iktidar alternatifi olduğu mesajı verilmezse ülkücü siyaset biter. MHP lider partisidir. Bu noktada genel başkanın kim olduğu ve kişiliği son derece önemlidir. Bunun için en uygun kişi Muhsin Yazıcıoğlu'dur. Liderlik vasfıyla Türkeş'in karizmasına rest çekebilen tek kişidir. Unutmamalı ki liderlik isyanla başlar. ■ Hasan Öymez

Fırtına öncesi sessizlik: MHP yolsuzlukların üzerine cesurca ve kararlılıkla gitmiştir. Bazı yolsuzlukların içinde medya patronları ve onların bankaları, şirketleri de vardı. Herhalde MHP'ye övgü yağdırmayacaklardı. Şu anda MHP'de fırtına öncesi sessizlik yaşanıyor. Sanılmasın ki MHP devlet ve millet menfaatlerini gözetmiyor, peşkeş çekilmelerine göz yumuyor. Her şeyin bir zamanı vardır. ■ Murat Keskinkaya, Eyüp Yılmaz-Yenimahalle

Dimdik ayaktayız: Devlet Bahçeli'ye güveniyor, ne pahasına olursa olsun yeniden aday görmek istiyorum. Dün MHP'nin adını yolsuzluklara bulaştıranlar bugün aday olarak karşımıza çıkıyor. Ne yüzle? Biz dimdik ayaktayız. Bahçeli liderliğinde MHP Türkiye'nin sigortası olmaya devam edecektir. ■ Yaşar Kemal Ay

Önemli olan şimdiki yerleri: Bugün için MHP ile ilgili hiç konuşma hakkı olmayanların başında Muhsin Yazıcıoğlu, Tuğrul Türkeş, Azmi Karamahmutoğlu gibi kişiler gelmektedir. Başka partilerden medet uman, gittiği partilerde aday gösterilmeyip kılıç artığı durumuna düştükten sonra 'Ben eski ülkücüyüm' diyerek tekrar MHP üzerinde hak iddia edenler var. Önemli olan eski ülkücü olmaları değil, şimdi bulundukları yerdir. ■ Bilal Ergün-Balçova

İlkelerden taviz verdik: İktidarda yıllardır savunageldiğimiz bazı ilkelerden taviz verildi. Şimdi bazı çevreler bizi iktidara hazırlıksız, programı olmayan bir camia gibi göstermek istiyor. Gerçek tabii ki bu değil. Şu an yeni bir Kurtuluş Savaşı yaşıyoruz. Şimdi şartlar daha kolay olabilir, ama sorun Atatürk gibi büyük bir liderin bulunmaması. ■ İlhami Karaoğlu-Mihalıççık

Özdağ'ın adaylığı iyi oldu: Anadolu'da yaşayan ülkücü bir Türk çocuğu olarak bu kadar defolu insanın MHP'de bulunmasını kaygıyla izliyorum. Bir tek haber yüreğime su serpmiştir, o da Prof. Ümit Özdağ'ın adaylığını açıklamasıdır. Ümit Hoca Türk milliyetçisi bir aileden gelmektedir ve tabanın hassasiyetlerini anlayacak kadar ideolojimize sahiptir. Türk insanının kabul edebileceği bir entelektüeldir. ■ İlker Çalışkan-Hatay

Pelikan kuşları nerede?: Bazı varlık vardır, kendi hayatiyetlerini idame ettirmek için yavrularını yerler, kediler böyledir. Fakat bazı varlıklar vardır, yavrusunun hayatını idame ettirmek için pençesiyle kendi kalbini söker ve yavrusuna yedirir, pelikan kuşları böyledir. Pelikan kuşları neredesiniz? Neredesiniz? ■ Mustafa Güdül-Samsun

Vefa ve eğitim eksik: MHP iktidarında maalesef iki şeye istenildiği gibi önem verilememiştir: vefa ve eğitim. Bu konuyla alakalı çok dertlenmişizdir. Fakat her ne hikmetse sesimizi, haykırışlarımızı bir türlü Genel Başkanımıza ulaştıramamışızdır. Daha doğrusu, onun etrafında hasbelkader yer edinmiş olan bazı arkadaşlarımız, gözü kapıda eli sopada olanlar, birtakım taktiklerle feryadımızın muhatabına ulaşmasına mani olmuşlardır. Anlayacağınız, bu hareket bugün bu insanların diyet borcunu ödemektedir. ■ Selahattin Tekizoğlu-Yenimahalle

Vekillerin telefonu kapalıydı: Tunca Toskay, Nesrin Ünal, Osman Müdresoğlu, Antalya'ya gelip hangi ülküdaşımıza 'bir sorununuz var mı?' diye sormuşlar? Hangi vekili arasak telefonu kapalı ve şimdi 'Devlet Bey Ecevit'in önünde ceket ilikledi' diyorsunuz. Örf ve adetlerimize göre büyüklerin önünde ceket de iliklenir, el de öpülür. Sayın Bahçeli gerçek bir milliyetçi olarak üzerine düşen görevi yapmıştır. ■ Yasin Ünal-Antalya

Mandacılarla bir olmayın: İletişim çağında medyayı kullanamazsanız, sonucuna katlanırsınız. "Ama medya" diye cümleye başlamak yerine, medya olunmalı. Yazarlarımıza reklam desteği sağlanmalı. Ülkü Ocakları aktif hale getirilmeli, tepkiler masalarda değil meydanlarda her pazar gösterilmeli. Medya tarafından "merkez sağ" olarak nitelendirilen mandacı, kapitalizm aşıklarıyla bir olup hareketi bölenlerden, değil genel başkan adayı delege adayı bile istemiyorum. Eski ülkücü yeni düzen adamları yerine genç alperenlere yol açılmalı. Aksi takdirde oyum ne MHP'ye, ne de emperyalistlerle birlik olmuş ATP ve BBP'ye. İnşallah İP'e oy atmak zorunda kalmam. ■ Selçuk Kasap-İzmir

Bırakın artık dedikoduları: Geçmişte bize bu davayı öğreten abilerimiz, hocalarımız, reislerimiz, sizlere Allah aşkına bırakın artık dedikoduları, sen-ben kavgasını diye bağırıyor ve yalvarıyorum: 12 Ekim öncesi biraraya gelin ve genel başkanımız olacak kişiyi belirleyin. Sizlerden hareket ve heyecan bekliyoruz. ■ Arzu Gürbüz-Balçova

Bahçeli daha sonra aday olabilir: İlkeli ve ülkücü duruş iddiasındaysak istifa denmişse geri dönüş olmaz. Ülkücü duruş budur. Buna rağmen Devlet Bey genel başkanlık görevini iyi yapmıştır. Şimdi de yapması gereken istifasının arkasında durmasıdır. Gerektiğinde bir dönem sonra tekrar gelebilir. ■ Ö. Faruk Başoğlu

Yüzümüz yere geldi: Pısırıklık ve tevazu ile MHP yönetilmez. 1997'deki olaylı kongreyle göreve gelen Bahçeli'nin ilk işi ocakların bir kısmını kapatmak oldu. İdeolojimizden hiç vazgeçmedik ama yüzümüzü yere getirecek birden fazla olay yaşandı. Bir ülkücüye ve devlet adamına yakışır şekilde Bahçeli sözünü tutmalıdır. İnandığım tek şey var, o da MHP'nin Mehmet Gül'ün liderliğinde tekrar şahlanacağıdır. ■ Mert Kar-Kadıköy

Gençliğin ideali yok: Milliyetçilik, dış dünyaya, gelişmelere açık, girişimci, bilim ve teknolojiye yatkın, inançlı, ahlaklı bir gençliği öngörür. Şimdiki gençlik ideallerini yitirmiş durumda. Aralarında görüş birliği yok, gençler neyi niçin savunduklarını bilmiyorlar. Gençliğe önem verilmesi ve önünün açılması vakti gelmiştir. ■ Aytaç Sürmeneli-İstanbul

Paraları çatır çatır yediler: Koray Aydın gibileri değil aday olmak, partimizde görmek bile istemiyoruz. Çoğu ocaklar parasızlıktan iş yapamaz durumdayken bazı kişiler iktidar döneminde ülkücülerin sırtından kazandıkları paraları çatır çatır yediler. Haram olsun. Bu hareket asla o kişilere kalmaz. Ülkücüler Ergenekon'dan çıkışa hazırlanıyorlar. ■ Murat Bayram-Trabzon

Sürekli bir entelektüel çaba: Ülkücüler, Türk tarihindeki 'kengeş' (meclis) ve 'öğleş' (istişare) kavramlarını yeniden uygulamaya geçirmeli; globalizmin enformasyon bombardımanı karşısında çağın gereklerini ve yeniliklerini de dikkate alarak kendi kültür kaynaklarıyla barışmalı; ülke kaynakları ve ülke insanının potansiyel gücünü bilfiil harekete geçirme vizyonunu üstlenmeli; süreklilik arz eden bir entelektüel çabayla gönül ve akıl birlikteliğini sağlamalıdırlar. ■ Ahmet Tunga Özdemir

Çatışmadan beslenmeyelim: MHP'nin modern dünyayı ve bu dünyanın şekillenmesine zemin hazırlayan siyasi ve ekonomik değişimleri değerlendirme konusunda başarısız olduğu görülmektedir. MHP, değişen dünyada etkili olan dinamikleri değerlendirme konusunda tarih, ekonomi ve ideoloji anlamında anakronik bir duruma düşmüştür. Çatışmadan beslenen siyasi kimliğiyle içine düştüğü krizi atlatması imkânsız gözükmektedir. ■ Yusuf Yavuzyılmaz

Bahçeli dinlensin: Devlet Bahçeli ve ekibinin yeni dönemde, kendi ifadeleriyle 'dinlenmeleri' gerektiği fikrindeyim. Kaldı ki ülkücülerin liderinin sözünden döneceğini sanmıyorum. Bu hareketi toparlayacak ve ayağa kaldıracak, ülkücülere liderlik yapacak vasıflara sahip birisinin MHP Genel Başkanı olması şarttır. Bu tanıma en uygun isim Ramiz Ongun'dur. ■ Seyfi Atmalıoğlu-Adana

Yüzümüzü doğuya dönelim: BBP ve ATP, MHP'nin çatısı altında birleşsinler. Bu üç parti içinden değerli adaylar çıkacak ve birisi seçilecektir. Bu yapılamazsa Devlet Bahçeli'nin, kurmay kadrosunu değiştirerek, Namık Kemal Zeybek, Sadi Somuncuoğlu, Enis Öksüz gibi isimlerle tekrar seçilmesini temenni ederim. Artık yüzümüzü doğuya dönmeliyiz. Rusya, Çin ve İran, Türkiye'nin yanlarında olmasını beklemektedir. ■ Kenan Avcı-İstanbul

MHP'nin başına diktatör lazım: Tek istediğim Devlet Bey'in aday olmaması. Böylece ayrılan bütün ülkücü kardeşlerim ve abilerimin geri geleceğine eminim. En azından ben ve arkadaşlarım böyle düşünüyoruz. Çünkü MHP hiç bu kadar küçük düşürülmemiştir. Amacım Devlet Bey'i kötülemek değil. Bizleri terk etmesini de istemem, ama MHP'nin başına diktatör biri gelmeli. ■ Hüseyin Yazıcı-Ankara

Lider olunmaz lider doğulur: Devlet Bey yeniden aday olurken ülkücülere dört sene sonra iktidar mı vaat ediyor? Bunu umanlar, bu hareketin dinamiklerini bilmeyenlerdir. Bu hareket her dönem içinden liderler çıkarmıştır. Lider olunmaz lider doğulur. Bahçeli'nin de lider olmak için gayret göstermesine gerek yoktur. Bu hareket zamanı geldiğinde hak edene hak ettiği değeri vermişti. ■ Murat Taşlıyurt

AKP'ye rehberlik etmeliyiz: MHP'nin en büyük eksikliği basını ve reklamı doğru ve etkin bir şekilde kullanamaması, neyi neden yaptığını veya yapamadığını halkımıza anlatamamasıdır. Özellikle güncel olaylarda sesini yeterince çıkaramamıştır. Bundan sonra daha gür bir sesle kendimiz anlatmalı, Tayyip Bey'e ve AKP'ye yanlışlarda ve önemli olaylarda rehberlik etmeli, deneyimlerimizi, fikirlerimizi onlarla paylaşmalıyız. ■ Hakan Çetin

Önce kirlerimizi temizleyelim: Kirli süpürgeyle temizlik yapmaya çalışıyoruz. İlk önce süpürgeyi, yani kendi içimizdeki kirleri temizlemeliyiz. Taviz vermeden, ayrım yapmadan, davada yanlış yolda olanlardan kurtulmalıyız. ■ Sezgin Komşu-İzmir

Aydın yüzde 1 bile alamaz: MHP elitleri tabanı hep bir oy deposu, bir işaretle yönetimin gösterdiği adayları milletvekili yapan, sadece seçim öncesi hatırlanan bir cüzamlılar ordusu olarak gördü. İktidara geldiklerinde MHP yakınlarını iş sahibi yapan bir şirket görünümüne büründü. Artık Turancılık yoktu. Uygur Türklerinin katili Çin Devlet Başkanı Zemin'e devlet nişanı verilmesini tereddütsüz imzaladılar. Koray Aydın'a gelince, MHP'yi ancak Trabzonlulardan oluşan bir parti yapar ve yüzde biri bile zor alır. ■ Yücel Tanay-Rize

Rota Türk dünyası: Yeni genel başkan, tüm komplekslerini ayaklar altına alarak, doktriner Türk milliyetçiliğini lider yaparak bozgunu zafere dönüştürebilir. MHP, AB konusunda en sert muhalefeti koyarak rotasını hızla Türk dünyasına çevirmelidir. Türk milletinin şerefli geleceği, Türk dünyasında, Türk Birliği'nde ve Türk Ortak Pazarı'ndadır. ■ Hüseyin Karsavuran-Kastamonu

Ocaklı-Alaylı ayrımı olmasın: Bazı yöneticiler oturdukları koltuğu dolduramadı. Partiye hizmet aşkıyla tutuşan kişileri 'Ocaklı-Alaylı' ayrımı yaparak küskünlük ve kırgınlıkların doğmasına sebep oldular. Bunun doğal sonucu olarak 3 Kasım'da kaybettik. Küskünlükler unutulmalı, ayrım yapmadan herkese kucak açılmalıdır. ■ H. Rahmi Şenöz

Hamaset ve demagojiye son: Türkiye'nin ve Türk milliyetçiliğinin en önemli sorunu, küreselleşen dünyadaki yerimizin ne olduğu ve ne olması gerektiğinin tanımlanmasıyla vizyonumuz, misyonumuz ve ideolojimizin renklerinin belirlenmesidir. Klasik, hamasi ve demagojik tanımlardan kurtulmalı ve Türk kültürünün 21. yüzyılın küresel dünyasındaki payını artırmalıyız. ■ Ahmet Yılmaz-Tarsus

İyi insan değil iyi lider: Bahçeli ve ekibi, MHP'yi şahlandıracak, ülkenin önünü açacak politika ve programlar geliştiremedi. Bunun yerine, ülkücü tabanın saf ve temiz duygularının ifadesi olarak gördüğü bıyığı, bozkurt selamı ve beyaz çorap giymesiyle uğraştılar. Bahçeli'nin dürüst ve iyi insan olduğu noktasında bir itirazım yok. Fakat siyaset sanatı iyi insanlarla değil, büyük liderlerle sürdürülür ve başarıya bu yolla ulaşılır. ■ Şafak Dinçel-İstanbul

Tabanla telepati olmadı: Adayların içinde lider var mıdır, yok mudur, görevi aldıklarından sonra anlayacağız. Bir tanesi kendisinden lider olmayacağını gösterdi. Dolayısıyla diğerlerini denemekte fayda var. Adaylardan beklentim Başbuğ gibi tabanıyla irtibatı koparmamalarıdır. Devlet Bey'in en büyük eksiği tabanla telepati sağlayamamasıydı. Bu yüzden tabanın isteklerine cevap veremedi. ■ Şamil Yıldırım

Genel affa çanak tuttuk: Bana göre MHP'nin iktidar partisiyken dibe vurmasındaki en önemli etkenlerden biri, parti yönetiminin, halkın gözyaşlarıyla çırpınarak engel olmaya çalıştığı genel affa koltuk değnekliği yapması ve çanak tutmasıdır. Mazlumların ahı MHP'nin ve bu affı ölümüne çırpınarak çıkartan diğer siyasilerin mahşere kadar yakasında olacaktır. ■ Melih Özmen-Ankara

İlk kez kararsız kaldım: Hayatımda ilk kez 3 Kasım öncesi kararsız kaldım. Türkleri idam eden Zemin'e verdiği madalyayı unutamıyorum. Bahçeli ve ekibi orada olduğu müddetçe o parti barajı aşamaz. Çok sayıda olduğu için sebepleri yazmıyorum. ■ Yavuz Atlı-Kayseri

Kötülükler içimizden geldi: MHP'ye dışardan ve içerden komplo kurulduğu söyleniyor. Peki ya kendi içimizden vurulan darbeler? 1997'deki kavgalı kongre, yeni parti kurmalar, planlı ve stratejik ittifaklar... MHP'ye yapılabilecek en kötü şeyler kendi içinden gelmiştir. ■ Oktay Altun-İzmir

Onurumuz kırıldı: 1999 seçimleri için gecelerini gündüzlerine katan ve MHP'yi iktidar yapmayı başaran yöneticilerin, sonraki seçimlerde seçilme hakkı vermeyerek kırdığınız onurlarını hiç mi düşünmediniz? Davasına zarar verebilecek hiçbir işi kabullenmeyen, hak ettiklerini siyasi beceriksizlikler yüzünden alamayan Türk milliyetçilerini hiç mi düşünmediniz? ■ Adem Kızılcık-Gönen

Ülkücü mü, türkücü mü?: Ülkenin yüzde 70'i ülkücülere, kara düzen çalışmaları ve kaba davranışları nedeniyle mafya ve mafya bağlantılı kişiler olarak bakıyor. Hatta 'ülkücü mü, türkücü mü?' diyorlardı. Yani kendimiz anlatamadık. Bahçeli tekrar aday olarak bu çatının yıkılmasına izin vermesin. Şahsen ben iki yabancı dil öğreneceğime söz veriyorum. ■ Ayhan Bostancı-Bahçelievler

Titre ve yuvana dön: Sen ülküdaşım. Sen hürriyetine âşık, gururlu, mağrur, başı dik bozkurtum. Uğruna kan döktüğün, şehit verdiğin, işkenceler gördüğün, demir kapılar ardında ömür çürütüp prangalar eskittiğin Başbuğundan emanet. Allah aşkına titre, kendine ve yuvana dön. Dön ki Başbuğumuzun ve şehitlerimizin kemikleri sızlamasın. Dön ki, 100 milyonluk milliyetçi Türkiye idealimiz gerçekleşsin. ■ Zafer Özanek-Şirinevler

Üyelikler niye silinir?: Dünyanın neresinde görülmüş, bir partinin tüm üyelerinin silinip iki sefer üye kaydı yapıldığı? Üstelik yeni üyelerin yüzde 40'ı davamızla yakından uzaktan ilgisi olmayan kişiler. Gerçek ülkücüler dışlanmış; dava için kardeşlerini şehit verenler hiç yerine konmuş. Bunların, bizleri boynu bükük bırakmaya hakları yok. ■ Kenan Balçık-Alanya

İmam hatiplilere yazık: İmam hatip mezunlarının polis kolejlerine girmesine MHP ret oyu verdi. Bu çocuklar başka memleketin çocukları mı? Bir nesli bu kadar horlamayın. Üniversiteye girişte de çeşitli engellerle karşılaşıyorlar. Bir camiye bile imam tayin edemeyen, oy aldığı kesimlerin taleplerine kulak tıkayan bir partinin sonu budur. ■ Mustafa Yaman-Bolu

Pırıl pırıl bir kadro: Faturayı sadece sayın Bahçeli'ye kesmek adil değildir. O dönemde önemli görevlerde bulunmuş ama hiçbir varlık gösterememiş, aksine MHP'nin puan kaybetmesinde dahili bulunan bütün kişiler kenara çekilmeli, pırıl pırıl bir kadro işbaşına gelmeli. İnsanımızı Araplaştırmak isteyenlerle Amerikancılar ve AB'ciler paslaşarak çalışmakta, son Türk kalesi Türkiye Cumhuriyeti parçalanmak istenmektedir. ■ Mehmet Sevim-Ankara

Bahçeli'ye teşekkür: Sayın Bahçeli genel başkan seçilmeden önce herkes MHP'yi, gerçekle hiçbir ilişkisi olmadığı halde çek-senet mafyası, kaba kuvvete dayalı, tahsilsiz insanların biraraya geldiği ve ırkçılığın egemen olduğu bir parti olarak görürdü. Fakat o, MHP'yi bu iftiralardan temizlemek için büyük bir inanç, sabır ve özveriyle savaştı. Bir bayan olarak, gururla MHP'liyim diyebilmemi sağlayan başkanımıza teşekkür ediyorum. ■ Özlem Değirmenci-İstanbul

İşleri yapılmayanlar gitti: Tabanın hiç mi suçu yok? Bizde 'ülkücülük bana ne kazandırır?' yerine 'ben ülkücülüğe ne kazandırırım?' vardır. İşlerimiz yapılmadı diye hemen partiyi cezalandırdık. Başka partilere oy verenler acaba şimdi çok mu mutlular? Gittikleri yerde milliyetçilik adına ne bulabildiler acaba? Burada MHP değil Türkiye cezalandırılmıştır. ■ Hayri Varol-Çerkezköy

Hareketi Bahçeli bile engelleyemez: MHP'nin yükselen bir değer olduğunu fark eden hazımsızlar, hilalin arşa yükselişini önlemek için Devlet Bahçeli'yi bir 'çaşıt' olarak partiye yerleştirmeyi ve hatta genel başkanlığa seçtirip hükümete de ortak etmek suretiyle Türk-İslam ülküsünün çağın değeri olmasını engellemeyi başarmışlardır. Ülkücü hareketi Devlet Bey bile engelleyemez. ■ Hilal ve Yıldız Yılmaz-Bursa

Kesin ve net bir başarısızlık: Ayrılanlara bakıyorum, herkes aynı şeyi düşünüyor. Koltuğu biri kapınca diğeri küsüp gidiyor. Kadrosunu kuran lider karşı tarafı tamamen pasifize etmeye çalışıyor. Kimseyi hedef almak istemem, ama ortada kesin ve net bir başarısızlık var. Devlet Bey'in bu durumu iyice analiz etmesi ve hatta gerekiyorsa çekilmesi lazımdır. ■ Ramazan Keser-Adana

Neyin illegalitesi?: Azmi Karamahmutoğlu Ülkü Ocakları başkanıyken ülkücü adaba uygun davranmadığı için görevden alındı. MHP kongresinde olay çıkartıp illegalite ilan etmiştir. Bunu neye ve kime karşı ilan ettiği hâlâ anlaşılamamıştır. Sonra ATP adı altında MHP ve ülkücüleri bölmeye çalıştı. Son seçimlerde DYP saflarında yer aldı. Şimdiyse Keçiören'den MHP delegesi olduğu söyleniyor. Bu kişi değil ülkücü hareket adına gazeteye beyanat vermek, kahve köşelerinde bile ülkücülük adına konuşma hakkına sahip değildir. ■ G. Kürşad Yıldızeli-İstanbul

Çarşaf liste istiyoruz: Ülkü Ocakları misyonunu tamamlamışmış, miadını doldurmuşmuş. Bunu söyleyenin iyiniyetli olduğunu sanmak safdilliktir. Unutmayalım ki Ülkü Ocakları MHP'nin üstündeki gökkubbedir. Devlet Bahçeli'yi destekliyor ve kongreye çarşaf listeyle girmesini bekliyoruz. ■ Fatih Akbaş-Konya

Önce kendilerini eleştirsinler: Bizim lider arayışına ihtiyacımız yoktur. Sayın genel başkanımız, tüm teşkilatlarımızın ve milletvekillerinin adına kesilmesi gereken faturayı kendi adına kesmiştir.

Ona laf edenler önce kendilerini eleştirsinler. Hele hareket içersinde olmayanların, hatta son seçimlerde başka partilerde sıra pazarlığı yapanların değil aday olmak, eleştiri hakları bile yoktur. ■ Mecit İnekçi-Osmaniye

Entelektüel dinamizm: Hareketin en çok ihtiyacı olan entelektüel dinamizmdir. Bunu da sağlayabilecek, organize edebilecek birikim ve tecrübenin Devlet Bey'de olduğu düşüncesindeyim. Ülkücü iradenin kendisini aday göstereceğini düşünüyorum. Hiçbir çıkar grubuyla ilişkisi olmadığı, içerden veya dışardan siyasi icazet almadığı için de kendisini destekliyorum. ■ Ahmet Can

Ulvi bir harekettik: Ülkücülük, kişisel çıkarların, basit hesaplaşmaların, rant ve koltuk kavgalarının yapılmadığı, yolsuzluklardan uzak, ihalelerde avanta kovalanmayan, mazlumun hakkının yenmediği ulvi bir harekti. Ne zaman kişisel ve maddi çıkarlar davadan önemli hale geldiyse işte o zaman ülkücü hareket durdu. ■ Kamil Can Aygen-İstanbul

Dört yıl bize zulmettiler: Bazı bakan, milletvekili, müsteşar ve genel müdürler kendi menfaatlerini partinin üstünde tuttular. Parti barajı aşmış ya da aşmamış onlar için önemli değildi. Küfür devam eder ama zulüm etmez. Bunlar, bu dava için mücadele eden insanlara dört yıl boyunca zulüm ettiler. Allah da bunların hakkını bırakmadı. ■ Kürşat Bilge-İzmir

Yerçekimi kadar kapsayıcı: Ernest Gellner milliyetçiliği 'yerçekimi kadar önemli ve kapsayıcı bir güç' olarak tanımlarken haksız değildir. Bu Türkiye için de doğrudur. Türk milliyetçileri olarak bölük pörçük değil tek bir vücut olmalı, tüm ulusal değerlerimize sahip çıkarak ülkücü hareketin daima yaşadığını iç ve dış mihraklara göstermeliyiz. ■ Mithat İğci-Isparta

Söze değil öze dönün: Elaleme sınırsız hizmet süresi verip de MHP'ye 3.5 yılı çok görenler; 3 Kasım'da birilerine yetki verince bugünleri görmeyeceğini sananlar; üç başlı bir hükümette olmanın zorluğunu bir kenara bırakıp, lider ve teşkilatına sahip çıkmayarak sadece başkasını suçlayanlar, söze değil öze dönün. Vatanınıza milletinize sahip çıkın. ■ Hanifi Uzunay-Kırşehir

Rüzgâr estirebilecek değişiklik: Ülkücüler başta genel merkez olmak üzere, rüzgâr estirebilecek değişiklik istiyor. Davamızın üzerine ölü toprağı serpilmiş gibi. Suskunluğu ülkücüler hazmedemez. Nuryüzlü mert insanları veto edip insanlarımızın kabul etmekte zorlandığı kişileri kurtarıcıymış gibi listelerin birinci sıralarına yerleştirenler ellerini vicdanlarına koyup birazcık düşünsünler. ■ Mustafa Kemal Tuna-Nurdağı Belediye Başkanı

Anti-emperyalizmin öncüsü olalım: Ülkücü hareket 1980 öncesi komünizme karşı önemli mücadeleler vermiştir. Ancak şu an Türkiye'nin önündeki düşman komünizm değil emperyalizmdir. MHP emperyalizme gereken vurguyu yapmamıştır. Anti-emperyalist mücadelenin merkezi sosyalizm olmuştur. Merkez sağa kayma hevesiyle Türkçü kadrolar partiden tasfiye edilmiştir. Yapılması gereken, Türkçü kadroların partide söz sahibi olmasını sağlamak ve anti-emperyalist mücadelenin öncülüğünü yapmaktır. ■ Fevzi Gözüyeşil-Adana

14'lü tabanca değiliz: Ozan Arif, bütün ülkücülerin samimiyetinden asla şüphe duymayacağı, çağın en büyük ozanıdır. Onun yüreğinin sele dönüşmesini sağlayanlar, hareketi ve onun efsanevi liderini yalnız bırakarak giden ikbal sevdalılarıdır. MHP kongresinde ülkücü iradenin tecelli etmesi durumunda ozanlarımız yeni türkülerini söyleyeceklerdir. Bizler, köylünün sıkıştığında yastık altından çıkardığı 14'lü tabanca değiliz. Ne zaman ne yapacağımıza kendimiz karar vereceğiz. ■ Lütfü Yıldız-İstanbul

Hainler ayıklansın: Tüm ülkücüler Ozan Arif'in söylediklerini iyi okusunlar ki sapla samanı ayırsınlar. Gaflet, delalet, hatta hıyanet içindekileri kongrede ayıklasınlar. Ayıklasınlar ki bu hareket tek bayrak, tek yumruk, tek lider etrafında yeniden toparlanıp iktidara doğru yürüsün. ■ Kemal Canay-Mersin

Balkondan seyir bitti: Ülkücülerin MHP'nin kaderine hükmetmesi gereken günleri yaşıyoruz. Olayı balkondan seyretme devri bitmiştir. MHP'de ülkücüler başrolde olmalıdır, figüran değil. Partiyi yüzde 18'den 8'e düşürenler, hiçbir şey olmamış gibi hareket etme hakkına sahip değildir. Ya nerelerde yanlış yaptıklarını anlayıp gereken tedbirleri alırlar ya da görevi başkalarına devrederler. ■ Mehmet Yıldırım-Kars

Her biri padişahlığını ilan etti: Bahçeli'ye çok inanmıştım. Ama iktidar döneminde kendisini yakından tanıdım. Ülkücü hareket lehine en ufak bir şey yapmadı. Hele bakanları ve onların atadığı bürokratlar, her biri padişahlığını ilan etti; yanlarına bile yaklaşamaz hale geldik. Bir isteğimiz olduğunda, hep kanunlar müsaade etmedi. Ailecek 12 Ekim'i bekliyoruz. Eğer Devlet Bey yeniden seçilirse MHP ile organik bir bağımız kalmayacak. ■ Hüseyin Ulusoy-Boyabat

Adam gibi gitsinler: Bu yönetim 12 Ekim'de mutlaka gidecektir. Gönül istiyor ki adam gibi gitsinler. Olaylı kongremiz bizleri utandırmıştır, inşallah böyle olaylar olmaz, ama birileri bu tür işlere tevessül ederse artık herkes dolmuştur. Azmi denen kişiye geçen kongrede gösterilen müsamaha artık hiç kimseye gösterilmeyecektir. İnşallah bu korkularımda haksız çıkarım. ■ Selim Yarıcı-Sincan Cezaevi

Mazisi temiz bir lider: Yapılacak tek şey var: Mazisi temiz bir liderle hareketin emektar insanlarını görevlendirerek bu hareket devam etmeli. Çünkü bu ülkenin kurtuluşu yine ülkücüler sayesinde olacaktır. Ama göreve gelecek kişi mutlaka Ülkü Ocakları'nda yoğrulmuş, pişmiş olmalı ve Ozan Arif gibi emektarları yanına almalı. ■ Murat Yıldırım

Ocakları refüze ettiler: Hükümet kurulurken Rahşan Ecevit'e bile cevap veremedik ki, aslında bugünler o günlerden belliymiş. Sayın Bahçeli'nin doğruluğuna söyleyecek bir şeyimiz yok. Ama ülkücü hareketi bu kadar pısırık yapmaya da kimsenin hakkı yok. Ülkü Ocakları'nı refüze ettiler. Ocakların hepsi bomboş, iki dönem sonra hiç ülkücü kalmayacak. ■ İsmail Şensoy-Gerze

Kimsede çıt yok: Ülkücü camia olarak hepimiz yakamıza küstük. Kimsede çıt yok. 1944'den bu yana yaşananlar bir film şeridi gibi geçiyor önümden. Türkeş'in yerini dolduracak lider yok. Üç milletvekiliyle tüm ülkücüleri temsil ederdi. Şimdi 503 milletvekili bile olsa bizi temsil edecek adam yok. Devlet Bey etrafını geçip de seçmenin yanına uğramadı. Eğer ulaşsaydı 3 Kasım'da seçime gitmezdi. ■ Hüseyin Güldiken-Sivas

Ön seçimi dinlemediler: MHP bugün yüzde 12-13 ile Meclis'te olabilirdi. 7 Eylül 2002 günü 60 ilde ön seçim yapıldı. 92 milletvekili sıralamada kötü yere düşünce veya hiç giremeyince genel merkeze başvurdu ve çoğu, ülkücü iradenin seçtiği isimlerin yerine 1 ve 2. sıralara yerleştirildi. Mesela biz birinci sıradaki arkadaşımız ikiye indirilip yerine milletvekili konunca faal olarak çalışmadık ve oylarımız 25 binden 9 bine düştü. ■ Yusuf Çelik-Adıyaman

Alp ülkücüler uzaklaştırıldı: 1999 seçimlerinden sonra alp ülkücülerin yerini bitirim ülkücüler aldı ve genel merkezin direktifleri doğrultusunda alp ülkücüler mevki ve görevlerinden uzaklaştırıldı. Örneğin Enis Öksüz, Sadi Somuncuoğlu ve Ali Güngör vatanperver kişilerdir. Devlet Bahçeli, Tunca Toskay, Ömer İzgi, Yaşar Okuyan ve Şevket Bülent Yahnici gibi kişilerin ülkücülüğü kullandığını düşünüyorum. Bunlar MHP'ye adım bile atmamalı. ■ Şevket Mutlu-İzmir

Senaryonun bir parçasısınız: Öyle sanıyorum ki bu yazı dizisi, gazete patronlarının onayıyla, siyaset kenelerinin MHP üzerinden düşmemesi için, isimlerini güncelleştirmek için hazırlanan senaryoların sadece bir parçası olmuştur. 80'li yıllarda ülkücü hareketin ve MHP'nin misyonunu tamamladığına inanıp ikballerini başka kapılarda arayanları bugün MHP hareketinin önde gelen simaları olarak takdim etmenizi de bu senaryonun bir parçası olarak görüyorum. Nevzat Kösoğlu, Mahir Damatlar, İsmet Mirzaoğlu, Yunus Meral, Mehmet Kutucu gibi, bu harekete gönül verenlerin görüşleri alınmış olsaydı, hareketin açmazları öğrenilebilirdi. ■ Hakan Kırış-Adana

Davaya ihanet edenler: Ülkücü hareket hiçbir zaman bir başbuğ daha çıkaramayacaktır ve hiçbir milliyetçi hareket MHP'nin yaptığını yapamayacaktır. Bu yüzden, bu davayı yarım bırakıp giden herkes (Muhsin Yazıcıoğlu, Tuğrul Türkeş v.s.) ya bir gün geri dönecekler ya da şimdiye kadar yaşanan birçok örnek gibi, davaya ihanet eden insanlar olarak tarihe geçeceklerdir. ■ Ali Haydar Tayük-İstanbul

Hiçbir yaraya merhem olmadınız: Bırakın birleştirici olmayı, parti içinde genel başkana muhalif olanlara, kendisini ayakta alkışlamayanlara kapının önünü göstermişlerdir. Neden Muhsin Yazıcıoğlu ile işbirliği yapılmadı? Neden kucaklaşılmadı? Tuğrul Türkeş'in kopmasına niçin göz yumuldu? Paylaşılmayan nedir? Mezarlıklar sizin için mi genç insanlarla doldu? Bu aziz şehitlerimizin kemiklerine basarak siyaset yaptınız ama kırmızı koltuklar sizlere geçmişi çabuk unutturdu. Kerameti kendinizden bildiniz, kimseye sahip çıkmadınız, hiçbir yaraya merhem olmadınız. ■ Ömer Faruk Akıncı-İstanbul

Kaliteli insan yetiştirelim: Milliyetçilik siyasi bir partinin kalıpları çerçevesinde izah edilemeyecek kadar renkli bir kültürel harekettir. Türkiye'deki milliyetçilik hoşgörülü, yumuşak, neşeli, coşkulu ve sevdalı bir olaydır. Milliyetçiliği güçlü ve bağımsız kılmanın ilk şartı, değişen standartlar karşısında milliyetçiliği değerlendirebilecek kaliteli insan yetiştirmektir. ■ Ayhan Korku-Samsun

Ocaklar statükocu: Her ne kadar MHP, 1980 öncesinin şartlarının psikolojisini ve olumsuz görünümünü aşıp yenileşme hareketlerini hayata geçirmede mesafe almışsa da, kadro hareketini misyonuna layık bir çerçeve içersine oturtamamıştır. Ayrıca Ülkü Ocakları 1980 öncesi statükoda ısrarcı olmuş, hareket günün ekonomik şartlarına alternatif çözüm üretmede varlık gösterememiştir. MHP kadro hareketini yeniden dizayn etmelidir. Bahçeli'nin başkanlığında yeniden yapılanmaya gidilmelidir. ■ Hüseyin Erşad Hacıoğlu

Didişmeyin, birleşin: Saygıdeğer ülkücü abilerimiz bu saatten sonra şahıslar adına tartışacaklarına bir an önce biraraya gelerek MHP'yi ayağa kaldıracak bir işbirliğine gitmeliler. Unutmayın ki bu milletin şu anda ülkücülere her zamankinden fazla ihtiyacı var. Didişmek yerine birliğimizi sağlayıp kükreme zamanı geldi de geçiyor. ■ Orhan Özyol-Sungurlu

Masaya yumruğu vurun: Artık birilerinin başa geçip masaya yumruğu vurması lazım. Bu kişiler de tabandan ve 1970'ten beri bu ülkeyi karşılıksız sevenlerden olmalıdır. Bir yıl DYP'de, bir yıl BBP'de, bir yıl da AKP'de olup sonra MHP'ye geçip gövde gösterisi yaparak masaya yumruğunu vurmaya çalışanlar var, kendilerini hiç yormasınlar. Başbuğ'un kemiklerini sızlatmaya kimsenin hakkı yok. ■ Fatih Karadeniz

Devlet Bey haklı çıkacak: Devlet Bahçeli ülkücü camianın yükünü taşıyacak, seviyeli, dürüst, teşkilatları toparlayacak bir lider ve en önemlisi devlet adamıdır. Başbuğ'u tarih nasıl haklı çıkardıysa Devlet Bey'i ve bize göre yanlış ama ülkemiz açısından doğru olan siyasetini de haklı çıkaracaktır. ■ Mesut Çınar-Sivas

Türkçüleri tasfiye ettiler: Devşirmeci zihniyet değişmediği sürece MHP gerçek bir ideolojisi olmayan, taraftar kazanmak için her yönden ödün veren anlamsız bir harcket olmuştur, olacaktır. İslamcılığı, Osmanlıcılığı reddeden, 'ya Allah bismillah' şeklinde slogan atmak istemeyen, Kürtler gibi azınlıkları Türk kabul etme saçmalığını kabullenmeyen gerçek Türkçülerin tasfiyesiyle MHP bitme sürecine girmiştir. ■ Ali Dumanlı

Ülkücüleri küfeye koydular: Maneviyattan yoksun, tabanından uzak, ozanlarına küskün, sisteme çanak tutan, ateistleri tepeye ülkücüleri küfeye koyan Devlet Bahçeli ve ekibi, iyilik yapmak istiyorlarsa sözlerinde durup istifa etmeli ve çekilmeliler. ■ Buğrahan Emre Kavaklı-Beyşehir

Yiğit, bilge, dürüst Bahçeli: 3 Kasım seçimlerinde maalesef Türk milliyetçileri on puan kaybederek Meclis dışında kalmıştır. Bunun sebebi 'Önce ülkem, sonra partim, sonra ben' diyen, ülke menfaatlerini her şeyin üstünde tutan yiğit, bilge, dürüst bir lidere sahip olmamızdır. Bugün Türkiye, Devlet Bey'in Türk siyaseti için ne kadar önemli olduğunu anlamıştır. ■ Emine Küçükyılmaz-Kadirli

HADEP'e gösterilen tolerans gösterilmedi: Ülkücüleri bir zamanlar TBMM'ye ziyaretçi olarak dahi almıyorlardı. Biz oraya 160 milletvekiliyle geliyoruz. Sonunda bütün dünyanın gözü önünde dayak olayı oluyor. Genel Başkan da kavgacıları savunuyor. Ülkücü harekete ülkücü hareket darbe vurmuştur. Liderlerden ve başkanlardan HADEP'e gösterilen tolerans ülkücülere gösterilmemiştir. Çankaya'dan aşağı inilmemiş, Anadolu'nun sesi kısılmıştır. ■ Mehmet Çiğdem-Ankara

Bir dışişleri bakanı bile çıkaramıyoruz: Kaliteli eleman sıkıntısı çektik. Hasbelkader dışişleri bakanlığı bize verilseydi bunu yapabilecek en fazla 2-3 milletvekilimiz çıkardı. Dünyanın temellerini sarsacak dediğimiz bu hareket bir dışişleri bakanı çıkaramıyorsa, hâlâ bir lidere endekslenmişse yazıklar olsun. Taşradaki bir sivil toplum örgütü, MHP lideri ve yöneticisinden daha çok basında fikirlerini anlatıyor. Beğenmediğimiz Doğu Perinçek bile bizim yöneticilerden daha çok çalışıyor. Devlet Bey'i 7-10 günde bir basın toplantısında görüyorum. ■ Oğuzhan Saygılı-Gaziantep

Bahçeli çok yumuşak: Milletimiz bizden Apo'nun asılması, PKK'lılara sert cezalar verilmesi, türban sorununa dinimizin lehine çözüm getirilmesini bekliyordu. Ancak MHP bu sözlerinden hiçbirini tutmadı ve milletin gözünden düştü. Bunun sorumlusunun, MHP'nin sert ve karizmatik yapısını sarsan, çok yumuşak bir tavır takınan Bahçeli olduğunu düşünüyorum. ■ Ali Köse-Antalya

İktidar bize yaramadı: Kongrelerimiz DYP ve ANAP kongreleri gibi yapılmaya başlandı. İkitidar olunca nimetler aranmaya başlandı. Bilhassa yolsuzluk iddiaları nedeniyle Bayındırlık bakanımıza bölgemizde çok büyük tepkiler oldu. Kendi kalemize gol attık. Averajımız bozuldu. Barajı aşamadık. İkmale kaldık. Bu sefer derslere çok iyi çalışmamız gerek. ■ Burak Çağlayan-Çatalca

Bahçeli'nin arkasındayım: Bizim yayın organlarımızın yapmadığını Vatan yapıyor, çok da iyi oluyor. Sayın Koray Aydın, "liderimiz sustu," diyor. Sen neden sustun? Lidere karşı konuşulmazsa neden şimdi konuşuyorsun? Birtakım çıkar çevreleri Sayın Aydın'ı dolduruyor. Sayın Bahçeli dürüst bir liderdir. Sonuna kadar onun arkasındayım. ■ Kürşat Kadir Çetin-İstanbul

Halkımız yanlış yaptı: Ülkücüleri konu alarak böyle güzel bir yazı dizisine imza atmanız kuşkusuz bütün ülkücüleri sevindirmiştir. 4 Nisan'da öksüz kalmamızın acısı 18 Nisan'da bir nebze hafiflemiştir. Devletin vatanını gerçekten sevenlere ihtiyaç duyduğunu, yolsuzlukla mücadele ediyoruz diye kendi yolsuzluklarını gizlemeye çalıştıklarını hepimiz biliyoruz, görüyoruz. Halkımız yanlış yaptığını geç de olsa anlayacaktır. Halkımız 16 bin imamın, orman arazilerini işgal etmenin, işçi ve memura yapılan haksızlığın hesabını soracaktır. ■ yigithanim@mynet.com

Şevkimizi kırdılar: Tanıdığım yüzlerce ülkücü benim konumumda. MHP'li büyüklerimiz bizi incitti, üzdü bizim şevkimizi ve heyecanımızı yok etti. Şevki kırılan, heyecanı yok olan bir insan ne yapabilirse biz de onu yaptık. Şimdi yeni bir liderle yolumuza devam etmek istiyoruz. O karanlık dönemi biz unutturacak, bizi yeniden kazanacak, şefkatle bakabilecek ve ülkenin kritik günlerinde kamuoyu oluşturabilecek lider ve ekibini seçecek olursak, eminim ki iki yıl sonra siz de yeni bir yazı dizisiyle yine ülkücüleri gündeme getirip farklı bir şekilde kamuoyuna takdim edeceksiniz. ■ Hasan Kandemir-Sultanbeyli

Tanrı yardımcımız olsun: MHP yöneticileri, başta Sayın Bahçeli olmak üzere kongrede yaptıkları ve yapmadıklarının hesabını vermek yerine, kendi siyasi varlıklarını devam ettirebilmek için gerekli teşkilat ve delege düzenlemeleri yapmakta ve sanki bu hareketi misyonunu tamamlamış bir siyasal hareket haline getirmeye çalışmaktadırlar. Sayın Bahçeli, ne olduğunu bir türlü anlayamadığımız "ilkeli duruş" dedikleri bir tavır takınmıştır. Maalesef bu tavrı da siyasi rakiplerimize, iç ve dış düşmanlarımıza karşı değil ülkücülere karşı olmuştur. İktidardayken hep alttan alan bir anlayışla ciddi hiçbir tepki koymamak parti politikası haline getirilmiştir. Ülkü Ocakları'nın karıştığı karanlık işler de basına yansıyınca millet, eleştirmenin de ötesinde ağır ithamlar, hatta küfürlere kadar varan tepkiler vermiştir. Ve bu tepki 3 Kasım seçimlerine yansımıştır. Şu ana kadar ortaya çıkan genel başkan adayları arasında bu vizyona sahip ve bu hareketi taşıyacak bir isim yok! Tanrı yardımcımız olsun! ■ Cem Sancaklı

Halk Apo yerine bizi astı: Genel başkan Devlet Bahçeli'nin yapmış olduğu ilk yanlış koalisyona katılmaktır. İkincisi Ülkü Ocakları'nı dışlamaktır. Hata sadece Genel Başkanda değildir. Bizlerde de birçok hata vardır. Küskün ülkücüleri bir çatı altında toplayamadık. Onlar da başka partilere gimek zorunda kaldılar. Ülkücüler olarak biz Genel Başkan'ın bu denli suskun ve sakin kalacağını tahmin edemiyorduk. Seçim konuşmalarındaki heyecanını sanki bir anda kaybetmişti. Kendimizi vatandaşlara anlatamadık. Vatandaş da bizi bir suçlu gibi algıladı. Bu nedenle 3 Kasım seçimlerinde katil Apo'nun yerine bizi idam etti. Bakan ve milletvekilleri de Genel Başkan'a destek çıkmadılar. Hükümetin içinde bunalım yaratan olayları ne Meclis'te ne de görsel ve yazılı basına detaylı bir biçimde aksettirmediler. Ülkücü gençlerin birçoğunun MHP'ye güveni kalmadı. Diğer partilere yem oldular. ■ Celal Sarı

Herkes suçlu: Geçen seçimlerde üç ülkücü parti seçim işbirliği yapsalardı baraj aşılacaktı ve Meclis'te 60 civarında ülkücü milletvekili olacaktı. Taban baştakilere bakıyor. Ya birlik sağlanacak ya da tabanda dağılma artacaktır ve ilk seçimde kötü netice kaçınılmaz olacaktır. Parti başkanlığından daha önemli olan MKYK'dır. Neticede bir başkan olacaktır. Diğer başkanlar veya adaylar anlaştıkları bir başkanın yanında yardımcılık görevini üstlenmelidirler. Geçen dönemin MKYK üyeleri ve milletvekilleri bütün kabahati Sayın Bahçeli'ye atıp sıyrılamazlar. Neden Ali Güngör gibi çıkmadılar da şimdi konuşuyorlar? ■ Erol Akın-İstanbul

Tartışma yeri gazete değil: Düne kadar hiç haberini yapmadığınız, görmezden geldiğiniz bir hareketi, bugün nedense pek ayrıntılı olarak inceleyip tartışma ortamına getirmeniz ilgi çekicidir. Ülkücü hareketin bir sıkıntısı varsa bunun tartışma yeri gazete sayfaları değildir. Ülkücü terbiye sınırlarının dışına çıkarak dava arkadaşlarını uluorta yeren açıklamalar yapan herkesi kınıyorum. MHP'nin geleceğine gelince: biz sapasağlam buradayız, liderimiz Devlet Bey'dir. 3 Kasım seçimleri sonumuz olmamıştır. Bir başka kişinin önderliği gerekirse de ülkücü irade bunu kendine yakışır bir şekilde yapacaktır. Sanırım bu sözler gazetenizde yayımlanmayı hak etmeyecektir. ■ Murat Küçük-Eskişehir

Bıyık uçlarıyla uğraştılar: 'Nereye gitti bu ülkücüler?' diye sormuşsunuz. Biz buradayız. Bir yere gitmeyiz, Türkiye'yi bekleriz. Ama kırgın, kızgın ve üzüntülüyüz. Önce ülkücüleri, sonra halkı küstürdüler. Tek yaptıkları bıyık uçlarını yok etmeye çalışmaktır. MHP'siz Türkiye olmayacağı gibi, 9 Işıksız MHP de olmaz. Tanrı Türkü asıl şimdi korusun! ■ Seçkin Şahin

Devlet-i ebed müddet: Rahmetli Arvasi ülkücüleri üç kısma ayırırdı: 1) Ülkücüler 2) Ülkücü geçinenler 3) Ülkücülerden geçinenler. Bugün ülkücülük ikinci ve üçüncü grubun uhdesindedir. Ülkücülerse toplumun farklı kesimlerinde 'devlet-i ebed müddet' fikrinin tohumlarını ekmek, filizlerini yeşertmekle meşgul. ■ Aydın Mürtezaoğlu-İstanbul

Ters şeritte 180 km hız yaptık: Hareketin yükünü çeken, çekirdeğini oluşturan, sadece tahıl deposu olmayıp, MHP'nin oy deposu olarak da kabul edilen İç Anadolu ve Doğu Anadolu şehirlerinde partinin kan kaybı derinlemesine analiz edilmelidir. Ters şeritte 180 km hızla giden MHP, son birkaç ay tabanına hitap etmeye çalışmış, sert manevralarla kendini toparlamayı denemiş fakat stabilizeye saplandığı için tepetaklak gitmekten kendini kurtaramamıştır. Hezimetin sebebi özetle MHP'nin intiharıdır. ■ Köksal Buğra Çelik-Ankara

Somuncuoğlu ve Öksüz olayları: Bazı olaylar davanın onurlu geçmişini lekelemiştir. Bu davaya yıllarını vermiş, uğrunda çileler çekmiş Sadi Somuncuoğlu'nun uğradığı saldırıda parti yöneticileri haksız kişinin yanında yer aldı. Yaprak dökümü bu olaydan sonra başladı. Somuncuoğlu'nu suçlu gösterenler yine değerli büyüğümüz Enis Öksüz'ü hareketin dışına itmeyi başarmışlardır. Yıllardır bu davanın çilesini çekmiş ülkücülerin birbir unutulması, vekillerimizin kendi menfaatlerini savunması biz ülkücüleri savunmasız bıraktı. ■ Kadir Erdem Korkmaz-Üsküdar

Aman Genç Parti'ye dikkat: Son birkaç yılda Ülkücü Gençliğe dahil olan bazı gençler o gruba layık olmayan kişilerdir. Kurtçu harekette 'çakal' olarak bilinirler. Bir de MHP yönetiminin bazı büyük yanlışlıkları olmuştur: Türban, yolsuzluklar ve Türk Telekom ihalelesi gibi. Ve son söz: ateşle barut nasıl bir araya gelemezse MHP ile DSP de yan yana gelemez. Geldiğinde işte böyle sonuçlar çıkar. En kısa zamanda büyük bir revizyona gitmeliyiz, çünkü bir de Genç Parti faktörü var. Aman dikkat! ■ Bünyamin Şener-Malatya

Kol kırılır yen içinde: Devlet Bey, teşkilatları bile memleket için feda edebilmiş bir liderdir. Bugün muhalefet yapanların çoğu teşkilatlarda herhangi bir hizmette bulunmamış, iktidar döneminde şahsi menfaat beklentileri karşılanmamış kişilerdir. Bazı aday abilerimiz de, daha önce nerelere gidip geldiklerini kendilerine sormalı. MHP, o bir zamanlar gittikleri partilere benzemez. Biz ülkücüyüz, ideolojimiz var, bedel ödedik. Bizde kol kırılır yen içinde kalır. ■ Sedat Türedi-Pendik

Daha fazla değişmeliyiz: Koray Aydın da aday olacakmış. Bence onun aday olması hata, sandığa gömülür ve genel başkanlık yükünü kaldıramaz. Eğer genel başkan olursa 3 Kasım seçimlerini MHP mumla arar. Artık MHP eski sert tavrını değiştiriyor. Aslında daha da değişmesi gerek. Zamana ayak uydurmak için bazı değerler haricinde değişiklik iyi olur. MHP önümüzdeki yerel seçimlere iyi hazırlanıp başarılı olacak adaylarla girmelidir. ■ Cihan Bek

Konuşan bir lider arıyoruz: Ülkücüler burada, harekete geçmeyi bekliyor. Ülkücü düşünen, düşündüğünü paylaşan, düşündüğünü yapan ve uygulayan kişidir. Bu kongre neticesinde silkinecek ve tekrar iktidar alternatifi haline gelecek olan MHP milletiyle ve ülkücülerle kucaklaşacaktır. Eksikler tespit edilecek, konuşan bir liderle yola devam edilecektir. Öyle bir lider ki, milletin huzur, refah, bütünlük ve kalkınması için teşkilatıyla ve herkesle biraraya gelmekten çekinmesin. ■ Ahmet Selimoğlu-Bursa

Bahçeli kalsın, yönetim değişsin: MHP çok badirelerden geçti. Hepsini de atlattı. Yarından itibaren Genel Merkez girişine bir sistem kurup bu dar günlerde gelen insanların kayıtlarının tutulması gerekir. Sayın Bahçeli'nin ayrılması Türkiye için bir kayıp olur. Koalisyonun ilk beş ayında bir insanın saçları gözle görünür bir biçimde beyazlaşıyorsa içinde bulunduğu stres ve sorumluluğu bir düşünün. Kendisinin, daha önceden yaptığı açıklamaya rağmen delegelerin zorlaması sonucu tekrar seçileceği inancındayız. Herkes yönetim kademelerinde geniş bir revizyon bekliyor. Geçmişte oluşan kırgınlık ve küslüklerin onarılmasında ülkücü sanatçıların daha aktif olması gerekmektedir. ■ Garib Ozan-Ankara

Düşman değil dost arıyoruz: 18 yaşındayım. Üniversitelerde kavga ve dövüş hat safhada. Gençlerin 1970'li yıllara dönmesi işten bile değil. Biz de üniversiteli olacağız ve bu kutsal ülküyü orada savunacağız. Karşımızda düşman değil ortayolu bulmak adına dostlar istiyoruz. ■ S.Yasin Özdemir- Keçiören

Vizyonu olmayan aday olmasın: Başbuğ rahmetli olduktan sonra büyük bir vizyon sıkıntısı çektik ve bunun bedelini hem iktidarda, hem 3 Kasım seçimlerinde ödedik. Sayın Ramiz Ongun, bir projesi ve kadrosu varsa açıklasın yoksa Sayın Bahçeli gibi beylik duruşlarla, arkasında ne olduğu bilinmeyen tavırlarla artık kimse bizi oyalamasın. ■ Muammer Hacıoğlu-Akçaabat

Bize karizmatik lider lazım: Böylesine güçlü bir ideolojinin yükünü taşıyacak yeni bir lidere ihtiyaç var. Ülkücü gençler olarak, sorunlara yerinde müdahale eden, ülke meselelerine vakıf, karizmatik liderlerin olduğunu biliyoruz ve bunu kongrede göreceğiz inşallah. Her ne kadar tabanımız başka partilere kaymış gözükse de ülkücüler istendiğinde tek yumruk olabilecek güçtedir. ■ Ergun Güneş-Gaziantep

Kavgalı gürültülü kongre istemiyoruz: 3 Kasım seçimlerinden önce, çevremde ne kadar ülkücü tanıdığım varsa hepsi Sayın Bahçeli'nin ve MHP'nin hükümette ne kadar pasif kaldığından ve tabanın beklentilreine uzak olduklarından şikâyet etti. Kongrenin son derece demokratik bir ortamda gerçekleşeceğini ve eski kavgalı-gürültülü sahneleri tekrar yaşamayacağımızı umuyorum. Yanlışlardan sıyrılırsak yeniden TBMM'ye döneriz. ■ Osman Kaynar-Ankara

Lideri sorgulama lüksümüz yok: Hiçbir ülkücünün şahsi menfaatlerini parti ve ülke menfaatleri üzerinde tutup liderini sorgulama lüksü yoktur. 3 Kasım gecesi Sayın Bahçeli'nin yapmış olduğu talihsiz açıklamanın asıl sorumlusu, kendisini seçimler öncesinde olası sonuçlar hakkında yeterince bilgilendiremeyen kurmay kadrolarıdır. Türk seçmenlerinin tamamı tarafından sevilen sayılan, popülaritesi son derece yüksek ve kendisine devlet adamı sıfatı yakıştırılan nadir liderlerden biri olan Sayın Bahçeli'nin karşısına hiçbir milliyetçinin aday olarak çıkması doğru değildir. ■ Suat Kızılkaya-İstanbul

Lütfen Aydın geri çekilsin: Benim yaşımdakiler bilir, Alparslan Türkeş'in hiçbir kusuru olmamasına rağmen, yıllarca Menderes'in idamını ve sarı zarfı millete anlatmak mecburiyetinde kaldık. Şimdi de Koray Aydın'ın yolsuzluklara karışmadığını anlatmak için yıllarımızı harcamıyalım. Lütfen Aydın geri plana çekilsin. Ülkücüler koltuk değneği olamazlar. Kongreden önce, herkese açık 'Ülkücüler Kurultayı' yapılsın ve hareketin dünü, bugünü ve yarını tartışılsın. ■ Hasan Yavuz-Bakırköy

Büyük revizyonun zamanı geldi: Parti ve Ülkü Ocakları için artık büyük bir revizyonun zamanı gelmiş ve geçmiştir. Bahçeli'nin seçimden sonra söylediği gibi artık aday olmaması gerekmektedir.

Bunun yanında adaylık için adı geçen Koray Aydın, Mehmet Gül, Şefkat Çetin gibi eski yönetimde yer alanların değil aday olmak, partiden uzaklaştırılmasını istiyoruz. Eğer bu şahıslar partinin başına geçerse dava diye bir şey kalmayacaktır. Ülkü Ocakları başkanlarının birçoğu da oturdukları koltuğa şeref vermektense bu koltuk sayesinde şeref, saygı kazanmaktadır. ■ Adem Resuloğlu

Adaylık tövbe size düşmez: Kadehleri localarda ülküye diye vuranları / İhale için bıyıkları hilal gibi koyanları / Bu davadan zehir olsun zıkkım ile doyanları / Ulu birliği on emirle bozanları, biri bana anlatsın / Liderin, teşkilatın, doktrinin hâlâ ölmediğini / Hele de adaylığın sizlere tövbe düşmediğini / Bizim ocaktaki ateşin asla sönmediğini / Hiçbir ülkücünün davadan dönmediğini / Bozkurt sesiyle biri bana, biri bana anlatsın. ■ Cengiz Öztürk-Ankara

Genel Başkanımızı kandırıp yanılttılar: Gencl Başkan tarafından İstanbul'da görevlendirilen bakan ve genel başkan yardımcıları, teşkilat mensuplarını dinlemek yerine onları azarlamış ve lüks otellerde toplantı yapmayı tercih etmişlerdir. Şimdiyse tek suçlu genel başkanımızmış gibi bazıları genel başkan olmaya hazırlanıyor. Hatta AKP'den vekil adayı yapılmayıp MHP'ye genel başkan olmak için uğraşanlar bile var. Allah yardımcımız olsun. Bu kongreden yüzümüzün akıyla çıkalım. ■ Ahmet Demirel-İstanbul

Bize tarif değil arif gerekli: Kimse milliyetçiliği yeniden tarife kalkmasın. Bizi yeniden kalıplara ve belli formatlara sokmaya çalışmasınlar. Bize tarif değil arif gerekli. Biz geniş bir aile olduğumuz için dışardakiler hep bizi tarif etmeye kalkmıştır. Bırakın biz kendimizi tarif ve ifade edelim. Bize yönelik toplumsal önyargılar bir yana itilmeli. Birilerinin görmek istediği gibi insanlar değil, ülkücü-Türk tipiyiz. ■ Remzi Yılmaz-Fatih

Mamak'ta tacirlerin hesabı görüldü: Dün Osman Yüksel Serdengeçti hakkında, MHP'den MSP'ye gitti diye ahkam kesen, 1980 sonrası "MHP misyonunu tamamlamıştır" diyerek büyük gazetelere manşet olan, milletvekili olduktan sonra Castro dostluğundan beslenen siyaset taşeronları birer otorite olarak ortaya çıkıyor. Mamak ülkücü hareketin başladığı değil ülkücü tüccarların hesaplarının görüldüğü yerdir. Nurettin Topçu, Mümtaz Turhan, Erol Güngör, Ahmet Arvasi çizgilerinin aksiyoner yorumlarını yapamayanlar sistem adına ülkücülerin son perdesini oynamasınlar. ■ Dursun Ali Daştan-Bayburt

Alemlere nizam vereceğiz: Bu milleti ve devleti alemlere nizam verecek konuma getirmek amacıyla mücadele eden ülkücü gençlik olarak, kutsal davamıza hiçbir kuvvetin leke süremeyeceği, her ne kadar bir geçiş döneminde olsak da bunun kısa sürede biteceği inancındayız. Cenab-ı Hak'tan Başbuğumuza rahmet, sayın Genel Başkanımıza uzun ömürler dileriz. ■ Bahadır Tolga Şen-Adana

Koordinatlarımızı yitirdik: Biz nerdeyiz, tarihimiz kültürümüz nerde, bunların cevaplarını yitirdik. Yani ülkücü hareket koordinatlarını yitirdi. Böylece dünyayı anlamamız da zorlaştı. İşin kötüsü iktidarı paylaşan MHP'nin bir öngörüsü, mutabakatı olmayınca ülkücüler ideal yoksunu kaldı. Parti, hareketi kendi siyasal hesapları için tanımlamaya çalıştı ki bu sonun başlangıcıydı. MHP iktidar sürecinde teslimiyetçi ve seyirci bir tavır içinde oldu, bilinçli, kararlı, planlı bir politika izlemediği için de belirleyici bir aktör olamadı. ■ Mustafa Uğur Parlak

Hevesleri kursaklarında kalacak: Önce ülkem sonra partim anlayışı biz ülkücü gençlerde hiçbir değişikliğe uğramadan devam etmektedir. Bazı çevrelerin ülkücü hareket içerisinde başlatmaya çalıştıkları liderlik tartışması kesinlikle ağabeylerimiz tarafından kursaklarında bırakılacaktır. Çünkü gün kavga dövüş günü değil birleşip el ele gönül gönüle ülkemizi sıkıntılarından kurtarmaya çalışma günüdür. Bu çağrımız tüm siyasi partilere ve ülkesini seven herkese. ■ Fatih Uslu

Esas sorumlu Şefkat Çetin: Bence biz ülkücülerin bu hale gelmesindeki en büyük etken teşkilatlardan sorumlu Şefkat Çetin'dir. Kendisi il ve ilçe teşkilatlarıyla yeterince koordineli çalışmamış, sorunları dışardan izlemiştir. Bu yüzden çok sayıda partili küstürülmüştür. ■ Kemal Ağrıs-Beyşehir

Birlikte hayır, ayrılıkta azap var: MHP-BBP birleşmesinin önünü tıkayanları kınıyorum. Ülkücü hareketin alperenlerini, bozkurtlarını mahsun bırakanları tarih affetmeyecek. Meydanları Cem Uzan'a terk edenleri, milliyetçiliği Doğu Perinçek'e teslim edenleri kınıyorum. Ülkücü gençlik birlik istiyor. Nefisleri ve kişisel çekişmeleri bir kenara bırakıp birleşmek zorundayız. Birlikte hayır, ayrılıkta azap vardır. Birleşemeyenler ya barajın altında kalır ya da yüzde 1,5 oy alır. ▪ Erdal Yıldırım-İstanbul

Laf kalabalığına gerek yok: Kongreden beklenen, 'Tanrıdağı kadar Türk, Hira dağı kadar Müslüman' düsturuna sahip bir kişinin bu kan kaybeden hareketin başına gelmesidir. Böyle bir liderle yola çıkacak olan MHP'nin, Erbakan ya da Uzan gibi laf kalabalığıyla gereksiz muhalefet yapmayıp AKP iktidarını desteklemesi ve yanlış yapılan yerlerde uyarması gerekir. Eğer hepimiz bu ülkenin iyiliği için çalışıyorsak birlik olup çalışmamız gerekir. ▪ Bilal Ali Kotil

Ülkücü hareket demokratikleşmeli: Bir irtifa kaybı, motivasyon yitimi yaşanıyor. Ulusalcı heyecanlar yeniden örgütlenmeye muhtaç, ancak ülkücü hareket bu işlevi üstlenmeye hazır görünmüyor. Bunda geçmiş iktidar döneminin yarattığı kimi kötü alışkanlıkların da payı var. Yine o dönemden gelen, parti ile kitlesi arasında yaşanan göreli bir yabancılaşmaya dikkat çekmeli. Nitekim sayın Bahçeli de bunun altını çizdi. Partinin ve ülkücü hareketin demokratikleşememesi de önemli bir pratik sorun. Buna bir de parti ile devlet arasındaki bağın sağlıklı algılanıp algılanamadığı konusunu eklemek gerekir. ▪ Sinan Öner

Ne oldum delisi bakanlar: Genel Merkez yönetimi ve personelinin, ziyarete gelen insanlara tavırları yıldırdı. Kendini üstte gören tavırlara alışık olmayan ülkücüler tepki gösterdi. Türban ve idam meselesindeki başarısızlığımızdaki haklılığımızı vatandaşımıza aktarabilirdik ama IMF'ye olan bağlılığımızı anlatamazdık, anlatamadık da. Devlet Bey bir ile mitinge gittiğinde il başkanıyla görüş alışverişinde bulunmaz, yaptığı göstermelik istişare toplantılarında soru soran insanları azarlar hale getirdi. Çünkü Devlet Bey, onlara göre tek başına yüzde 8 oy almıştı. Bakanlar ne oldum delisi oldu. Kendi işlerini bırakıp il kongrelerine karışır oldular. Teşkilat üstü bir konum elde etmeye çalıştılar. ▪ Rüknettin Kılıçarslan

Ülkücüler İslam'ın neresinde?: Ülkücülük yerel bir kavramdır ve dünyanın başka hiçbir yerinde kendisini böyle tanımlayan ikinci bir örgütlenme yoktur. Ülkücüler kendi söylemlerinin milliliğini (yerelliğini) idrak edememişlerdir. Bu hareketin düşünsel kökenlerinin nereye tekabül ettiği belirsizlik konusudur. Örneğin ülkücü hareketin Türkiye konjonktüründe İslam diniyle ya da Batılılaşma ve modernizmle olan ilişkisi ve bu durumlara karşı aldığı tavır bulanıktır. Şu soru sorulmalıdr: ülkücüler İslam'ın ortadoksluğunu muhafaza etmek mi istiyorlar yoksa modern bir yorumuna mı ihtiyaç duyuyorlar? ■ İslam Can-Osmaniye

Telafi için 25 yıl lazım: Rahşan Ecevit ülkücülere katil dediği halde özür dilemedi. MHP bunu yuttu. MHP millete ne madden, ne manen bir şey verdi. Bunun telafisi için en az 25 yıl gerekir. Başta Bahçeli olmak üzere bütün yetkililer tamamen değişmeli, yeni lider kendi kadrosuyla Türk-İslam felsefesine sarılmalıdır. ■ Ali Karcı

Ülkü Ocakları üniversite kursun: Ülkü Ocakları yeniden yapılanmalı ve eğitime önem vermeli. Daha ileri giderek, üniversite kurmalı. MHP ise vizyon sahibi bir lider çıkarmalı. Artık özeleştiri yapalım, lideri de eleştirelim ve biraz da demokratik olalım. Şayet iktidar değil de muhalefet olsaydık şimdi daha farklı bi konumda olabilirdik. ■ Serkan-Erzurum

Hep 'ben' dediler kaybettik: Genel başkanımızın ilkeli ve mütevazı tavırlarına yakınındakiler ve diğer yöneticiler ayak uyduramadı. Bu teşkilat yöneticilerine de yansıdı. Bazı yöneticiler kendilerini büyük gördü. Genel Merkez de 'ben' veya 'egoizmi' önlemede gerekli adımları atmayınca, bizden Allah da, şehitlerin ruhu da razı olmadı ve halkımız da razı olmadı! ■ Eren Erenalp

Bahçeli aday empoze etmesin: Millete hizmet için inananların kadrolaşması şarttır. MHP'nin her yöneticisinin ülkücülere minnet borcu vardır ve bunu ödemeleri gerekir. Bu alacağımızı ne yazık ki alamadık. 68 kuşağı olarak, Ramiz Ongun MHP'nin son şansıdır. Sayın Bahçeli aday olmamalıdır. Bir başka adayı empoze etmesiyse en büyük yanlış olur. ■ Hasan Güray Artuner

Oyuna gelmeyin, oyunu bozun: Muhalefet olmaya hazırlanan sayın büyüklerimize sesleniyorum: Lütfen bu tuzağa düşmeyin. Hissi ve şahsi düşünmeden, MHP ve onun lideri Devlet Beyimizin her zaman yanında olmaya devam edin. Asıl o zaman oyunu bozup bozgunu zafere döndürebilirsiniz. ■ Fahrettin Tüzer-Adana

İktidar olduk, hareket bozuldu: Bu davanın çilesini çekenleri, siyasi rant peşinde koşanlar ve ihaleciler partiye bile sokmadılar. Diğer partilerden gelenleri öz, gerçek ülkücüleri üvey evlat gördüler. İktidardan sonra ne lider, ne teşkilat, ne doktrin kaldı. Ali Güngör gibi mert arkadaşlarımızı teşkilattan atanların bu hareketleri yanlarına kâr kalmayacaktır. ■ Fevzi Değirmenci-Gaziantep

Başbuğ'u unuttunuz mu?: Ne oldu da Başbuğ'un çizdiği yoldan gitmiyorsunuz? Kimi koltuk peşinde, kimi siyaset. Birbirlerini yemekten ülkeyi yönetemediler. Alparslan Türkeş'in kemiklerini sızlatmayın. Devlet Bey aday olmazsa Mehmet Gül lider olsun, geri kalanlar da küsüp gitmesin. Çünkü davaya küsülmez. ■ Sergen Bergen

Biz ülkücüleri yabana attılar: Çok yakın bir gelecekte bu kutlu dava, bilinçlenen yüce halkımız sayesinde amacına ulaşacaktır. 3 Kasım'da MHP şerefliliğinin ve dürüstlüğünün kurbanı olmuştur. Çok sevdiğim bir söz MHP'nin düştüğü durumu çok güzel ifade ediyor: 'Yay gibi eğri olsam elde tutarlar beni, ok gibi doğru olsam yabana atarlar beni.' Bizi yabana attılar. ■ Hasan Ali Sertdemir

MHP misyonunu çoktan tamamladı: MHP 1990 yılında görevini, misyonunu tamamlamıştı. Rahmetli Başbuğ da farkındaydı ve yeni bir yapılanmaya gidiyordu, ömrü yetmedi. 1999 seçimleriyle birlikte başkalarının hatalarından ötürü müthiş bir fırsat yakalandı. Ama bunu değerlendirecek kadrolar partide etkili değildi. Bundan sonra MHP'nin işi çok ama çok zor. Aslında benim umudum yok. ■ Nüvit Topaloğlu

Delegeye kalsa Bahçeli seçilir: MHP'nin başına Türkeş soyundan birisi gelmeli. Bu da şu anki duruma göre Yıldırım Tuğrul Türkeş'i gerektiriyor. Geçici bir süre için Namık Kemal Zeybek veya Turan Yazgan olabilir. Milliyetçiler kurultay düzenleyip adayları seçebilir. Sadece delegeye bırakılırsa Devlet Bahçeli'den başkası kazanamaz. ■ Nedim Kırış-Kayseri

Başbuğumuzun ölümü dirilişimiz oldu: Bizleri iktidara rahmetli Başbuğumuzun cenaze töreni getirdi. Başbuğumuzun ölümü dirilişimiz oldu. Devlet Bahçeli ve ekibiyse sonumuz oldu. ∎ Hüseyin Işık-Turhal

Bilge kişi Zeybek olabilir: Başbuğ'un yerini dolduracak lider zor bulunur. Ama partimizin milletimizle bütünleştirecek bilge kişi Namık Kemal Zeybek olabilir. Partinin küçülmesinde payı olanlar aday olmamalı. ∎ Kara Doğan-Mardin

Ocaklara yeni içerik verelim: Asıl mesele MHP teşkilatlarından ziyade ülkücülük ve Ülkü Ocakları ile ilgilidir. Ülkede komünizm tehlikesi ortadan kalkınca ülkücülük de işlevini yitirmeye başladı. Bu nedenle ülkücülük ve ülkü ocakları ya ortadan kaldırılmalı ya da içleri bir daha hiç boşalmayacak şekilde doldurulmalıdır. ∎ Yasin Akyol-Konya

Şimdi tek başına iktidardık: Biz ülkücüler bu ülkeyi karşılıksız sevdik. 3 Kasım'daki mağlubiyetimiz bizi durdurmamalı, aksine perçinlemelidir. Bu ülke için yaptıklarımız yapacaklarımızın bir parçasıdır. Devlet Bey DSP ile koalisyon yapmasaydı şimdi tek başına iktidar olan bizdik. Ama tek suçlu da Devlet Bey değil, hepimiziz. Millete derdimizi anlatamadık. Ama sağlık olsun. Bir dahaki seçimlerde inşallah tek başına iktidar olarak Meclis'e gireceğiz. ∎ Mustafa Yılmaz-Ilgın

Küstürülenleri geri çağıralım: Biz polemik bilmeyiz. Doğruya doğru eğriye eğri deriz. MHP'nin iktidar dönemi biz ülkücüler için maalesef başımızı öne düşüren, yüreğimizi kanatan acı bir dönem olmuştur. Kimseyi suçlamıyorum. O geride kaldı. Biz önümüze bakmak zorundayız. Birçok ülkücü küstürüldü. Kendilerini geri çağıralım. Hareketin gerçek sahipleri ayağa kalkmalı ve zafer bayrağını dalgalandırmalıdır. ∎ Nuri Uzuner-Ankara

Tek yürek tek yumruk: Ülkücüler liderleri etrafında kenetlenir, vatanları ve davaları için tek yürek tek yumruk olurlar. İçimizde meydana gelmiş veya gelecek ufak tefek anlaşmazlıklar bizi ilgilendirir. Kimse bu tür uyuşmazlıklara bakıp sevinmesin. Kim derse ki 'Ülkücüler davalarına, liderlerine, partilerine, ocaklarına sırtlarını dönmüş başka çıkış noktaları arıyor', külliyen yalan söylüyordur. Bu iftiradır, nifaktır. ■ Tahsin Emre Yavaş-Marmara Adası

Milliyetçilik ruhunu körelttiler: MHP yapamayacağı sözleri vermemeliydi. Apo ve başörtüsü konuları sonun başlangıcı olmuştur. İlk kez oy kullanıp MHP'ye vermiştim. Bir gazi olarak verilen sözler benim için çok önemliydi. MHP'liler şehit ve gazi ailelerinin önemini, bu insanların milyonları etkileyebileceğini tam kavrayamamış olmalı. MHP'li milletvekilleri bizlerdeki milliyetçilik ruhunu maalesef köreltmişlerdir. Sadece kendilerini düşünmüşlerdir. Tıpkı Koray Aydın, gibi. ■ Musa İrez-Isparta

Bahçeli partiyi taşıyamadı: Bahçeli MHP Genel Başkanı oldu ama gerçek ülkücülerin lideri olamadı. Ülkücü gençlik sahipsiz kaldı. Gerçek milliyetçiler davasından ve yolundan hiçbir zaman ödün vermez. Tek isteğimiz ülkücülerin ve MHP'nin liderliğini yapabilecek genç, dinamik ve milyonları peşinden sürükleyebilecek bir lider. 12 Ekim'de tatsızlık yaşanmasın, birlik ve beraberlik içinde olalım. ■ Nuran Keramik-Konya

Ölünceye kadar Bahçeli: Bizler küçük yaşta ocak terbiyesi ve merkezi otoriteyle büyüyen, liderine sadık olan ve ölümüne destekleyen kişileriz. Dolayısıyla aday sıkıntımız yoktur. Sayın Bahçeli liderimizdir. Sonuna kadar o asil, mütevazı, her konuda bilgi sahibi, devlet tecrübesine sahip genel başkanımızın arkasındayız. Ondan başka bu camiaya lider olacak kişi göremiyoruz. Her arkadaşımız bir değerdir, ama liderlik farklı bir şeydir. ■ Yüksel Parlak-İstanbul

Oğlumun adını Koray koydum: Koray Aydın'ı zorla hırsız yapmaya çalıştık ama şu an Yüce Divan'a gönderilenler arasında onun adı yok. Eğer partiyi dedikodular yıpratıyorsa, onyıllardır devam eden mafya-ülkücü ilişkisi gibi karşı olmamız gereken bir durum var ortada. Yapılan haksızlıklardan etkilenerek beş ay önce doğan oğluma Koray adını verdim. Koray Aydın ile de gurur duyuyorum. Keşke biribirimizle uğraşacağımıza teşkilat işleriyle uğraşsak. ■ Mehmet Karal-Karşıyaka

Hiç yeniçeri ve devşirme olmadık: Acaba Devlet Bahçeli, 12 Eylül'ü bedenen ve ruhen yaşayan bizim gibi ülkücülerin binde biri bu harekete hizmet etmiş midir? Bizler hiç kaçmadık, geri de dönmedik. Hele istikbal ve makam peşinde hiç olmadık. Hep akıncı yaşadık, hiç yeniçeri ve devşirme olmadık. İdeolojiyi hiç unutmadık. Bütün yaşamımıza uyguladık. Onlarca şehit ve gazimizle, binlerce Yusufiyelimizle 1999 seçimini biz kazandık. ■ Ahmet Yılmaz-Sincan Cezaevi

Umarım Prof. Özdağ siyasete girer: Devlet Bahçeli yıllardır iktidara hasret kalmış MHP'yi iktidara taşımış ve 3 Kasım seçimleriyle misyonunu tamamlamıştır. MHP'nin çok daha dinamik ve uluslararası konulara vakıf bir lidere ihtiyacı var. Prof. Ümit Özdağ yaptığı çalışmalarla kendisini ispat etmiş bir kişilik. Kendisinin MHP'ye ihtiyacı olan dinamizmi getireceğine inanıyorum. Umarım onu yakında aktif siyasette göreceğiz. ■ Aykut Azgur

Türkiye'nin itibarıyız: İşte ülkücülerin geri planda kaldığı, bölünmüş gibi gösterilmeye çalışıldığı Türkiye'nin hali. Ne zaman ülkücüler ön plana çıksa Türkiye'nin itibarı artıyor. Nereye gitti bu ülkücüler yerine niye küstürüldü bu ülkücüler diye sormanız daha yerinde olurdu. Bir yere gitmedik. Bu ülke için dimdik ayaktayız. Tekrar kucaklaşırsak ülkemizin onurunu kurtarırız. Irak'ta askerlerimiz esir değil kurtarıcı olur. ■ Şaban Uzun-İstanbul

Doktrin değil millet partisi: MHP Sayın Bahçeli ile kazandığı imajı korumalı ve geliştirmelidir. Milliyetçiliğin yanına insan haklarına saygılı, demokrasiye inanan, Müslüman bir parti imajı başarıyla eklenmelidir. Doktrin partisi olmaktan çıkılarak millete mal olacak bir parti yaratılmalıdır. Ülke çapında bugüne kadar yapılan pis işler meydana çıkarılmalı ve bu bilgiler milletle paylaşılmalıdır. Parti üyeleri her yönleriyle örnek olmalıdır. Şaibe altına giren herkes ayrılmalı veya atılmalıdır. ■ Gani Özkök

Bu hallere düşecek adam mıydık?: Susmak istiyorum susamıyorum. Konuşmak istiyorum dilim dönmüyor. Hey gidi koca Türkiyem, nelerin mücadelesini verdik. Biz bu hallere düşecek adam mıydık? Parçala, böl, yut taktiğini ülkeme olduğu gibi MHP'ye de uyguladılar. Kimi yazayım, hangi birine söyleyeyim? Ey Muhsin Yazıcıoğlu, ey Tuğrul Türkeş ve niceleri içiniz rahat mı? ■ Halil İbrahim Taşçı-İstanbul

Türkeş 80 yaşında daha canlıydı: Sayın Bahçeli 3 Kasım'dan beri kayıp ve adeta millete küskün. Rahmetli Türkeş bile 80 yaşında iken ondan daha canlıydı. Seçim kaybettiği zamanlarda bile bir şey olmamış gibi yeniden şevkle işe başlardı. Anadolu'yu karış karış gezer; Türkiye'yi etkileyecek her olayda fikir oluştururdu ve partisini gündemde tutardı. Oysa Bahçeli'de hiçbir ileri görüşlülük yok. O suskun haliyle ve yetersiz çevresiyle partisinin dinamik ruhunu kaybettirdi. Tek başına erken seçim kararı alırken milletten nasıl oy alacağını hesapladı, anlamak mümkün değil. Bundan sonra halkın güvenini kazanmak için çok çalışmak gerekir. ■ Burak Alp-Ankara

Uyuyan devi uyandırdınız: Siz kitaplarınız ve yazılarınızla Refah Partisi ve misyonunu cilalayıp boyayıp iktidara yürüttünüz. Bize de uğurlu gelirsiniz belki. Süleymaniye'de tutuklanan askerlere yanan yürekte ülkücüler. Eşkıyaya af çıkaranlara kızan yürekte. Başbuğ'un emanetini taşıyamayanlara taşan sabırda. 3 Kasım'da MHP'yi seçmeyenler dahil bütün Bartınlı ülkücüler *Vatan* okuyor sayenizde. Ve bu uyuyan devi uyandırdığınız için de teşekkür ederim. Son olarak: Ülkücü hareket engellenemez. ■ Şendoğan Şahin-Bartın

Uzlaşmaya evet, teslimiyete hayır: Bir genel başkan ülke bütünlüğüne yönelik olaylar karşısında gerektiğinde elini masaya vurabilmeli. Uzlaşmaya evet, ama bunu teslimiyet haline getirmemeli. Başta Tuğrul Türkeş, Muhsin Yazıcıoğlu, Ali Güngör, Enis Öksüz gibi simge isimler olmak üzere ayrılanlar davet edilmeli ve kayıtlarını bizzat Sayın Devlet Bahçeli imzalamalı. Bahçeli kongrede mutlaka görevi devretmeli. ■ Gürsel Balcı-Fethiye

Demagojiyle bu iş olmaz: 'Önce ülkem, sonra partim, sonra ben' diyenlerin önce kendileri, tekrar kendileri, yine kendileri uygulaması devam ettikçe çabalarımız yine boşa gidecektir. İnsan tek bir şeydir. Bir yerde ayrı, başka bir yerlerde daha ayrı düşündükleri müddetçe kimse davadan bahsedemez. Tabandaki hareket tavanda da aynı olursa neticeye varılır. Aksi takdirde bazılarının fikir yürütmeleri demogoji yapmaları bu davayı biryerlere götürmez. ■ İsmail Temelli

Ülkücü hareket miadını doldurmadı: Bu vatan, bu millet, bu toprak, var oldukça bu dava yaşayacaktır. Ülkücü hareket hiçbir yere gitmemiştir, sadece bir fetret dönemi yaşamaktadır ve zamanı gelince tek yürek, tek bilek, tek yumruk olarak düştüğü yerden kalkmasını bilecektir. Özellikle bazı çevrelerin 'Ülkücü hareket miadını doldurdu' gibi söylemlerde bulunmaları hareketin bu özelliğini tam olarak kavrayamamış olmalarından kaynaklanmaktadır. ■ Aybars Ünal-Ankara

Halk MHP'den umudunu kesmedi: Bakanlarımızın çok başarılı olduğu söylenemez, ama başarısızlar da denemez. Gerek vekillerimiz, gerek bakanlar kendilerini ve içinde bulundukları açmazları anlatamadılar ve halk bunu çok acı bir şekilde MHP'ye ödetti. Yani halk MHP'den umudunu kesmedi. Sadece 'kendini ifade etmezsen başına bu gelir' dedi. ■ Ferhat Akdil-Bodrum

Dürüst, ilkeli ve Peygamber ahlaklı: Devlet Bahçeli Bey'in aleyhinde bulunan, onun adaylığını koymasını istemeyenler partimizin zafiyetine sebep olan şahsiyet ve karakter fukarası kimselerdir. Keşke Bahçeli Beyefendi 3 Kasım gecesi ayrılacağını söylemeseydi. Dürüst, prensip sahibi ve Peygamber ahlaklı Bahçeli Bey'in MHP'ye bir merkez partisi imajı getirdiğine inanıyorum. ■ Kadriye Nurgül

İş takipçisi vekiller çıktı: Yaklaşık 2500 ülkücü şehit oldu. Sonuç, milletvekillerinin birçoğu zengin müteahhitlerle işbirliğine başladı, onların özel işlerini, hatta hakedişlerini takip ettiler ve fakir fukaranın, yetimin hakkının bu müteahhitlerin ceplerine gitmesinde çok önemli rol oynayıp insanları sürgünle tehdit ettiler. Direnen ülkücüler görevden alındı. Ozan Arifler dışlndı. Ülkücü geçinenlerle ülkücülerden geçinenler cirit attı, ahlaksızlık etti ve bu durumu Devlet Bahçeli ibretle izledi. ■ Halil Güler-Giresun

Milletin şakağına hançer vurulduğunda: Devlet Bahçeli son beş yılın iyi, anlayışlı bir lideri. Evet lider, genel başkan değil. MHP bugün iyi bir konumdadır. Hazır ol vaziyette görevini beklemektedir. Hükümetler geçici Türk milleti kalıcıdır. İşte milletin şakağına hançer vurulduğunda MHP görevini yapacaktır. ■ Serkan Duman-Sakarya

Gerçek ülkücü Doğu Perinçek: Gençlik dönemimde ülkücü camia içinde bulunmuş ve halen siyaset alanında bulunanların birçoğuyla çalışma fırsatı bulmuş birisiyim. Ülkücülerin boşluğa düştükleri esnada, bu boşluğu gerçek bir ülkücü yapısıyla doldurarak hislerime tercüman olan ve onları umutsuzluk ve çaresizliğe düşmekten kurtardığına inandığım sayın Doğu ve Perinçek ve kadrosuna teşekkür ederim. ■ Muzaffer Günay-İstanbul

Bu gidişle yüzde 3'e düşeriz: İnsanların bilgi, liyakat, ehliyet, fikir ve projelerinin ön plana çıktığı, erdemli, edepli ve disiplinli teşkilatlar oluşturulması gerekirken, ülkücü iradeye içerden ve dışardan müdahale ederek kendi menfaatleri doğrultusunda ülkücüleri kontrol altına almaya ve seçimleri yönlendirmeye çalışıyorlar. Bunların sonucunda belediye seçimlerinde yüzde 3 oy almaya hazır olsunlar. ■ Dursun Efe-Kırşehir

Tek çıkış yolu Tuğrul Türkeş: Devlet Bahçeli'nin genel başkanlıktan ayrılıp ayrılmaması, geçmişte onun lehine feragat eden ya da dün önünde el pençe divan duran, yani kötü kopyalarından herhangi birinin genel başkan olması gidişatı değiştirmeyecektir. Alparslan Türkeş dirilip bir yüzde 18 daha hediye edemeyeceğine göre, bu süreçte partieden ayrılarak vebale ortak olmayan Tuğrul Türkeş'ten başka bir çıkış yolu görünmemektedir. ■ Yusuf Yılmaz

Şirin gözükmekle değişim olmaz: Değişim, fikri yanı silip atıp sadece dışa şirin gözükmeye çalışmakla olmaz. Hele hükümet icraatını görmezden gelmek hiç olmaz. Değişim beyaz çorap giymeyi yasaklamak değildir. Kıbrıs, AB, Irak konularında bir arpa boyu yol alamayan, Kürt devleti hazırlıklarına imkân tanıyan, Orta Asya'ya küsen bir politikayla nasıl değişimden söz edilebilir? Değişimin nerede, nasıl olacağı bu kongrede belli olacaktır. ■ Oğuz Öz

MHP sinsi ve kurnaz olmadı: MHP iktidarda kendi kendine bocaladı. İç çekişmeler, günü kurtarma kaygısı ve iktidar hırsı öne çıktı. Ezildi, dışlandı ve sonuç hüsran oldu. Ama özünde sinsilik ve kurnazlık yoktu. Bu davayı sürdürmek için illa iktidar olmak gerekmez. Bunu sayın Alparslan Türkeş zamanında da yaşadık. Bu, milletin hareketidir. Bu yüzden tekrar yapılanmalı, ayrı saflardaki ülkücüler aynı safa geçmelidir. ■ Tolga Akasya-Ankara

Menfaat düşkünleri GP veya AKP'ye kaçtı: Ülkücüler gerçek duruşları, ahlak ve dürüstlükleriyle yuvalarındadır. Kamuoyunda kendilerini ülkücü lanse edenlerse ortada yoktur. Dün menfaat karşılığı ANAP ve DYP'ye gidenler bugün GP veya AKP'ye geçmişlerdir. İçimizden seçilecek her ülkücü bu toplumun lideri olacaktır. Bahçeli veya bir başkası, hareketimizi toparlayacaktır. ■ Turgut Özyer-Eminönü

Kamil insanlara ihtiyaç var: Milli gururumuzu ve menfaatlerimizi savunacak, eskiden olduğu gibi yüce Türk milletinin sesini duyuracak, sözünü dinletecek, Türk milliyetçilerine yeniden itibar kazandıracak, nefsini yenmiş kamil insanlara bugün daha çok ihtiyaç var. Boşuna yüklenmedik biz bu davayı / Bulacağız pek çok derde devayı / Her yerde, her sazda bizim havayı / Çalacağız göreceksin az kaldı. ■ Celal Gökgöz-Mersin

İP'e baksın da utansınlar: Diğer koalisyon ortakları ve medya, Devlet Bey ve ekibiyle, kedinin fareyle oynadığı gibi oynadılar. Seçim yapıldı, ben dahil birçok kişi MHP'ye oy vermedi. Devlet Bey de istifa edeceğini açıkladı. Nerede istifa? Seçimden sonra nasıl bir insiyatif sergilediler? O kadar önemli olaylar olurken seslerini bile duymadık. İşçi Partisi'ne baksın da utansınlar. Yeni kadrolar Bahçeli ve ekibini ihraç ederek temiz bir sayfa açmalı. ■ Adnan Aydoğmuş

MHP'nin varlığıyla yokluğu birdi: Sayın Bahçeli fotoğraf karelerinde Ecevit ve Yılmaz'ın yanında ceket iliklemekle yetindi. Ortaklarının fikirlerini de hep kabul etti. Kendi görüşlerini kabul ettiremedi, hatta hiç dile getirmedi. Halksa MHP'yi kurtuluş olarak görüp iktidar yapmıştı. Milliyetçi çizgide, halktan yana bir parti istiyordu. Ama tam tersi oldu. MHP'nin varlığıyla yokluğu birdi. ■ Tunç Sunguroğlu

Birlik için ne bekliyorsunuz?: Biz Kars'ta, Türk kimliğimiz kaybolmasın, Kerkük'te yaşananlar bizim de başımıza gelmesin diye, yediden yetmişe, sağcısı, solcusu demeden Türklüğümüze sahip çıkarken sayın Bahçeli, Ongun, Aydın, Çelebi, Zeybek, Yazıcıoğlu, Şendiller, Okuyan ve diğerleri, daha ne bekliyorsunuz, ne düşünüyorsunuz? Ne zaman her şeyi bir tarafa bırakıp Türkün menfaati doğrultusunda tek vücut hareket etmeyi düşünüyorsunuz? ■ Mürteza Aybirdi-Kars

Bahçeli dışında herkese öfkeliyiz: Çok öfkeliyiz. Öfkemiz Sayın Bahçeli'ye değil, yanındaki büyüklerimize. Bizi çok üzdüler, bizi hiçe saydılar. Hepsi koltuk sevdalısı oldu. Hep kendilerini düşündüler. Ama biz ülkücüler küsmeyiz. Başımız dik gezebilmemiz için Devlet Bey'den başka aday çıkmaması lazım. Çünkü camiayı ancak o toplayabilir. ■ Süreyya Ünal

Ramiz Ongun bu işi sırtlar: Ülkücü hareket geçmişten günümüze uzanan bir aksiyon hareketidir. Bu hareket Başbuğ'u kaybettiği yıllarda bitti diye tarif edildi, ama biri çıktı iktidar yaptı. Şimdi de bir başkası çıkacak ve o da iktidar yapacak. Yani ülkücü hareketin lider sıkıntısı kesinlikle olmaz. Ramiz Ongun Bey bu işi sırtlar. ■ İbrahim Demirbaş-Espiye

MHP kurucusuyum, beni unuttular: Muhafazakâr Parti ve MHP'nin kurucular kurulu üyesiyim. MHP'de üye kayıtları sık sık silinmesine rağmen doğal üyeyim. Ama bu yönetim beş yıldır beni MHP'deki hiçbir etkinliğe davet etmiş değil. 40 yıllık hareketi hiç hak etmediği bir noktaya getiren bu yönetimin 12 Ekim kongresini beklemeden derhal çekilerek MHP'ye hizmet etmesini istiyorum. ■ Ünal Sümer

Bu fetret dönemini de aşarız: Milli refleksin temsilcisi olan MHP'deki suskunluğun sebebi Bahçeli ve ekibidir. Türk milliyetçileri tarihten bu yana defalarca fetret dönemini atlatarak fetih kapıları açmıştır. MHP'de de yönetim değişimiyle yeni heyecan dalgası tüm yurdu saracak, ülkemizi müstemleke durumuna düşürenlere karşı milli mukavemeti oluşturacaktır. ■ Ahmet Bozkurt Fendoğlu-Alanya

Türkeş soyadı tek başına yetmez: Muhsin Yazıcıoğlu gibi bazı kişiler rahmetli Başbuğumuzu sağlığında, bırakın terk etmeyi ihanet ederek çekip gittiler. Tuğrul Türkeş'e gelince, kongrede yaptıklarını, kendisini destekleyen gruba yaptırdıklarını unutmuş değiliz. O nahoş olaylar cereyan etmeseydi 1999 seçimlerinde tek başımıza iktidar olabilir, halka taahhütlerimizi daha fazla yerine getirebilir, bugünde meclis dışında kalmazdık. Soy isminin Türkeş olması Tuğrul beyin MHP üzerinde müktesep hakları olduğu anlamına gelmez. ■ Bilal Ergün-İzmir

Bu okyanus kendini temizler: Başımıza çuval geçirilerek milli onurumuzla oynandığı bir dönemde Türk milliyetçilerinin ve ülkücü hareketin tartışılmasını amaçlı ve manidar buluyorum. Türk milliyetçiliği doğal ve aksiyoner bir harekettir. Bir okyanus gibidir. Kirlenmişse, kirletilmek istenirse kendi kendini temizleyecektir. Kişiler gidici, dava kalıcıdır. Bu hareket, çıkar ya da kâr amacıyla kurulan bir holding değildir ki kişilerle batsın veya yücelsin. ■ Saadettin Koç-Ankara

Milliyetçi çizgi kayboldu: Ülkücülük geçerliliğini önemli ölçüde yitirmiş, milliyetçi çizgi kaybolmuştur. Şu an MHP'nin savunduklarının aynısını ANAP ve DYP de savunuyor. Hatta İP bile Amerika'yı protesto ediyor. Küreselleşme ülkelerin bağımsızlığını, sosyal yapılarını, kültür ve ekonomilerini tehdit ederse milliyetçi doktrin yeniden geçerlik kazanabilir. Bu durumun bir dahaki seçime yansıyıp yansımayacağıysa belli değil. ■ İlker Serbes

Ocak başkanları bayrağı devretsin: Verdiği sözleri tutmasıyla tanıdığımız Devlet Bahçeli'nin sözünü tutup aday olmayı düşünmeden istifa etmesi gerekir. Ayrıca yıllardır Ülkü Ocakları Genel Başkanlığı yapan ve şu ana kadar belirgin bir katkısını göremediğimiz Atilla Kaya ile Alişan Satılmış gibi yardımcılarının da misyonlarını tamamladıklarını fark edip bayağı teslim etmeleri gerekmektedir. ■ Bülent Eken

Değişim genç kadrolarla olur: Ülkücü hareketin, ideoloji boyutunda, Yeni Dünya Düzeni'ne göre gelişimini sağlayacak yeni kadrolara ihtiyacı var. Bunun için de, yıllardır klasikleşmiş isimlerin yerlerini genç kadrolara bırakmaları gerekiyor. Bu değişimin de, yalnızca parti bazında algılanmayıp ülkücü hareketin temel direği olan Ülkü Ocakları'ndan başlatılması gerekmektedir. ■ Şahin Gözal-Eskişehir

Mehmet Gül'e ihtiyacımız yok: MHP'nin Mehmet Gül gibilere ihtiyacı yok. İstanbul'da il başkanlığı yaptı, acaba İstanbul'da rahat dolaşabiliyor mu? Milletvekiliyken ne yaptı ki genel başkan olunca ne yapacak? Tarkan'la, Küba ile uğraşacağına teşkilatla ilgilenseydi. MHP'nin genel başkan sorunu yok. Sorun Gül gibiler. Ona tazyik yapan yakın iş arkadaşlarıdır. Zaten ülkücü camia seçim gecesi cevabını verdi ona. Biz orada ağlıyoruz o medyaya çıkıyor. ■ Kemal Er-İstanbul

Genel başkan üçüncü sıradadır: İsimlere dayalı Türk milliyetçisi değiliz, fikir ve aksiyon adamlarıyız. Bizim için hareketin ismi MHP, amblemi de üç hilaldir. Genel başkanlar varlıklarını bunlara borçludur. Bu yüzden de hareketin üçüncü sırasındadırlar. Delegenin teveccüh gösterip seçtiği kişi genel başkanımız olur, itaat ederiz. ■ Sebahattin Şeker

Tabanın seçtiği adayları çizdiler: Bence seçim yenilgisinin en büyük nedeni seçimden önce yapılan teşkilat aday yoklamasıdır. Genel merkez, tabanın seçtiklerini görmezden gelip kendi istediği adayları listelerin başına yerleştirdi. Teşkilat da çalışmayıp, oy vermeyip genel merkezi cezalandırdı. Taban ile tavan savaşınca sonuç da olumsuz oldu. ■ Serhat Yabancı-Elazığ

Oğluma örnek kişilik: Bahçeli: Bir anne olarak oğluma örnek olabilecek bir kişilik arıyorum. Bu özelliklerin sayın Bahçeli'de bulunduğunu düşünüyorum ve onunla gurur duyuyorum. Seçim sonuçlarının sorumlusu olarak onu gösterenler önce kendilerinin seçimlerde ne kadar samimi ve inanarak çalıştıklarını sorgulamalılar. Sayın Bahçeli, ısrarla aday olması için baskı yapmaya devam edersek, samimiyetle arkasında durduğumuzu gösterebilirsek görev almaktan kaçmayacaktır. ■ G. Kolaylı-Ankara

Tarih kitaplarında kalabiliriz: Sayın Bahçeli tekrar aday olursa birçok ilkeli insan MHP'yi bırakacaktır. Halk yığınları da bundan etkilenecek, MHP'den sadece tarih kitaplarında bahsedilir olacaktır. Bu ülkenin dünden daha fazla MHP'ye ihtiyacı var. Dürüst, kendini ve dünya görüşünü iyi ifade edebilen, çalışkan, birleştirici, genç ve partiyi hızla demokratikleştirecek liderler istiyoruz. Bunlardan yeterince var. ■ Önder Akar-Bornova

Bahçeli bu dava için evlenmedi: Devlet Bey'in hiçbir şeyi unutmayan keskin bir zekâsı ve anlayış kabiliyeti vardır. Yanındaki kişiler de çok değerli ve deneyimli devlet adamlarıdır. Bu dava için evlenmemiştir. Bütün sınıf arkadaşları profesör, işadamı olmuşken o doktor olarak görevine devam etmiştir. Türk dünyası ve Türk milliyetçileri için bulunmaz bir nimettir. Türk milliyetçileri, şu an, her zamankinden daha fazla ona ihtiyaç duymaktadır. ▪ Zeki Yaşar-Mamak

Başarısız olan istifa etmeli: Artık modern demokrasilerde bir gelenek haline gelmiş olan şey, başarısız olan genel başkan ve kurmay ekibinin hemen görevlerinden ayrılmalarıdır. Ehliyet, liyakat, güven ve kariyer sahibi yeni bir lider ve kurmay heyetiyle tüm milliyetçi-muhafazakâr ekip bir çatı altında birleşmelidir. 3 Kasım seçimlerinde halkımız bu doğru yolu göstermiştir. ▪ Bekir Dizdar

Bahçeli sorumlulardan hesap sormalıydı: Bana göre parti içi yapılaşmada yanlışlık var. Sayın Bahçeli çevresindeki arkadaşlarını yanlış seçti. 3 Kasım akşamı sorumluluğu üzerine alacağına sorumlulardan hesap sormalıydı. İstifası hiçbir şey ifade etmiyor. ▪ Adnan Meçu-Çanakkale

Delegelerin çizgisi sağlam mı?: Ülkü Ocakları Başkanı'nın beyanı çok doğrudur. Çizgisi kırık olan kişilerin aday olmaması lazım. Aday olsa bile ülkücü irade onlara tamah etmez. Peki oy kullanmaya Ankara'ya gelecek 81 ile ait delegelerin çizgisi sağlam mı? Bir diğer husus, suyun başında duranlar hep suya yön vermekteler. Biliyorum ki bütün illerin il başkanları, ilçe başkanları ve delegeleri seçilirken bana göre küçük, negatif siyasetler yapılmıştır. Bu maalesef seçim sistemimizin açık hileleridir. Peki bu küçük hileler demokrasiye uygun mudur? ▪ Levent Sürek-Samsun

Lider değil organizatör yönetici: Demokrasiyi değer olarak benimsemek yetmez, yöntem ve eylem olarak da uygulamak lazım. Yanlız devlete lazım olan milliyetçilik değil, millete lazım olan milliyetçilik yapmalı. Yanlız devleti ve görevlisini değil milleti koruyan hukuk. Milleti tehdit eden değil hizmet eden yönetim. Yönetenlere değil millete lazım olan demokrasi. Sistemin değil milletin istediği parti. Devlet, din, dil, ırk, mezhep, bölge yerine ülke milliyetçiliği. Ulusal güvenliğin yanında bireyin güvenliğini de savuna-

lım. Başbuğ'dan sonra lider değil organizatör yönetici aramalıyız. ■
Ekrem Pazarcı-Seyhan

Partim beni müdürlükten aldı: Yıllarca bu büyük davanın neferliğini yaparak ezildim horlandım ama yılmadım. En büyük acım MHP iktidarı döneminde müdürlük görevinden alınmış olmam oldu. 3 Kasım seçimlerine kadar başım önümde gezmek zorunda kaldım. Bunca çileye karşın hâlâ umudumu yitirmiş değilim. Basiretsiz ve benlik kompleksine kapılmış, ülkücü iradenin alçak gönüllüğünden nasibini almamış hatta ülkücü olamamış insanların acilen bu partinin çatısının altından uzaklaştırılması gerekmektedir. Bu konuda en büyük yetki Genel Merkez delegelerine düşmektedir. ■
Kemal Usta

Hayallerimiz ve umutlarımız yıkıldı: Sonuç aşağı yukarı belli olmuş, Sayın Bahçeli ekranda, soru: "Sonuç hakkında ne söyleyeceksiniz?" Bizler heyecanlı birkaç cümle beklerken, "Lider"in cevabı kısa, duygusuz ve buz gibi: "Yarın basın açıklaması yapılacak." Donduk kaldık. 20'li yaşlardaki oğlum, Kürşat'ım bile çok şeyler söylerdi. Ve bu suskunluk yıkıma kadar devam etti. Konuşmak isteyen de engellendi. 3 Kasım sadece MHP'nin değil ona meyleden milyonlarca Türk milliyetçisinin de hayallerinin ve umutlarının yıkımı oldu. ■ Ünal Azerhan-İstanbul

Yeni bir Türkeş bekliyoruz: Ülkücüler, herbiri küskün ama hâlâ içlerindeki ülkü sevdasıyla 21. yüzyıla yakışan, karizmatik, fikir üreten, yöneten liderlerini bekliyor. Konuşan, konuştuğu dinlenen liderlerini bekliyor. Kendilerini yok farzetmeyecek, transfer ülkücülerine rağbet etmeyen liderlerini bekliyor. Artık gerçekleri gören liderlerini bekliyor. Ülkücüler (belki hayal ama) bir Alparslan Türkeş bekliyor. ■ Sezgin Yıldırım-İstanbul

Listelere çok profesör koydular: Seçim meydanlarında uzun nutuklarını dinlediğimiz ve bıkkınlık getirdiğimiz çok meşhur proflar, doçentler... En büyük yanlış bu. Sayın Bahçeli bu etiketli devlet adamlarıyla seçimlerde başarı da kazanacağını umuyor. Bunların hepsi listelerin top 10 numarasını parsellemişler. Elbette hükümet olma iddiasında olan bir parti eğitim görmüş, isim yapmış insanlardan yararlanacaktır. Bunların partide belirli ağırlıkta olması da gerekmektedir. Ama işin dozunu ayarlayamamıştır. ■ Cem Kuloğlu

MHP için çalıştık, sonuç sıfır: Eşim ve ben öğrencilik hayatımız boyunca ülkücüydük. 1999'da MHP iktidarı için çalıştık ama sonuç sıfır. Okul ve iş hayatında ülkücüyüz diye eziliyorduk, MHP daha beter yaptı. Ülkücülüğün ü'sünden anlamayan, zamana göre kılıf değiştiren bukelamunları, işten anlamayanları başımıza müdür yaptı. Yaşasın biz hâlâ ülkücüyüz. Davayı çıkar uğruna satanlar düşünsün. ■ Tülay Aytekin-İstanbul

Şehitlerimizin kemikleri sızlıyor: Ruhi Kılıçkıran ile başlayan, Dursun Önkuzu, Gün Sazak, Ercüment Yahnici, Suat Kürşat ve diğer yüzlercesinin katıldığı ülkücü şehitler kervanında yer alan aziz şehitlerimizin kemikleri sızlıyor. Onlar bu vatan uğruna canlarını verdiler, oysa şimdi ülkücü hareket adeta paslanmış gibi. Kendimize gelip Türk-İslam milliyetçileri olduğumuzu hatırlayıp ona göre davranmalıyız. ■ Sadi Saçak-İstanbul

Dünkü çocuk oyumuzu çaldı: Aslına bakılırsa yönetimde suçlu yok. Suçlu kendimiziz. Oyumuzu çaldılar. Daha doğrusu bizim içimizden bazıları oyunu, havaya boş vaat sıkana attı. Dünkü çocuk parti kurdu, palavralar attı ve işin kötüsü içimizden bunlara inananlar oldu. Biz seçimi kaybettiysek sorumlusu Bahçeli değildir, onun dürüstlüğüdür. Çünkü o kimseyi kandırmaya çalışmadı. ■ Erhan Aslan-Yalova

Tuttuğunu kopartacak bir lider: Ozan Arif söylediklerinde yerden göğe haklı. Milliyetçi hareket asla son bulmaz. Bu iş için Devlet Bahçeli gibi pasif insanlar uygun değildir. Tuttuğunu kopartacak, özü sözü bir, gönüldaşını değil hasmını yerden yere vuracak insanlar ancak MHP'ye başkan olabilir. ■ Bahri Yıldız-Isparta

Melih Gökçek ismini unutmayalım: Ülkücü hareketi toparlayabilecek isimler Ramiz Ongun ve Ümit Özdağ'dır. Ayrıca bizi tek başına iktidara götürecek aday olarak Melih Gökçek ismini unutmamak gerekir. Tabii ülkücü hareketin amacı gerçekten tek başına iktidar olabilmek mi? Bunların dışında Türk birliği ve Turan ülküsünü unutmamak, Gökalp'lerin, Atsız'ların, Taşer'lerin, Arvasi'lerin ruhunu sızlatmamak gerekiyor. ■ Servet Yıkılmaz

Özel Kalem görevden alınsın: Bu davaya gönül vermiş insanları sayın Bahçeli ile görüştürmeyen, hatta azarlayıp kovan özel kalem ve personelinin işine ne zaman son verecek? Sayın Genel Başkanımız, hep sabır ettiniz, artık yeter gücünüzü gösterin. Başta Şevket Bülent Yahnici olmak üzere diğer divan üyeleri ne yüzle teşkilatta duruyor? Ömrünüzde göremeyeceğiniz Meclis'e girdiniz. Eş ve çocuklarınızı en güzel kamu kuruluşlarına yerleştirdiniz, hâlâ gözünüz doymadı mı? Genel başkanımızın ve teşkilatın yakasından düşün artık. ■ Haluk Yavuzhan

Bizi millete küçük düşürdünüz: Devlet Bahçeli ve yöneticilere sesleniyorum: ülkücü hareketi ayaklar altına aldınız, bizi millete küçük düşürdünüz, Rahşan Hanım'ın küfürlerini yuttunuz. Bizler yıllarca yalnız Allah'ın huzurunda eğiliriz derken siz büyüklerimiz Bülent Ecevit'in, Avrupa'nın ve IMF'nin önünde eğildiniz. Bahçeli'nin tekrar aday olmasını kınıyor ve verdiği sözün arkasında durmasını istiyorum. ■ Mehmet Kılınç-Çayırbağ

Ölü toprağını üzerimizden atmalıyız: Başbuğumuzun kızıl elması Turan birliğiydi, ama şimdi bırakın Turan birliğini, kendi aramızda birlik beraberliği sağlayamıyoruz. Bütün ülkücülerde sanki bir güven sorunu var. İlk önce bunu aşmalı, üzerimizdeki ölü toprağını bir an önce atmalıyız. Yeniden davamıza sıkı sıkı sarılmalıyız. İnşallah 12 Ekim bunun başlangıcı olur. ■ Hüseyin Uğur Çırak-Korkuteli

2023'te lider ülke olacağız: Devlet Bey'i eleştirenleri anlamakta güçlük çekiyorum. 3 Kasım'da hiç çalışmadıklarına, hatta harekete zarar verdiklerine inandığım bazı büyüklerimizin bugün genel başkan adayı olmalarını bir türlü anlayamıyorum. Biz aklıselim sahibi ülkü erleri olarak genel başkanımızı desteklemeye devam edeceğiz. Cumhuriyetimizin 100. yılında, yani 2023'de 'lider ülke' idealimize Devlet Bey'le ulaşacağımıza inancımız tamdır. ■ Ahmet Kula-Balıkesir

Özdağ Türkçüleri niye karalıyor?: Prof. Ümit Özdağ'ın iddia ettiği gibi Türk Milliyetçiliği köhne ve yeni gelişmelerden habersiz değildir. Eğer Sadi Somuncuoğlu'nun dizide dediği gibi, Türk milliyetçilerinin (Türkçülerin) değil de, MHP-ülkücü kesimin doktrin derinleşmesinde, ileriye dönük düşünmede geri kaldığını, ayrıca siyasette de sınıfta kaldığını iddia etseydi daha doğru söylemiş olurdu. O zaman, gizli–açık, MHP'nin başına geçme emeline de yarar bir politika yapmış olurdu. 'MHP'de hiçbir şey yapılmadı, yeni görüşleri ben getireceğim' demekle, zor tartışılacak bir siyaset oyunu yapmış olurdu. Ben siyasetten uzağım, pek anlamam ama, Türkçüleri karalamakla olmamalıydı bu. ■ **Prof. Reha Oğuz Türkkan-İstanbul**

Bir kadro hareketi gelmeli: Sayın Bahçeli ve ekibi ülkücüleri faşistlik ve katillikle suçlayan ortaklarına gösterdiği teslimiyetin sonucunda bir büyük ve kutsal hareketi bitirme noktasına getirmiştir. Öte yandan Ali Güngör ve çilekeş ülkücülere hoşgörünün yüzde biri gösterilmemiştir. Sayın Bahçeli ve ekibi derhal gitmeli, yerineyse Yazıcıoğlu'suyla, Muharrem Şemsek'iyle, Tuğrul Türkeş'iyle, Ramiz Ongun'uyla, Mustafa Mit'iyle bir kadro hareketi gelmelidir. ■ **Süleyman Sağlam-Kütahya**

Alnı açık, göğsü dik lider: Bahçeli: Türk milleti var olduğu sürece, Türk milliyetçiliği yükselen değer olmaya devam edecektir. İlkeli dürüst ve vatansever, sözü bir alnı açık, göğsü dik bir lider olan sayın Devlet Bey, ülkücü gençlik sen var olduğun sürece seni örnek alıp izleyecektir. Önümüzde bir seçim var. Tüm ülkücüler, taraflı tarafsız ülküdaşlarımız, elele verip sayın Devlet Bey'in liderliğinde dokuz ışığın arkasından, üç hilalin gölgesinden hep beraber bir çatı altında toplanalım. ■ **Mehmet Danış-Osmaniye**

Ülkücü harekette eyyamcılık olmaz: MHP hükümette ülkücü tavrı hiç temsil etmemiştir. Tarihi sorumluluğu ve vebali büyüktür. Yolsuzluk ve yoksulluk edebiyatı yapmış, ama sözünü yerine getirmemiştir. "Başörtüsü irticai faaliyettir," diyen bakan H. Yusuf Gökalp ülkücü kıyımlar yapmış. Ayaklar baş olmuş, eyyamcıların egolarına hareket teslim edilmiştir. Sayın Bahçeli, en az Tansu Çiller kadar ilkeli davranıp çekilmelidir. ■ **Fikret Kavak**

Turan'ı nasıl hayata geçireceğiz?: Neden olmazsa olmaz ozanlarımız küstürüldü? Ya yöneticilerimiz yaptıkları işin ağırlığını kaldıramadı ya da bu işin ciddiyetinde değiller. Bizler bu şekilde Turan'ı nasıl hayata geçireceğiz, bilmiyorum. Ayrılmalar, kopmalar, beğenmemeler, dava adına değil de benlik adına yapılan işler. İnsan bu yazıyı yazarken bile kahroluyor. ■ Tarık Çiftçibaşı

Dava uğruna yediğimiz bıçaklar: 20 yaşında bir üniversite öğrencisiyim. Her insan gibi Sayın Devlet Bahçeli de bir yanlış yaptı. Bu, koalisyonda her şeye evet demesiydi. Ama şu iyi bilinmeli ki bizler her zaman onun arkasındayız. Bu dava uğruna yediğimiz bıçakların acısını biz çektik, her zaman da çekeriz. ■ Yasin Hakan Aybey

Milliyetçilik sevgiye dayanır: Türk milliyetçiliği kavramındaki Türk ifadesi 'birlikte yaşama arzusu taşıyan insanlar topluluğu' manasındadır. Irk, dil, din, mezhep v.s gibi ayrımcılık yaratan özellikler sözkonusu değildir. Coğrafi sınırları ise tüm dünya coğrafyasıdır. Milliyetçilik ise milletini sevmek ve gelişmesini, kalkınmasını arzu etmektir. Yani sevgiye dayanmaktadır. Başarısızlığın asıl sebebi günümüz gelişmelerinin bu ideolojik zeminde değerlendirilememesi ve buna uygun tavırların gösterilememesidir. ■ Halis Tamer Akı-Adana

Başbuğ olsa çoğunu kovardı: Devlet Bahçeli, göreve geldiği ilk zamanlarda Başbuğ'un her zaman yanında olan kadrolarla hareket etmedi ve onları dışladı. Muharrem Şemsek gibi hakiki ülkücüleri dışlamamalıydı. 18 Nisan seçimlerinden sonra da yanlış insanlarla yanlış politika uygulandı. Devlet Bey eğer biraz olgun hareket etseydi şu an başbakandı, ama fırsatları tepti. Ayrıca Başbuğ mezarından kalksa şu çatı altından birçok ismi kapı dışarı eder. ■ Fatih Aydın-Sakarya

Şapkayı önünüze koyup düşünün: Tüm başarısızlıklarına rağmen halen koltuklarını bırakmaya yanaşmayan ve bu uğurda il ve ilçe seçimlerinde her türlü ayak oyununu sergileyen genel başkan ve yardımcılarına sesleniyorum: rahmetli Türkeş'e ve tüm ülküdaşlara bunun hesabını ergeç vereceksiniz. Ülkücülerin oyunu bile alacağınız garanti değilken vatandaştan nasıl oy isteyeceksiniz? Bunun hesabını yapmanız ve şapkayı önünüze koymanız gerekir. ■ Ahmet Tamer-Yenimahalle

Gazete ve kanallarımız olmalı: Öncelikle basın-yayın organlarında fazla yer almak gerekmektedir. Bu da tüm kitlelere hitap edecek şekilde özel gazete, tv, dergiler aracılığıyla olur. Fikir yazıları, özel programlar milliyetçi çizgide olmalı, günlük haberler ve magazin haberleri herkesin okuyacağı şekilde olmalıdır. ■ Hasan Dervişoğlu-Vakfıkebir

Gençler kavga döğüş düşkünü: 15 yaşında bir gencim. MHP tabandan değiştirilmeli yani Ülkü Ocakları'ndan. Şimdiki gençliğimiz kavga dövüş düşkünü ve ülkücülük nedir bilmiyor. Bu gibi değişimler tabandan olmalı ve uzun vadede hesaplanmalı. ■ Mehmet Ok-Nevşehir

Miting konuşmaları anlaşılmıyordu: 3 Kasım hatalarını şöyle sıralayabiliriz: Değerli büyüğümüz Enis Öksüz'e sahip çıkılmadı. Genel başkanımız Ecevit'in arkasında çok sessiz kaldı. Miting konuşmaları halkın anlayacağı dilden değildi ve çok hareketsizdi. Niçin sanatçılarımız o alanlarda değildi? Ozan Arif'i o kadar özledik ki! ■ Ethem-Gaziantep

AB'ye karşı çıkmak hataydı: İktidar bize yaramadı. Yönetim tabanın sesine kulak vermedi. MHP'nin kararlı imajı belki de hiç düzelmeyecek derecede zedelendi. Taviz veren, geri çekilen, susan hep MHP idi. MHP antitez olarak AB'si seçmişti, ama Türk halkı AB'yi ekonomik açıdan kurtuluş olarak gördüğü için bu geçerli olmadı. ■ İsmail Karaca-İstanbul

Titreyin ve kendinize dönün: Bahçeli cidden seviyeli ve ileri görüşlü bir devlet adamıdır. Ve iktidar ortaklığı esnasında yaptığı her işin arkasındadır. Karşısına başka bir adayın çıkması MHP'nin daha da kan kaybetmesine yol açacaktır. Bugün inanılmaz üzüntü duyuyor ve tüm ülkücülere "titre ve kendine dön, bu dava ölmez, ülkeni böyle başı boş bırakamazsın" diyorum. ■ Beste Taşkeser-İstanbul

Bize tek bir kıvılcım yeter: Ülkücü hareket mücadele ruhunu yitirmiş durumda. Bize gereken sadece bir kıvılcım. Gördüğümüz anda onu ateşe çeviririz. Ama birlik ve beraberliğimizi de yitirdik. Adaylar ve yönetim ortak hareket eder, küskün ülkücüleri de parti çatısı altında toplarlarsa bu hareket şaha kalkar. ■ Osman Baran-Bingöl

Bütünleşmeden önce hesaplaşma şart: MHP bir işgal yaşamaktadır. Bu işgal hali sürdükçe gönderde üç hilalli bayrağı göremeyeceğiz. Ayrıca ülkücüler kendi aralarında bir hesaplaşma yaşamalıdır. Bütünleşmeden önce hesaplaşma şarttır. ■ Şeyh Hamit Akyüz-Malatya

Globalizmin panzehiri ülkücülüktür: Küreselleşmenin en önemli olumsuz sonuçlarından olan 'kültürsüzleştirme ve kimliksizleştirme'nin panzehiri milliyetçilik ve ülkücülüktür. Milliyetçiliğin karşısında olanlar da besinlerini emperyalizmden almaktadır. Milleti adına hassasiyet duymayan bir toplumun duruşu teslimiyettir. ■ Erdem Turan-Bursa

Ülkümden soğudum, Başbuğumu özledim: Ülkücü, kuru kuruya 'Kahrolsun Amerika' veya 'Kahrolsun Ermenistan' diyen kişi değildir. Başörtülü insanları yarı yolda bırakan hiç değildir. Sadi Somuncuoğlu'nu döven-söven değildir. Yaz günü, kirli sakal, siyah takım elbise ve elde tespih dolaşan hiç değildir. Ülkümden soğudum, Başbuğum, özledim seni. ■ İsmail Candan-Kahramanlar

Aydın'ı seçmek ihanet olur: 3 Kasım'da seçim yapılmasında etkili olan Koray Aydın genel başkan olmaya hazırlanıyor. Davamızda dürüstlük ilk sırada gelirken, bakanlığı döneminde biz ülkücülere ve vatanına yaptıklarıyla ön plana çıkan Aydın'ı genel başkan yapmak bu vatana en büyük ihanet olacaktır. ■ Tolga Atalay-Ankara

Bitkisel hayattayız, şok lazım: Ülkücüler şu anda bitkisel hayatta. Tekrar canlanmaları için ani bir şok lazım. Kendilerini dev aynasında gören, gökten zembille inenler yüzünden bu hale geldiler. Dün sokaklarda, kelle koltukta sabahladık. Ama partiye dün katılanlar bizi kapısının önüne bile yaklaştırmadı. Bizce kutsal sayılan polisi tokatlayan milletvekili hangi ülkücüden oy bekledi? ■ İsmail Deniz

İmajı bozanlar hoşgörüldü: Bana göre MHP'yi iktidarda eriten konuların en önde gelenlerinden biri, parti yönetiminin, olumlu yönde gelişen MHP imajını kamuoyu önünde değişik nedenlerle sürekli olarak yıpratan Koray Aydın, Cemal Enginyurt, Hüsnü Yusuf Gökalp, Osman Durmuş, Ahmet Çakar, Mehmet Gül, Enis Öksüz gibi isimlere adeta çanak tutar biçimde hoşgörülü yaklaşımı olmuştur. ■ Melih Özmen-Ankara

Şeriatçıların gönlünü hoş tutmayalım: MHP'ye kızıp Perinçek'i örnek alın diyenlere kızıyorum. Apo ile kol kola resim çektiren insana neden öykünürsünüz? Ülkücülük Türk-İslam sentezini değildir. Turancı, milliyetçi değerlere daha fazla önem vermeli, şeriatçı kesimin gönlünü hoş tutmaktan kaçınmalıdır. Devlet Bahçeli, Koray Aydın, Ramiz Ongun, Osman Durmuş gibi harekete hiçbir şey vermemiş insanlar bir kenara çekilmeli, karanlık işlere karışanlar dışlanmalıdır. MHP'ye Tuğrul Türkeş Başkan olmalı, Mehmet Ağar'ın DYP'si ile birleşilmelidir. ■ İbrahim Ormancı-Alaşehir

Ecevitlerin saygılı evladı: Bahçeli: Bahçeli, bir işaret etseydi 30-40 milletvekili gelir ve birinci parti olarak hükmeti kurabilirdi. Ama Rahşan Ecevit'in zehir zemberek açıklamalarına rağmen Ecevit'in güdümüne girdi. Ecevitlerin çocuğu yok, ama Allah Bahçeli gibi saygılı bir evlat verdi. Rahmetli Türkeş olsaydı 3.5 yılda en az 35 kez yumruğunu masaya vurmuştu. ■ Müdahir Onat

Lider adayları kaç gram geliyor?: Ülkücü hareket çok büyük bir harekettir. Bazıları boylarına poslarına bakmadan bu yüce davanın liderliğine soyunmaktadır. Onlara önerim, her şeyden önce kendilerini tartmaları, kaç gram geldiklerini görmeleri, daha sonra bu ağır yükün altına girmeye karar vermeleridir. ■ Girayhan Aktaş-İstanbul

MHP'de devşirmelerin zulmü var: Osmanlı'da devşirmelerin üst kademelere geldikten sonra Türk milletine yaptığı zulmün aynısı MHP'de yaşanıyor. Kimlik problemi olanlar, Türk milliyetçilerini ve Türkçüleri tamamen dışlamış ve sinsice Kürt, Arap, Çerkez vb. milliyetçiliği yapmaktadırlar. MHP'nin başına yüzde yüz Türk yöneticiler gelmelidir. ■ Mahir Panayır-Adana

İkinci Ergenekon mucizesi: 12 Ekim'de başbuğ değil genel başkan seçilecek. Toyluk zamanında ülke yönetimine talip olan ülkücüler bugün genel başkan seçmekte zorlanıyorsa suç hepimizindir. Yuvadan kopan ya da koparılan bozkurtları geri getirecek, II. Ergenekon mucizesini gerçekleştirecek bir lidere ihtiyacımız var. ■ Rıza Kırım-Antalya

Barlarda ülkücülük yapılmaz: Hiç kimse suçu liderine veya birbirine atmaya kalkmasın. Tavan kadar taban da suçludur. En büyük hatalardan biri Ozan Arif'e yapılan haksızlıktır. Her ülkücü, onun gibi üzerine düşen görevi yerine getirseydi bugün bu hallere gelmezdik. Bazı ülkücü gençlerin suçu ise yakışık almayan hareketler göstermeleridir. Hiçbir ülkücü barlarda bu davayı gütmeye kalkmasın. ■ Ünal Gececi-Adıyaman

Evrensel bakış açısı gerekli: Gördüm ki, devletin yapılmasını istediği, fakat sivil güçleri kullanmayı gerektiren işlerde ülkücüler su yüzüne çıkıp herkesin görebileceği yerlerde hizmet ürettiler. İhtilallerden tutun da antiterör hizmetlerine kadar her alanda öldüler ve sakat kaldılar. Fakat asla bu devletin içinde hâkim noktalarda bulunamadılar. Bulunamazlar da. Çünkü büyük bir birlik içinde, şeffaf olarak örgütlenemiyorlar. Başarılı olmak, bilmek, üretmek, sevmek ve evrensel bakış açısı gerektiriyor. ■ Aslan C.

Çakalların ağzına sakız olmayız: Cesurca bir iş yapıyorsunuz, ama maalesef sizde de at gözlüğü var. *Zaman* gazetesinde yazanları veya on ay önce başka bir partiden aday olanları değil lider, ülkücü olarak görmemiz mümkün değil. Kongremizi yaparız. Kim kazanırsa hareketin lideri odur. Biat ederiz. Birer bozkurt olarak çakalların ağzına sakız olmayı hak etmedik. ■ Ahmet Benzer-İhsaniye

Artık susmak bize haram: Şu düştüğümüz hale bakın. Tamam Devlet Bey iyi bir lider olmamış olabilir, ama her ülkücü gibi o da bu devlet ve millet için elinden geleni yapmıştır. Bu kadar suskunluk bizim için kâfi. Yeni yetmeler mitingler düzenleyip oylarımızı çalarken hep sustuk. Artık susmak bize haram. Susmayacağız. Susturacak varsa hodri meydan! ■ Refik Hasan Tören-Eskişehir

Bizim terbiyemizde lider tartışılmaz: 'Lider-teşkilat-doktrin' düsturlarımızı aklınızdan çıkarmayın. Elbette iktidar ortaklığında hatalar yapılmış olabilir. Koalisyonun bir unsuru olarak kalınmasa beklide aynı oy oranıyla yine meclisteydik. Olan olmuştur ve bu olanların olduğu zaman da Sayın Devlet Bahçeli 'lider'dir. Yani sizlerin aldığı ve sizlerin gençlere öğütlediğiniz terbiyenin ana 'tartışılmazı'dır. Bundan sonrası için de karar kendisinindir. ■ Mehmet Erol-Çanakkale

Akılsız milliyetçiden tehlikelisi yok: Hâlâ Bahçeli'yi tartışılmaz lider olarak görenlerin mektuplarını okuyunca geleceğe dair umut ışıkları da sönüyor. Bereket bunların sayısı az. Koray Aydın'ın ismini oğluna koyan ülkücünün bir bildiği mutlaka vardır. Eğer çıkar için yapmadıysa bir kontrolden geçmeli. Bir millet için en tehlikeli yaratık akılsız milliyetçilerdir. ■ Metin Öztürk

Açık oturumlara kimse yollanmadı: Ülkede olan bitenler hakkında hiçbir açıklama yapılmadı, devamlı susuldu. Tv'lerde yapılan oturumlara bir yetkili gönderilmedi. MHP aleyhine yapılan konuşmalara bir yetkili telefonla bağlanıp açıklama yapmadı. Böylece tüm olumsuz propagandalar sineye çekilmiş oldu. ■ İhsan Yelken-Sincan

Bahçeli, Şemsek ve Ongun birleşsin: Hareket birlik istiyor. Devlet Bahçeli, Muharrem Şemsek ve Ramiz Ongun'a çağrı yapıyor, yalvarıyoruz: Allah rızası için birlik olun. Biriniz başkan, diğer ikiniz de en az başkan kadar yetkili olarak görev alın ve partiyi birlikte yönetin. Nefis yapmayın da daha da küçülüp parçalanmayalım. ■ Mehmet Fatih Ünsal-Antalya

Hep şu çılgın ülkücüler yüzünden: Ülkücülerin bir aksakallılar meclisinin, yani ulemasının bulunmaması ortaya çılgın ülkücüleri çıkartmıştır. Onlar olmasaydı 1999'da birinci parti olurduk. 3 Kasım sonuçları da hem çılgın ülkücüler, hem de milletvekillerimizin insan ilişkilerindeki eksikliklerinden kaynaklanmaktadır. ■ Hamit Saraç-Bursa

Koray Aydın'a haksızlık yapmayın: Arkadaşlar hatırlasınlar. Başbuğ'un ölümü münasebetiyle genel merkez penceresinden ülkücülere seslenerek 'Başbuğum seni sağken iktidar yapamadık, ama söz veriyoruz, bıraktığın davayı iktidar yapacağız. Rahat uyu' diye seslenen Koray Aydın'dı. Kimse kendisine haksızlık yapmasın. ■ Muhittin Bostancı-Aydın

Ozan Arif yaşadıkça: Başbuğ Türkeş'in oğlu Ozan Arif yaşadıkça bu hareket imkânsız ölmez. Sonuna kadar Arif'in yanındayım. İçimde öyle bir aşk var ki anlatamam. Her gün Ozan Arif kasetleriyle yatıp kalkıyorum. İnşallah aramızdaki hain ellerin sonu gelecek. ■ Muhammed Aktürk-Bursa

Türklük ve Turancılık uğruna: Parti Türkçü kimliğini kaybetti. Taban vazgeçmiyor ama üzülüyor. Türklük ve Turancılık uğruna her şeyini feda edebilecek birçok yiğit hazırda bekliyor. Türkçü-Turancı mefkurenin gerçekleşmesinin yolunun yalnız MHP'den geçtiğini biliyoruz. Gerçek ülkücü kötü gidişattan kendine pay çıkarandır, küsüp ayrılan değil. ■ Mehmet Gültekin-Konya

Oyların gelip gitmesi normal: İdealimiz, MHP'ye oy verenlerin hepsinin Ülkü Ocağı süzgecinden bir şekilde geçmiş olmasıdır. Bunun haricinde, oy kazanımları 2002'de görüldüğü gibi kaymaya müsaittir. Bahçeli'ye muhalefet edenler, bunların bilincinde olmayan zayıf kişilerdir. Bahçeli koalisyondan çekilmesi durumunda ülkenin dengelerinin bozulacağını ve istikrarsızlığa sürükleneceğini gördü. MHP ve Bahçeli kolay yolu seçmemiştir ve seçmeyecektir. ■ Önder Burak-Malatya

Milli değerler ön plana çıkmalı: MHP çağı iyi okumalı, milli değerleri ve hedefleri ön plana çıkarmalıydı. Vatan ve bayrak sevgisi, Atatürk, Türk aile yapısı, Türkçe, milli üretim, çalışma seferberliği, milli kültürden uzaklaşan gençlik, her kademede Türkçe eğitim politikası vb. MHP'nin ıskaladığı, fakat varolma gerekçesinin temel kavramlarıdır. ■ Osman Karaarslan-Simav

Lider takım ruhu oluşturulmalı: Aşırı disipline edilmiş şekilcilikten öteye gidemeyen Ülkü Ocakları yeniden yapılanmalı ve vakfa dönüşmelidir. Lider-teşkilat-doktrin yerine teşkilat demokrasisi işletilmeli, bir 'lider takım ruhu' oluşturulmalıdır. Bahçeli verdiği sözün gereği olarak çekilmelidir. Bugüne kadar ismi adaylar arasında olmamış, yıpranmamış, başka partilerin kapılarını aşındırmamış, şaibesiz, lekesiz, dürüst bir yiğit, bir serdengeçti ancak MHP'yi ayağa kaldırabilir. ■ Mustafa Baylan-Antalya

MHP ılımlı politika izlesin: Hayatımda ilk defa 1999'da oyumu MHP'ye verdim. Çünkü adayı ırkçı politika uygulamadı ve MHP Van'da ilk defa bir vekil kazandı. Ama 3 Kasım'da o vekil üçüncü sırada olunca oyumu vermedim. Çünkü yeni aday hep ırkçı bir tavır sergiledi. MHP'nin oyu 21 binden 5500'e düştü. MHP ılımlı politika izlesin, artık korkulan parti olmaktan çıksın. ■ Murat Taşçı-Van

Susması zaaf değil, terbiyesi gereği: Başbakanlık makamında kim oturursa otursun makama saygı duyarız. Önce devletim yaşasın deriz, tavrımızı devletten yana koyarız. Yaptıklarımız, devletimizin bu coğrafyada sonsuza kadar yaşaması içindir. Bu duruşumuzu taviz olarak algılamak ve yansıtmak olsa olsa sakat bir düşüncenin ürünüdür. Başkanımız susmuşsa bu bir zaaf değil, devlet terbiyesi gereğidir. Devlet sırlarını açıklamayı marifet sayanlar bu tavrımızı asla anlayamayacaklardır. ■ Saltuk Buğra

Sevinçli günleri özlüyorum: Belki ağlıyoruz, belki canımız sıkkın, belki arabamızı kullanan şoför ve muavin işin ehli değil ancak bu hiçbir ülkücüyü davadan vazgeçme noktasına getirmemeli. Kızgınlıktan oy vermedik. Dilimizi konuşan ve anlayan yöneticileri görmezsek yine oy vermeyiz. Bulunduğum yerde MHP'ye oy çıktı diye sevinç çığlıkları attığım günleri unutamam ve özlüyorum. ■ Mithat Ersöz-Yüreğir

3 Kasım kumardı, kaybettik: 3 Kasım seçimleri bir kumardı, biz oyunu kaybettik. Halkın da oyunu kaybettik. Önemli olan gelecektir. Bize artık macera lazım değil. Adam gibi genel başkan, mert ve yürekli yönetim. Şu an başımızda adam gibi bir genel başkan var. Sayın Bahçeli'ye sesleniyorum: Bir ayağı topal, tek gözü kör, kulakları tamamen sağır, halkın ve teşkilatın derdini bilmeyen, anlamak da istemeyen yöneticileri etrafınızdan kesinlikle uzaklaştırın. ■ İsa Güney-Cumayeri

Herkes balkonundan inip birleşsin: MHP kongresinden, BBP ve ATP başta olmak üzere bütün ülkücü siyasi yapılarla birlikte yeni bir oluşum kararı çıkmalıdır. Aksi halde canını kaybeden, okullarından vazgeçen, gençliklerini cezaevlerinde geçirenlerin emeklerine yazık olacaktır. Artık aynı apartmanın ayrı balkonlarından inip birleşme ve birlik olma vaktidir. ■ Hüseyin Cihan-Trabzon

İlk kez MHP'ye oy vermedim: ANAP döneminde başlayan ve aralıksız devam eden ihale takibi ve kolay yoldan zengin olma hayallerine kapılanlar oldu. MHP'ye oy verip de denemek isteyen isteyenlerin gözleri önünde gerçekleşen bu olaylar, bu insanları MHP'ye oy vermeye çağıran partilileri derinden üzmüştür. Ben de ilk kez bu seçimde MHP'ye oy vermedim. Çünkü geçek çizgisinden saptığını düşünüyorum ve bu düşüncemin değişmesinin de çok zor olduğunu biliyorum. ■ Erdal Taflan

Miras paylaşımına girmeyelim: Ne zaman ki ülkücüler, mensubu bulundukları davaya hizmetten dolayı karşılık beklediler, işte o gün asırlık, meşakkatli, bir o kadar da gözyaşıyla dolu mücadele sürecinde meydana gelen büyük dava ruhuna ve dinamizmine ihanet etmişlerdir. Canlarını dahil veren o asil dava insanlarının haklarını ödemeden miras paylaşmına girmemiz bizleri daima geri götürecektir. ■ Mustafa Biçer-Çorum

Aksiyoner bir lider istiyoruz: Küreselleşmeden hiç korkmuyoruz. Çünkü dünya coğrafyasını, siyasetini, etnik kimliğini, inançlarını ele aldığımızda, çeşitli müdahalelere ve geçici durgunluklara rağmen yükselen değer milliyetçilik ve dinciliktir. İhtiyacımız olan, kadrosunda, kendisi gibi duygularına gem vurmuş, aksiyoner, Türk milliyetçiliğine ve ülkücülüğe yakışan bir liderdir. ■ Ata Demirtaş-Aydın

Bahçeli bariz hata yapmaz: Ülkücü hareketin yeni bir yüze ve kişiliğe ihtiyacı yoktur. Bu demek değildir ki monarşi hâkimiyeti olsun ama bence Devlet Bey ile devam edilmeli ve destek olunmalıdır. Çünkü kendisi bir tecrübe kazanmıştır. Onun bariz hatalar yapmayacağına ve temkini elden bırakmayacağına emin ve kefilim. Şu anda aday olma pozisyonundaki kişiler de aydın ve bilge kişilerdir. Ama bir cehalet bin cihad çıkarır derler ya, işte bu genç ama deneyimsiz aydınlar bence biraz daha arka planda kalmalı ve halkı örgütlemelidirler. ■ sumeyra61@mynet.com

Genç ve halk tipi lider: Değişen dünya politikalarında, partiye yeni bir bakış açısı kazandıracak, ortaya çıkan yeni sorunlara değişik çözüm yolları sunacak ve projeler üretecek, partinin hem ideoloji, hem de üretim / atılım partisi olmasını sağlayacak, Turan'dan ziyade yeni bir ideal oluşturacak bir lidere ihtiyaç vardır ve bence de bu kişi Devlet Bahçeli değildir. Devlet Bey görevini yapmış ve misyonunu tamamlamıştır. Artık ülkücüleri bir araya toplayıp partiye vizyon kazandıracak halk adamı tabirine yakışır genç bir lidere ihtiyaç vardır. ■ İlker Eraslan-Ankara

Fatura kesmekten bıktık: Sayın Genel Başkanımız, 'bakanlarımıza ve vekillerimize kızan ülkücüler faturayı bize kesti' diyor. Doğrudur ama ne yapılabilirdi? Ülkücüler çoğu bakanı ve miletvekilini teamül yoklamasında seçilemeyecek sıralara getirip bir fatura kesti. Sonuç ne oldu? Sayın Genel Başkanımız bu faturayı görmeyip bu kişileri düştükleri kuyulardan çıkarıp ta üst sıralara getirdi. Kırgın ülkücüler ne yaptı? 3 Kasım'da bağırlarına taş basıp ikinci bir fatura daha kesip bu kişileri ve bu duruma sebep olanları meclis dışına itti. Ama şimdi görmekteyiz ki bu fatura kesilen bakanları sayın genel başkanımız sanki hiç suçları yokmuş gibi başkanlık divanına taşımış. Şimdi ülkücüler üçüncü bir fatura mı kessinler? Bu mu isteniyor? ■ Yusuf Çakır

Tutunacak dal arıyoruz: Dokuz yaşından beri ülkücüyüm. Bu benim için kutsal bir görevdir ve mezara kadar devam edecektir. Nereye gitti bu ülkücüler diye sormak yanlış. Ülkücüler burada, orada, her yerde. Lakin uzanacak el, tutunacak dal aramaktalar. ■ Zeki Önal-İzmir

Sorun halkla ilişkilerde: MHP 3 Kasım seçimlerinde halkla ilişkilerinin kopuk olmasının cezasını çekmiştir. Yaptıklarını anlatamamış ve yapamamadıklarının nedenlerini ortaya koyamamıştır. Bu durum 'sükut ikrardandır' atasözünü hatırlatmaktadır. MHP'nin üst düzey yöneticileri halkla ilişkiler, reklam gibi günümüzün en önemli iletişim ve kendini anlatma araçlarının önemini anlayamamıştır. Kıbrıs ve K. Irak konularında bile hâlâ kendilerinden beklenilen tepki ve çıkışları gösterememiştir. Gözaltı krizinde bile etkisiz bir iki eylem yapılmıştır. ■ Recep Gündüz-Uşak

Hitabeti güçlü bir lider: Seçilecek genel başkan ülkücülere hitap eden, davaya vakıf ve en önemlisi bu hareketi anlatabilecek bir hatiplikte olursa partimiz yeniden büyüyecek. Ancak ülkücülere hitap edemeyen veya Sayın Bahçeli gibi davayı bilip de anlatamayan bir genel başkan seçilirse ülkücüler bitmeyecek ama kendilerine AKP ya da Genç Parti'de yer arayacaklardır. ■ Salih Toker

Davadan döndük, kimliğimiz yok: MHP'nin vahşi kapitalizme karşı milliyetçi-toplumcu diye çok güzel bir iktisadi doktrini vardı. İthalat yerine sanayii ve tarımda yerli üretim fikri vardı. Batı bloklarına karşı Turan davası vardı. Yozlaşmış Batı kültürlerine karşı milli bir kültür anlayışı vardı. Her çeşit pasifiliğe karşi bir aktivite, bir hareket vardı. Her olumsuzluğa karşı bir olumlu yönümüz, fikrimiz, icraatımız vardı. Eskiden biz adam gibi adamdık, erkektik, heriftik, civandık, merttik, cömerttik, kahramandık, korkusuzduk. Mazlumun yanında, zalimin karşısındaydık. Şimdiki halimize bakın tam tersi! Davadan döndük, kimliğimiz yok, kaybettik. ∎ Remzi Yurdunol-İstanbul

AB'ye karşı tavır yanlış: AB'ye karşı partinin görüşü açık seçik ortaya konulmalı. Bu yapılmadığı için son seçimlerde oy kaybı olmuştur. AB'ye karşı bir tavır sergilenirse yine oy kaybı olacaktır. Bütün Türk halkını ayrımsız kabul edip, o şekilde Türkiye'nin birlik ve bütünlüğüne özen gösteren, parti içi demokrasiyi ve hoşgörüyü öngören, ülkücü camiayı kucaklayan bir yeni yönetim gerekiyor. ∎ Haşim Karpuz-Anamur

Medya bizi bölemez: Biz özeleştirimizi iyi ya da kötü yapacak güçteyiz. Eleştirenlerin en sonuncusu siz olmalısınız. Lakin Ozan Arif gibi kişileri dışlayan yönetim Başbuğumuzu dışlamış demektir. Muhsin Yazıcıoğlu ve Turgut Altınok en büyük ihaneti yaptılar. Ülkücü hareket hiçbir zaman miadını doldurmaz ve parçalanmaz. Bizi 12 Eylül'de tanklar bölemedi, kaldı ki medya... ∎ Yahya Koç-Ankara

Cinselliklerine yenilenler oldu: Çifte standartlar yaşayan milletvekillerimiz, bakanlarımız ve yöneticilerimizden şikâyetlerim var: 1) Kimi kendi ahlak yapısında aile hukukunu aştı, cinselliğine, zaaflarına yenildi; 2) Kimi ek bürolar açtı, iş takipleri yaptı, rant için saygınlığını kaybetti; 39 Kimi, hem kendisini yetiştirme konusunda eksik ve geride kaldı, dünyayı ve ülkesini tanımadan siyaset yapmaya kalktı. Bir de bu kadar eksiğe rağmen kendini haklı görme gafletine düştü. ∎ Minehan Akcan-İstanbul

Ülkücülük kabadayılık değil: Sayın Bahçeli'nin ilk hatası Rahşan Hanım'a sessiz kaldı ve sessizliği devam etti. İkinci ve en büyük hatayı Çeçenistan'ı terörist ilan ederek yaptı. Kendine bağlı dinlenme tesislerine 'türbanlılar ve evcil hayvanlar giremez' diye genelge yayımladı. Cemal Enginyurt'un Sadi Somuncuoğlu'na yaptığı o hareket hiç af edilir gibi değil. Ülkücü demek kabadayılık demek değildir. Ülkücü ipeğe sarılmış çeliktir. ■ H. Eşsiz-Ankara

Gecekondular depremle yıkıldı: 1980 sonrası MHP'yi ele geçiren ülkücü geçinenleri gecekondudan müteşekkil bir kent gibi düşünürsek, 7 şiddetindeki depremle ne hal alacağını da tahmin ederiz. On yıl MHP'den belediye başkanlığı yapmış olan bendeniz, 1989'da 'Hâlâ ülkücülükle mi uğraşıyorsunuz?' deyip sonra MHP'nin grup başkanvekili seçilmiş milletvekilini görünce ülkücülerin sonunun yaklaştığını hissetmeye başlamıştım. ■ Lütfi Şentürk-Erzurum

Abilerimiz gereğini yapar: 12 Eylül'den bugüne, ideolojiyi unutmadan, onurundan ödün vermeden yaşamaya devam eden abilerimizin çizgiden çıkan yakın akrabaları olmuştur. Bunlar makamlarını kaybetmemek uğruna, karşı düşüncedekilerle işbirliği yaparak milliyetçi çizgiyi bir kenara bırakmışlardır. Bu satılık ve kiralık insanların mahkemesi kurulması gerekir. Abilerimizin, bunun da gereğini yapacağına inanıyoruz. ■ Abdullah Akyüz-Tekirdağ Cezaevi

Aziz Nesin'i örnek alsalardı: 1970'li yıllarda Aziz Nesin gibi düşünürleri hain görürdük. Bugünse ne kadar büyük ve dürüst olduklarını gördük. Koray Aydın gibiler, Sadi Bey'e saldıranlar, Ali Güngör'ü ihraç edenler, magazin peşinde koşanlar, keşke Aziz Nesin'in sade yaşam biçimini örnek alsalardı. Ateistlikleri, inançsızlıkları, müslüman olup olmamaları çok önemli değil. Önemli olan vatanın bir tek çakıl taşına dokunup dokunmadıkları, benim için ölçü budur. ■ Yasin Gözen-İstanbul

Bahçeli ülkücülüğü temsil edemez: Bahçeli Türk milliyetçiliği ideolojisini yürütebilecek bilgi, cesaret ve karizmaya sahip değildir. Psikolojik ve sosyal konumu da buna uygun değildir. Ayrıca beceri, yetenek ve davranış olarak da MHP ve ülkücü gençliği temsil edemez. Edemediği dört yılda herkes tarafından görülmüştür. Bahçeli'nin tekrar genel başkan seçilmesi bu davaya, ülkücülere ve Türk milletine yapılabilecek en büyük ihanettir. ■ Mehmet Demir-Ankara

İstanbul milletvekilleri hatalı: Siyasilerin meşhur 'İstanbul'u alan Türkiye'yi alır' sözü yabana atılmamalı. Bana göre yargılanması gerekenler İstanbul milletvekilleri. Bunların başında Nazif Okumuş, Ahmet Çakar ve Mehmet Gül geliyor. Hadi diğerleri pek İstanbul'a gelip tabanla temas kuramadı, cafcaflı gecelere, şatafatlı programlara katılmaktan zaman ayıramadı, ama ya ANAP'lılara 'Emret ağbi' diyen Okumuş'a ne demeli? ■ Yılmaz Birinci-Bayrampaşa

Bir nesli mahvettiler: Son umut olarak görülen ülkücülerin meydanlarda görünenlerden ibaret olduğu sanıldı. Bizler de arkalarından destekledik, Meclis'e gönderdik, hata ettik. Kendilerine çok ağır gelen bu yükün altından kalkamamaları bir yana milletin meseleleriyle değil birbirleriyle boğazlaştılar. Töre uğruna töreyi çiğnediler. Kendilerinden güneş kadar uzak olması gereken yolsuzluğa bulaştılar, bulaşanı akladılar. Davamıza hakaret edenlere bir cevap vermediler. Partimize bir yıl sonra altın tepsiyle sunulacak olan iktidar fırsatını tepip hemen gelecek olan bakanlıkları tercih ettiler. Bu uğurda bizlere hakaret edenlere has ve sadık uşaklık ettiler. Kısacası milletimizin son umudu olan bir nesli mahvettiler. ■ Ahmet Keskin-İstanbul

Çaycıya kadar herkes suçlu: Kimi Perinçek'i örnek alıyor, kimi oğluna Koray ismini veriyor. İnsanlar çaplarına bakmadan her şeyi, müspet veya menfi eleştiriyor. Ortada MHP'nin başarısızlığı varsa bundan genel başkandan çaycıya kadar hepimiz sorumluyuz. Bu sebeple ülkücülerin şahıslarından ziyade kafalarının değişmesi gerekir. Yaşanmayan dava hedefe ulaşamaz. ■ Fatih Çatlı Güven-Nevşehir

Kurtuluş birleşmekte: Kongre zamanı Tuğrul Türkeş'e karşı birleşerek Bahçeli'ye seçimi kazandıran o günün başkan adaylarının şu anda nerde oldukları, ne yaptıkları bile bilinmiyor. Onlar da yaptıkları hatanın farkındalar. MHP'nin kurtuluşu birleşmek. Her şeyi unutup bütün ülkücüler biraraya gelmeli. Ozan Arif gibi insanları küstürüp dışlayanların ne kadar birleştirici olabileceklerini düşünmek de o kadar zor. ■ Mecit Korkmaz-Ankara

Devleti bile tanımıyoruz: Siyasi hayata devletçi bir anlayışla devam eden MHP maalesef daha devletin nasıl bir şey olduğunun farkında değil. Devletin nasıl yönetileceğinden, bürokrasinin ne olduğundan ve sistemin nasıl işlediğinden haberi olmaması seçim meydanlarında vaadlerin haddi aşmasına sebep olmuştur. Sonuçta verilen vaadler yerine getirilememiştir. MHP'yi başörtüsü problemi, Apo'nun asılamaması sebebiyle suçlayanlar duygusal tepkilerini dile getirmekten öte bir alt kültüre dayandıramamaktadırlar muhalefet anlayışlarını. MHP'nin diğer bir handikapı ise toplumsal muhalefetin oluşmasından kendi tabanını soyutlayamamasıdır. Ülkede gelişen MHP karşıtlığı anlayışı ne yazıktır ki ülkücü olduklarını söyleyen kişiler tarafından dillendirilmiş ve dalga dalga hareketi kaplamıştır. ■ Şenol Uğurlu-Kayseri

İstikbalcilerden hesap sorulur: Bugünün makambazları; hareketin nüvesi, yaşam çilesi, gerçek istiklalcilerini hâlâ mafya, çete vs. diye karalamalarla dışlamaya çalışıp zamanında tavşan gibi çalı dibine kaçanlar olarak hep hükmeden mi olmak istiyorsunuz? Hareketin asıl sahipleri, idealin onurlu temsilcileri geri döner, bu sefer siz istikbalcilerden hesap sorar. Unutulmasın. ■ Coşkun Sarı-Sincan Cezaevi

Emre itaati iyi biliriz: Rahmetli Başbuğumuzun ülkücülerine görev verilmelidir. Onlar teşkilatçılığı, emre itaati iyi bilirler. Onlar için lider önemli değildir. Onlar bu davanın gönül erleridir. Türklük gurur ve şuurunu, İslam ahlak ve faziletini yaşarlar. Toplumu bilgilendirmek için bildiri dağıtmasını, afiş asmasını, günlük gelişmelere göre hareket etmesini iyi bilirler. ■ Refik Pelvan-Gönen

Töhmet ve esaret altında yaşayamayız: Dini yanlış yorumlayan dinden, ülkücülüğü yanlış yorumlayan ülkücülükten çıkar. Ülkücü verdiği sözü mutlaka tutar. Maksatları liderin yanında olmak değil, yerlerinde kalmaktır. Ülkücüler töhmet ve esaret altında yaşayamaz. Ülkücü davasına kazandırdıklarıyla öne çıkandır. Davadan kazandıklarıyla değil. Adı kötüye çıkanlara destek verenlerle onlarla kurultayda işbirliği yapanların ismini tarih birlikte anacaktır. Ülkücülük fedakârlıktır: Başaramayanlar başaracakların önünü açmalı. ■ Mustafa Soylutürk-Tokat

Solu da bilen bir lider: Sadece sağı değil, solu da iyi kavramış ve anlamış bir MHP Genel Başkanı'nın ülke ve halk için çok daha iyi şeyler yapacağını düşünüyorum. Şu anda bu düşüncemi somutluğa dökebilecek tek adayın Mehmet Gül olduğu kanaatindeyim. Genel Başkanlık zamanınız gelmiştir. Sayın Bahçeli'nin olgunlukla sizi desteklemesini temenni ediyorum. ∎ Özden Özhan-İstanbul

10 SONUÇ

ÜLKÜCÜ hareket bugün çok ağır ve giderek derinleşen bir krizden geçiyor. Bu krizin tek bir kongreyle, genel başkan ve/veya yönetim kadrosunu değiştirmekle çözülmesi imkânsız görünüyor. Çünkü hareketin sacayağının üçünde de, yani hem liderlik, hem teşkilat, hem de doktrinde çok ciddi sıkıntılar var.

Önce liderlikten başlayalım. Ülkücü harekette lider, yani "başbuğ" Alparslan Türkeş, tartışmasız itaat edilen, bütün sorunların çözüldüğü bir makamdı. Fakat Türkeş'in ölümünün ardından liderlik kurumu başlıbaşına bir sorun haline geldi. Ülkücüler yeni bir "başbuğ" arayışı içinde olmadıklarında hemfikirdiler, ama seçecekleri kişi sadece bir "genel başkan" mı olacaktı, yoksa bir adım ilerde "lider" mi?

Ama bir başka sorun daha vardı: Türkeş sağlığında çok sayıda kurmayla çalışmış ve dönem dönem bunları değiştirmişti; üstelik kimseyi tartışmasız bir şekilde "ikinci adam" olarak lanse etmemişti. 1997'deki kongrede Tuğrul Türkeş hem babasının isminden güç alıyor, hem de bir değişim vaadini temsil ediyordu. Fakat MHP çoğunluğu Devlet Bahçeli etrafında birleşerek hem hareketin Türkeş adından ibaret olmadığını gösterdiler, hem de ucunun nereye varacağı belli olmayan bir değişim serüveninden uzak durdular.

MHP'nin 1999'da yüzde 18 oyla ikinci parti olması liderlik tartışmalarına yeni bir boyut getirdi. Bahçeli artık birçokları tarafından "genel başkanlık"tan "liderliğe" terfi ettirildi. En çok da ciddiyeti ve devlet adamı kişiliği ön plana çıkarıldı. Fakat hükümetteki başarısızlık ve 3 Kasım sonuçları her şeyi tepetaklak etti. 12 Ekim kongresi öncesi MHP'de liderlik konusunda başlıca şu değerlendirmeler dikkat çekiyordu:

1) Eleştiriler haksız. Bahçeli başarılı bir lider. Artık tecrübe sahibi de oldu. Görevine devam etmeli.

2) Bahçeli iyi, ama çevresi yanlış. Yeni bir ekiple devam etmeli.

3) Adaylar içinde en uygunu Bahçeli. Diğer adayları da yanına alarak demokratik bir yönetimin başına geçmeli.
4) Bahçeli başarısız, mutlaka değişmeli. (Bu şıkta herkes varolan adaylardan birinin adını zikrediyor)
5) Bahçeli değişmeli, ama varolan adaylardan hiçbirinin vizyonu yok. Dolayısıyla kim kazanırsa kazansın MHP kaybedecek.
6) Ülkücü partiler birleşmeli, lider de Muhsin Yazıcıoğlu olmalı.
7) Ülkücü partiler birleşmeli, lider de Tuğrul Türkeş olmalı.

Birlik Arayışları

Görüldüğü gibi ülkücü hareketin liderlik sorunu bir noktadan sonra bölünmüşlükle de ilgili. Ülkücülerin birliğinin hiçbir zaman olmadığı kadar dillerde olduğu bir dönem yaşıyoruz. Çünkü 3 Kasım'da, hem iktidar hem muhalefetteki tüm ülkücüler yenildi. Yani sandık birleşmeyi dayatıyor.

Birleşme adresinin MHP olduğunda herkes mutabık. BBP, on yıl içinde bir türlü bir cazibe merkezi olamadı. Her ne kadar Tuğrul Türkeş "seçimde başarılı olduk" dese de ATP'nin varlığıyla yokluğu bir. Bu nedenle MHP kongresini, dışardaki ülkücüler daha da heyecanla beklediler..

Nitekim iddialı adaylardan Koray Aydın, Ramiz Ongun ve Muharrem Şemsek, ayrı ayrı, ülkücüleri ancak kendilerinin birleştirebileceğini ileri sürdüler. Ama gözler esas olarak, yeniden aday olması artık kesinleşmiş gibi olan Bahçeli'ye çevriliydi.

MHP liderine zaten belli bir sempati vardı. Buna genel merkez imkânları ve Ülkü Ocakları desteği de eklenince 12 Ekim'in favorileri arasında yer alıyordu. Bahçeli birçok konuda olduğu gibi, birleşme hakkında da somut ve bağlayıcı bir açıklama yapmadı, ama kongre yaklaştıkça, herkesi şaşırtacak birtakım açılımlara pekala gidebileceği düşünülüyordu.

Fakat birleşmenin nasıl olabileceği bir muamma. Geçmişte yaşananlar, özellikle BBP'lilerin Türkeş'e meydan okuyarak ayrılmış olmaları unutulabilecek mi? Gelenlere ne tür imkânlar sağlanacak, en önemlisi tabanda ve teşkilatlarda kaynaşma nasıl mümkün olacak?

Milliyetçiliğin Durumu

Buna bağlı olarak, hareketin sadece 1960'lı, 70'li yılların kadroları tarafından yönetiliyor olması, gençlerin önünün açılmaması ciddi bir biçimde tartışılıyor. Hareketin gençleşememesi ve yönetici kadroların kendilerini pek yenileyememeleri, ülke ve dünya olaylarına hâlâ Soğuk Savaş perspektifinden bakıldığı, globalizm ve ona bağlı gelişmelerin tam olarak kavranamadığı eleştirilerini de beraberinde getiriyor. Böylece, zaten karışık olan kafalar daha da karışıyor.

Yazı dizisi sırasında okuyuculardan gelen mektuplarda globalizm çağında nasıl bir milliyetçilik sorusuna cevap verememenin sıkıntısının yaşandığını, bu konuda kafaları kendilerince net olanların da birbirlerinden farklı cevaplar verdiklerini gözlemledik.

Millicilik Öne Çıkıyor

Ülkücü hareket kendini hep tehdit ve tehlikelere göre tanımlayageldi. Bir ara komünizmdi temel tehdit, sonra bölücülük oldu. Ülkücüler bu noktada günümüzde bir sıkıntı yaşamıyorlar. Çünkü hemen hemen tümü, Türkiye'nin, neredeyse yeni bir Kurtuluş Savaşı gerektiren çok zor bir dönemden geçtiğini düşünüyor.

Namık Kemal Zeybek'in şu sözlerinin genel ruh halini yansıttığı söylenebilir: "Bir devlet ortadan kaldırılmak isteniyor. Türkiye üzerine oyunlar oynanıyor. Keskin ve yaygınlaşan bir karamsarlık var. Bunu bilinçli körükleyenler, paralı askerler, devşirmeler, ajanlar var. Her yerdeler. Basında varlar. Maaş alıyorlar, destek alıyor, güç alıyorlar. Siyaset dünyasında varlar."

Ama bugün çok hayati bir değişiklik söz konusu. Artık milliyetçiliğin tekelini kendilerinde gören ülkücü bulmak çok zor. Örneğin şu sözler Papa Davası sanığı, ünlü ülkücü lider Musa Serdar Çelebi'ye ait: "Biz milliyetçiler, diye başlayan ve diğer herkesi karşısında gören anlayış iflas etmiştir. Artık bizim dışımızda da, çok samimi olarak bu ülkeyi çok seven insanlar olduğunu kabul etmeliyiz."

Bir başka meşhur ülkücü lider Mehmet Gül de benzer düşünüyor: "Geçmişte Kuvva-i Milliye içinde de pek çok akım mevcuttu. Bugün de, yüzde yüz bizim gibi düşünmeyen, ama aynı milli tepkileri koyan, milli yapılanmayı, ülke birliğini, bölünmezliğini, bayrağını ve Türk milletinin değerlerini savunan herkesle iş ve güç birliği yapmak durumundayız."

Bir başka örnek de BBP Genel Başkanı Muhsin Yazıcıoğlu: "Mandacı, teslimiyetçi, her şeyi güç merkezlerinin insafına bırakmış olan hareketler karşısında millici, yerli değerleri, milli şahsiyet ve onuru koruyan, dünyayla boy ölçüşebilecek bir potansiyele sahip olduğumuzu düşünüyorum. Bağımsızlıkçı kim varsa, sol gelenekten gelebilir, İslamcı olabilir, Atatürkçü diyebilir kendisine, seçmiş olduğu alt-kimlik ya da kavram çok önemli değil, önemli olan duruştur, tavırdır, ortaya koymuş olduğu şahsiyettir."

Ülkücülerin birlik çağrısının solun bazı kesimleri tarafından olumlu karşılandığı biliniyor. Tanıl Bora solun milliyetçiliğe bakışındaki değişimini, Birikim dergisinin Ağustos 2003 tarihli sayısında yazısında şöyle değerlendiriyor: "2002 genel seçimleri arifesini bir dönüm noktası sayabiliriz. Mümtaz Soysal'ın ve Yekta Güngör Özden'ın parti girişimleri, Atatürkçü Düşünce Dernekleri'nin önemli bir kısmı, ama bilhassa İşçi Partisi, hele oradan kopan *Türk Solu* Dergisi çevresi, militan bir politik kimlik kazanmaya çalışırken, etno-kültüralist bir millet mefhumuna dayanıyor, 'bölünme' tehdidini ana dava olarak öne çıkartıyor, şedit bir millî birlik otoritarizmini işliyor, basbayağı şovenist bir lisan kullanıyor."

Solcu-ülkücü yakınlaşması daha çok Kıbrıs, AB, Irak gibi kritik olaylarda kendisini gösteriyor. Örneğin Süleymaniye olaylarını protesto için İP ile BBP'nin aynı anda ABD Büyükelçiliği önünde eylem yapması kimseyi şaşırtmadı.

ABD'nin Irak işgali sırasında yaşananları Ülkü Ocakları Başkanı Atilla Kaya şöyle anlatıyor: "İşçi Partisi'nin Öncü Gençlik kuruluşunun başkanı, Atatürkçü Düşünce Derneği başkanları ve Saadet Partisi'ne yakın olan Anadolu Gençlik'ten geldiler. Biz 'önce panellerde, açık oturumlarda bu meseleleri tartışalım, daha sonra gerekirse yürüyüş vs. olabilir' dedik. Yani eylem birliğine karşı değiliz, asla."

Tanıl Bora ülkücülerin en zorlu imtihanı ABD ile verdiğini ileri sürüyor ki yaptığımız görüşmelerde bizzat buna tanık olduk. Her ne kadar Ülkü Ocakları'nın "anti-emperyalist" çıkışları daha fazla dikkat çekse de, çoğunun kafası karışık, ikinci tezkerenin geçmemesini "gaflet" olarak değerlendirenler de az değil.

Örneğin Koray Aydın, Kuzey Irak'ın Süleymaniye kentinde yaşanan olaydan önce yaptığımız görüşmede şöyle demişti bize:

"ABD dünyada bir hegemon güç. Türkiye olarak bununla ilgili yapabileceğimiz fazla bir şey yok. Ayrıca ABD ve Türkiye arasında adına stratejik ortaklık dedikleri güvene dayalı bir ilişki oluşmuş. Ama AKP hükümeti, biraz İslamcılığından, biraz da acemiliğinden öyle bir hata yaptı ki Türkiye bunun bedelini çok ağır ödeyecek. Tarih AKP'yi affetmeyecek. Çünkü Irak'ta gidişat, Türkiye'yi derinden etkileyecek birtakım oluşumların orada yaşanacağını gösteriyor. Maalesef Türk-ABD ilişkileri çok tehlikeli bir döneme girmiştir."

Milliyetçiliğin yerini bir yandan millicilik alırken, diğer yandan bir zamanlar fazla dile getirilmeyen Türkçü/Turancı argümanların daha açık ve cesur bir şekilde savunulduğu görülüyor. Bu gidişle, hareket içinde Türk-İslam ülkücüleriyle Türkçü/Turancılar arasında ideolojik bir ayrışma yaşanması şaşırtıcı olmaz.

Değişim Zor Ama Zorunlu

Ülkücü hareket, ne kadar disiplinli ve etkili olursa olsun bir partiyle, ne kadar otoriter ve karizmatik olursa olsun bir liderle denetim altına alınamayacak kadar büyük ve yaygın. Daha önemlisi farklı kuşaklardan, farklı köken, eğilim ve beklentilerden insanlardan oluşuyor. Yani ülkücüler, galiba, sürekli kriz halinde olmaya alışmak durumundalar.

Krizden nasıl çıkılır? Hareketin geçmişini ciddi bir özeleştiriden geçirmesi, bugünün ve yarının gerekleri ışığında kendini yeniden yapılandırması, kısacası tepeden tırnağa yenilenmesi gerektiği dile getiriliyor. Böyle analizler yapmak kolay da bütün bunları gerçekleştirmek çok zor.

Öncelikle ülkücü hareketin en önemli sermayelerinden biri alabildiğine ululaştırılmış geçmişi. Bugün harekete damgasını basan isimlerin çoğunu, bugün düşünüp yaptıklarıyla değil, 25-30 yıl önceki hal ve davranışlarıyla tanımlıyoruz.

Bir başka sorun da, İslamcıların "reform" kavramını sevmemesi gibi ülkücülerin de "değişim" kavramına alerji duymaları. İktidar ortağı oldukları andan itibaren MHP'lilere değişip değişmedikleri sorulmuş ve hiçbir zaman açık ve net bir cevap alınamamıştı. 19 günlük yazı dizimiz boyunca görüştüğümüz ya da bize yazan ülkücülerin kabaca ikiye ayrıldığını gördük. Büyük bir çoğunluk, kimi zaman adını açıkça böyle koymasa da, hareketin şu ya da bu alanında, genellikle de tepeden tırnağa "değişim" istiyordu. Azınlıkta kalanlarsa, başlarına ne geldiyse "öz"den sapmaktan geldiği iddiasındaydı. Özetle söyleyecek olursak, ülkücü camia değişim istiyor, ama bunun yaşanması hiç de kolay görünmüyor.

—

siyahbeyaz
METİS GÜNCEL

4 EYLEM GÜNLÜĞÜ
ZONGULDAK MADEN GREVİ VE YÜRÜYÜŞÜ
Kasım 90 - Ocak 91
Sevkuthan N. Karakaş

5 BİZ VE ONLAR
TÜRKİYE'DE ETNİK AYRIMCILIK
Şengün Kılıç

6 NE ŞERİAT NE DEMOKRASİ
REFAH PARTİSİNİ ANLAMAK
Ruşen Çakır

7 GÖZALTINDA KAYIP, ONU UNUTMA!
Yıldırım Türker

8 DAĞDAKİLER
BAGOK'TAN GABAR'A 26 GÜN
Kadri Gürsel

9 OĞLUM KIZIM DEVLETİM
EVLERDEN SOKAKLARA TUTUKLU ANNELERİ
Ece Temelkuran

10 TÜRKİYE SİZİNLE GURUR DUYUYOR
TÜRK SİYASAL KÜLTÜRÜNDEN PORTRELER
Yıldırım Türker

11 MEHMEDİN KİTABI
GÜNEYDOĞU'DA SAVAŞMIŞ ASKERLER ANLATIYOR
Nadire Mater

12 DİRENİŞ VE İTAAT
İKİ İKTİDAR ARASINDA İSLAMCI KADIN
Ruşen Çakır

13 EYMÜR'ÜN AYNASI
ESKİ MİT YÖNETİCİSİ ANLATIYOR
Ferhat Ünlü

14 DERİN HİZBULLAH
İSLAMCI ŞİDDETİN GELECEĞİ
Ruşen Çakır

15 ERBAKAN'IN KÜRTLERİ
MİLLİ GÖRÜŞ'ÜN GÜNEYDOĞU POLİTİKASI
Fehmi Çalmuk

16 HORTUM
EGEBANK NASIL SOYULDU?
Murat Kelkitlioğlu

17 AMİRAL BATTI
CAN ATAKLI'NIN TANIKLIĞIYLA
SABAH GRUBUNUN ÖYKÜSÜ
Serkan Seymen

18 BATMAN'DA KADINLAR ÖLÜYOR
Müjgân Halis

19 RESMEN İŞKENCE
TBMM İnsan Hakları Komisyonu Raporları
Devrim Sevimay

20 KEMAL DERVİŞ
Bir "Kurtarıcı" Öyküsü
Sefa Kaplan

21 TEPEDEN TIRNAĞA YOLSUZLUK
Nedim Şener

22 HÜSAMETTİN ÖZKAN
Bir İktidar Öyküsü
Cengiz Kuşçuoğlu

23 KOLİCİ
Bir Seri Katilin Öyküsü
Sevinç Yavuz

24 SADETTİN TANTAN
Bir Savaş Öyküsü
Ferhat Ünlü